소그룹 중심의 교회를 세우라
이것이 윌로크릭 소그룹이다

국제제자훈련원은 건강한 교회를 꿈꾸는 목회의 동반자로서 제자 삼는 사역을 중심으로
성경적 목회 모델을 제시함으로 세계 교회를 섬기는 전문 사역 기관입니다.

소그룹 중심의 교회를 세우라 : 이것이 윌로크릭 소그룹이다

초판 1쇄 발행 2004년 10월 22일
초판 8쇄 발행 2018년 4월 13일

지은이 빌 도나휴, 러스 로빈슨
옮긴이 오태균

펴낸이 오정현
펴낸곳 국제제자훈련원
등록번호 제2013-000170호(2013년 9월 25일)
주소 서울시 서초구 효령로68길 98(서초동)
전화 02)3489-4300 **팩스** 02)3489-4329
이메일 dmipress@sarang.org

ISBN 89-5731-041-X 03230

※ 책값은 뒤표지에 있습니다. 잘못된 책은 구입하신 곳에서 교환해 드립니다.

소그룹 중심의 교회를 세우라
이것이 윌로크릭 소그룹이다

빌 도나휴, 러스 로빈슨 공저 / 오태균 역

국제제자훈련원

Originally published in the U.S.A. under the title
Building a Church of Small Groups
Copyright ⓒ 2001 by Willow Creek Association
South Barrington, Illinois
Korean Copyright ⓒ 2003 by DMI Press
All rights reserved.

본 저작물의 한국어판 저작권은
KCBS Literary Agency를 통하여 Willow Creek Association과
독점계약한 국제제자훈련원에 있습니다.
신저작권법에 의하여 한국 내에서 보호받는 저작물이므로
무단 전재 및 복제를 금합니다.

추천의 글

일찍이 조지 버나드 쇼는 다음과 같은 유명한 말을 남겼다. "실행할 능력이 있는 사람들은 행동으로 옮긴다. 실행할 능력이 없는 사람들은 남을 가르친다." 이 사실은 종종 글을 쓰는 일에도 적용된다는 생각이 든다. 그러나 이 책의 경우는 다르다. 물론 공동체는 날씨에 대한 이야기만큼 평범하고 흔한 주제이긴 하지만, 공동체에 대한 생각을 실제로 행동으로 옮기는 사람은 그리 많지 않다. 그러나 이 책의 두 저자, 빌 도나휴와 러스 로빈슨은 공동체에 관해 생각하고 독서하고 이야기하는 데 그치지 않았다. 이들은 공동체가 실제 교회 현장에 어떻게 적용될 수 있는지 찾기 위해 자신의 삶을 헌신했다.

프린스턴 대학의 사회학자인 로버트 우스노(Robert Wuthnow)는 소그룹 운동을 '이 시대 가장 큰 사회적 혁명'이라고 말한 적이 있다. 그러나 그는 소그룹 운동이 공동체를 창조하기만 하는 것은 아니며, 종종 공동체의 좋은 장점을 옳지 못한 모습으로 변질시키기도 한다고 지적한다. 많은 사람들이 다음과 같은 선입견으로 소그룹에 접근한다. "시간 되시면 한번 참석해 보세요. 바쁘시면 중간에 나가

셔도 돼요. 귀찮거나 불편하시면 언제든지 그만두실 수 있습니다."
교회 내의 공동체는 이런 것과는 아주 다른 경험이어야 한다. 이것은 선택 사항이 되어서는 안 된다. 우리가 할 일은 그리스도인 공동체를 물질만능주의 세상 속에서 하나님과의 영적인 관계를 체험하는 장으로 만드는 것이다.

이 때문에 이론가가 아닌 실천가로서 러스와 빌의 역할은 대단히 중요하다. 그들은 교실에서 이론만을 공부한 것이 아니다. 그들은 실험실에서 공부했다. 물론 교회 안에서 공동체를 세워나가기 위해서는 분명한 교회론(a theology of the church)을 세워야 한다. 그러나 사람들과 사역하기 위해서는 실제 경험을 통해 얻어내는 지식도 필요하다. 어떻게 유능한 리더를 찾아낼 것인가? 구성원들이 바쁜 시간을 내어 봉사하도록 하려면 어떻게 양육하고 훈련해야 하는가? 예배 드리고, 전도하고, 아이들 키우고, 저마다의 직업에 종사하느라 분주한 성도들로 하여금 어떻게 소그룹 활동에 계속 참여하게 할 수 있을까? 어떻게 하면 독특한 성격의 소유자들이 소그룹의 분위기를 망치지 않게 할 수 있을까? (이 분야는 러스와 빌이 전문가이다. 왜냐하면 사실 그들 중 한 사람이 맞추기 힘든 성격을 가지고 있기 때문이다.)

내가 우리 교회에서 공동체를 세워 가면서 여러 해 동안 빌과 러스와 함께 봉사한 것은 하나의 특권이다. 이제 보다 더 효과적으로 사역하기 위해 여러분에게 그들의 사역을 소개하는 것을 나는 영광스럽게 생각한다.

-존 오트버그

감사의 글

이 책은 결국 하나의 이야기이다. 그 현장은 우리가 지난 10년간 소그룹에 대해 실험하고 배웠던 윌로크릭교회라는, 위대한 실험실이다. 등장인물을 언급하기에는 그 숫자가 너무 많으며, 모두가 소그룹 중심의 교회를 세우는 데 윌로크릭이라는 드라마에서 각자 역할을 잘 수행했다. 그래서 우선 그들 모두의 이름을 언급하지 못하는 것에 사과하면서 우리의 감사의 글이 시작되어야 할 것 같다. 당신이 만약 우리 교회 가족이라면, 각 문장 하나하나를 통해 분명히 떠오르는 사람이 있을 것이다. 우리는 다만 두렵고 떨리는 마음으로 하나님께서 이루신 일에 감사할 따름이다.

공동체에 대한 우리의 꿈은 B박사(길버트 빌지키언), 빌 하이벨스, 존 오트버그, 그리고 윌로크릭의 장로들과 이사회(Board of Directors)의 지원과 투자가 있었기에 이루어질 수 있었다. 이 사람들은 공동체라는 공통의 비전을 향해 함께 나아갈 수 있는 교회를 만들어낸 장본인들이다.

또한 그 비전은 윌로크릭교회를 '우리 교회'라고 부르는 사람들에게 공동체 내에서 가정과 같은 장소를 제공하기 위해 매일 혼신의 힘을 다해 헌신하는 교구장, 소그룹 담당 교역자, 대교구장, 부교역자들과 자원봉사 코치들, 그리고 섬김을 다하는 소그룹 리더들과 같은 용사들 덕분에 이루어질 수 있었다.

짐 데스머, 존 월리스, 그레그 호킨스, 브렛 이스트만, 그리고 존 버키와 같은 선구자들의 자취 역시 우리가 기록하는 모든 이야기 속에 남아 있다. 마지 앤더슨, 로브 스티븐스, 데브 베이스, 저드슨 폴링, 그리고 각 사역 봉사 부서(Ministry Services Department)에서 일하는 수많은 사람들이 뒤에서 말할 수 없는 수고를 감당했다. 이들의 수고와 열매로 인해 우리가 지금 이 글을 쓸 수 있는 것이다.

우리는 또한 윌로크릭 안팎의 많은 사람들에게 빚을 지고 있다. 이들 덕분에 이 책은 보다 유용하고 완전한 스토리를 이루게 되었다. 그들은 우리가 이 책을 쓸 때 마침 우리 소그룹 식구였다는 이유로, 혹은 우리와 친분이 있다는 이유로 이 책의 초고를 읽어 주었다. 이 책에 등장하는 우리 교회에 관한 많은 이야기들에 대해 그 리더들에게 확인한 후 정확하게 기록할 수 있었다. 또한 우리의 수습생 조 비샌잭과 샌드라 엉거 덕분에 우리의 신학과 실제 사역 경험의 진술이 조화를 이룰 수 있었다.

이 책을 만들어내기 위해 두 개의 출판 팀이 함께해 주었다. 윌로크릭 협의회(Willow Creek Association:성경적인 교회를 지향하는 전 세계의 교회와 그 지도자들에게 전략적인 비전과 실제적인 훈련을 제공하는 국제적인 사역 단체. 현재 9,500여 교회가 이 협의회에 등록되어 있다-편집자 주)에서는 조 셔만, 더그 요나마인, 크리스틴 앤더슨, 그리고 여러 사람들을 보내어 이 책의 내용과 논리적인 부분에 바른 방향을 지시해 주었다. 그리고 존더반 출판사의 소그룹 열성분자인 잭 쿠해첵과 '그 분야에서 최고'인 스태프들 덕분에 이 작업이 가능했다. 이야기 수집에 도움을 준 케리 켄트에게도 감사를 표한다. 존 후서-호니그는 이 책의 두 작가가 최대한 한 목소리가 되도록 만들어 주었으며, 열정과 뛰어난 솜씨로 원고를 주제에 맞게 잘 편집해 주었다.

우리는 항상 우리의 도우미 존 오보이스키와 카렌 벨에게 감사의 빚을 지고 있다. 그들은 이 책이 나오기 위해 우리가 필요로 했던 사항들을 때마다 공급해 주었을 뿐 아니라, 이 과제에 온통 집중해야 했던 시기에 우리의 다른 사역들이 잘 진행되도록 도와주었다. 그래서 우리는 집필하는 내내 사역자로서의 역할도 계속 유지할 수 있었다. 자신을 희생하면서까지 너무도 멋지게 일해 준 이 사람들에게 우리는 어떻게 감사를 표현해야 할지 모르겠다.

끝으로, 이 작업이 가능하도록 개인적이지만 관대하게 도움을 준 일곱 사람이 있다. 우리의 가족들(빌의 아내는 게일, 아이들은 라이언, 킨슬리이고, 러스의 아내는 린, 아이들은 필, 마크, 팀이다)은 종종 우리가 자리를 비워도 있어야 할 자리를 잘 지켜 주었고, 우리가 어려울 때에는 응원까지 해 주었다. 게일과 린은 자신들의 시간을 들여 초고를 읽고 의견을 주었으며, 여러 긴급한 일들을 잘 처리해 주었다. 그들의 믿음과 후원, 사랑이 있었기에 우리가 이 책을 통해 노력하며 만들어 가려는 그곳에 대해 글을 쓸 수 있었다. 그곳이란 바로, '어느 누구도 홀로 있지 않은 교회'이다.

-빌 도나휴, 러스 로빈슨

서문_윌로크릭 이야기

1975년 시카고 교외의 한 극장에서 시작된 윌로크릭교회는 이제 다양한 사역들을 감당하면서 미국에서 가장 주목받는 교회가 되었다. 이 교회는 드라마, 음악, 비디오, 춤, 성경적인 메시지 등의 문화적인 코드에 복음을 담아 소개하는 '구도자 예배'(seeker services)로 순식간에 유명해졌다. 우리는 끊임없이 성장하며, 구도자들과 성도들의 필요를 더욱 다양한 방법으로 (어린이, 성인, 미혼자, 부부, 성숙한 그리스도인, 새 신자, 그리고 위기에 처한 가족들에 대한 사역) 채워 갈 수 있었다. 현재 2만 명이 넘는 성도들이 출석하고 있는 우리 교회는 전 세계의 윌로크릭 협의회 사역을 통해서 '가르치는 교회'로서 수천 개의 교회를 섬기고 있다.

그러나 1991년 윌로크릭은 교회 내의 모든 사역에 영향을 주는 위기(지금 보기에는 극히 단순해 보이는)에 봉착했다. 교회에 막 정착하기 시작한 새 신자들 중에 교회를 자기 생활의 일부로, 자신을 교회 생활의 일부로 동화하지 못하는 사람들이 늘어나고 있었다. 많은 사람들이 교회와 의미 있는 관계를 맺지 못하고 있었던 것이다. 교회에는 소그룹 부서가 있어서 활동은 하고 있었지만, 10~15% 정도의 교인들만이 참여하고 있었다. 우리는 사람들을 교회에 연결시키고 돌보는 데 심각한 문제를 지닌 채 성장하고 있는 대형 교회였다.

윌로크릭은 1992년 다음과 같은 대담한 선언문을 발표했다. "우리는 어떤 사람도 결코 홀로 있지 않은 교회가 될 것이다." 그러나 이 목적을 달성하기 위해 우리는 진정한 공동체가 존재할 수 있는 장소가 필요하다는 사실을 깨닫게 되었다. '공동체'는 누구나 다 아는 단어이고, 많은 의미를 담고 있다. 그리스도인에게 그것은 서로가 서로에게 그리스도가 되어, 만나는 모든 이들과 더불어 그의 생명의 충만함을 나눈다는 본질적인 의미가 있다. 디트리히 본회퍼는 이에 대해 다음과 같이 설명했다. "첫째, 그것은 그리스도인이 예수 그리스도 때문에 다른 이들을 필요로 한다는 것을 의미한다. 둘째, 그것은 그리스도인이 오직 예수 그리스도를 통해서만 다른 사람들에게 다가간다는 것을 의미한다. 셋째, 그것은 예수 그리스도 안에서 우리가 영원 전부터 선택받아, 때가 되어 인정되었고, 영원토록 하나가 되었음을 의미한다."[1)]

우리는 우리 교회 안에서 그와 같은 공동체를 전혀 체험하지 못하고 있었다. 그것은 담임인 빌 하이벨스 목사도 이 사실을 알고 있었다. 그는 항상 성경적으로 움직이는 공동체를 세우기 원했다. 반면에 우리는 소위 '하부 사역들의 연합체' (a federation of sub-ministries)처럼 되어 있었다. 결과적으로 우리는 같은 주소지에 있는 여러 선교 단체들과 다를 바가 없었던 것이다. 우리는 각자 맡은 사역에 사람들을 끌어들여서, 여러 가지 프로그램과 행사들을 진행해 오고 있었다. 소그룹은 부수적인 한 사역 부서에 불과했다. 우리에게는 변화가 필요했다.

우리 중 한 팀이 모여서 하나의 꿈을 꾸기 시작했다. '만일 지역 교회가 진실로 성경적인 공동체가 되려면, 그래서 모든 이들에게 다가간다면, 그것은 어떤 형태로 가능할까?' 우리는 그리스도의 생애와 사역을 교회 내에 있는 각 사람에게까지 확장하겠다는 비전과 도전의식으로, 하나님이 주신 그 꿈을 따랐다. 그리고 우리는 소그룹 부서가 있는 교회에서 소그룹이 핵심 조직 전략인 교회로 움직여 가기 시작했다. 윌로크릭은 소그룹 중심의 교회가 되어, 변화가 있는 교제를 나누자고 전 교인들을 설득했다.

그러나 우리는 이 과제를 과소평가했다. 처음에는 그런대로 잘 굴러가는 것 같았다. 우리 교회 주말 예배에 참석하는 성도들은 평균 1만 2,000명이었다. 그리고 1,800여 명의 성인들이 200개의 '제자훈련' 소그룹에 소속되어 있었다. 창조적이고 강력하게 복음을 전하기 위해 마련한 주말 구도자 예배에는 많은 비그리스도인이 찾아왔고, 우리는 해마다 수백 명에게 세례를 베풀었다. 일반 성도들을 위한 주중 예배('새 공동체')에서는 예배와 기도, 성경 강해와 성례를 행했고 4,500명의 성인들이 출석했다. 성도들은 자신의 은사에 따라 봉사하고 있었으며, 수십 가지의 사역들이 세워지고 진행되었다. 교회당은 막 증축을 끝냈고, 부채도 거의 다 갚아서 135에이커의 대지에 5천만 달러짜리 시설이 마련되었다. 전 세계 교회 리더들이 새로 구성된 윌로크릭 협의회(WCA)가 준비한 컨퍼런스에 참석하기 시작했다. 그보다 더 좋을 수는 없었다.

그러나 이런 생명력 넘치는 사역 밑에서 압력을 견디지 못한 나머지 관계 기반에 금이 가기 시작했다. 빌 하이벨스 목사는 다음과 같이 회상한다. "우리는 10층짜리 기초에 20층짜리 건물을 짓고 있었고, 그것은 곧 무너져 내리기 시작했다." 나(러스)는 제직회로 모인 자리에서(나는 윌로크릭에서 10명의 장로 중 한 사람으로 4년 동안 봉사했다) 이 수수께끼와 같은 문제를 곰곰이 생각하며 앉아 있었던 기억이 난다. 우리가 받은 성장의 축복이 일종의 저주로 변했는데, 그로 인해 우리는 사랑과 증오가 뒤섞인 결단을 내려야만 했다. 우리는 성령의 움직임, 변화된 삶, 촉매 작용을 하는 에너지, 그리고 예배의 현장에 계신 하나님을 만나는 경외감을 사랑했다. 그러나 우리는 무질서한 조직의 역동성, 탈진한 교역자들과 평신도 지도자들, 잘못 배치된 인력, 제자화되지 않은 군중들이 싫었다.

전도로 인한 수적 성장, 수천 명의 자원 봉사자와 함께하는 새로운 사역들, 기존의 교인들과 새 교인들로 인해 증가하는 제자화의 필요성 등으로 우리는 거대한 도전에 직면했다. 윌로크릭 공동체 교회에서 '공동체'를 상실할 위기에 처해 있었다. 비록 우리 나름대로의 공동체를 영위해 간다고 할지라도, 생명의 변화가 일어나는 확신 있는 공동체를 이끌어낼 보다 나은 방법을 찾아야 했다.

우리는 공동체가 선택 사항이 아니며, 많은 사람들이 그것을 간절히 원하고 있음을 알고 있었다. 그러나 그렇게 많은 사람들을 공동체에 속하게 하는 방법을 알지 못했던 것이다. 우리는 칼 조지의 '메타 교회'에 대한 전략을 연구했고, 몇몇 사역을 통해 이 모델의 실현 가능성을 타진해 보았다. 이러한 일련의 중요한 과정을 통과하면서 공동체 사역을 통한 성도들의 삶과 사역의 변화를 목격하고서야 윌로크릭의 중심에 공동체를 재설계하기 위한 배수진을 치고 헌신하게 되었다. 한때 우리 교회의 일부분에 불과했던 소그룹이 이제는 삶과 사역을 감당하는 하나의 방식이 된 것이다.

공동체 사역에 헌신한 이후, 우리가 할 수 있는 최선의 노력을 기울였다. 자주 모여서 뜨겁게 기도하고, 재정, 에너지, 인내를 쏟고, 꿈을 나누고, 사람들의 헌신을 촉구하기 위해 셀 수 없을 만큼 자주 개인적인 만남을 가졌다. 조심스럽게 사람들을 초대해서 담대하게 권면했으며, 꿈을 심어 주기도 하고, 애원도 해 보았다. 본을 보이며 훈련도 시켰고, 울기도 하고 때로는 웃기도 했으며, 어떤 때는 그것이 과연 이렇게 애쓸 만큼 가치 있는 일인가 의심도 해 보았다.

그러나 의심은 오래가지 않았다. 삶이 변하고, 새롭게 회심하며, 결혼 생활이 다시 세워지고, 받은 성령의 은사들이 발견되고, 천국을 맛보게 되자 우리는 외쳤다. "이것이야말로 가치 있는 일이야!" 게다가 우리에게 공동체를 창조해 주신 그리스도의 생애와 사역을 회고하면서, 우리는 이 운동이 희생을 치르고라도 이루어낼 충분한 가치가 있는 것이라는 생각이 들었다. 그분은 최초로 구원받은 공동체인 교회를 세우기 위해 귀중한 희생을 치르셨다. 우리가 그분이 세우신 공동체보다 다른 것을 더 중요하게 생각한다면, 영원히 멸망할 우리를 구원하심으로 한없는 사랑을 보여 주신 그분을 슬프게 할 것이다.

결국 윌로크릭은 1992년 이후 소그룹이 있는 교회(a church with small groups), 즉 소그룹이 하나의 프로그램인 교회에서, 소그룹 중심의 교회(a church of small groups)로 거듭났다. 10~15%의 성도들이 소그룹 활동을 하던 교회에서, 1만 8,000명 이상의 성도들이 2,700개의 소그룹에 연결되는 곳으로 변모했다.

장로회, 이사회, 행정 팀을 포함한 교회의 모든 사역에서 우리는 소그룹을 통해 진정한 공동체가 되도록 부단한 노력을 하고 있다. 우리는 모든 사람들을 소그룹에 소속시킨다. 아이나 어른, 이혼한 사람이나 결혼한 사람, 지성인이나 운동선수, 청년이나 중년, 새로운 신자나 오래된 신자 모두를 말이다. 당신이 누구이든 상관없이 윌로크릭에 오면, 우리는 당신을 소그룹에 연결시킬 수 있다. 우리는 소그룹을 뼈대로 세워진 교회가 되었다.

그리고 이 책은 우리가 거쳐 온 그 탐험에 대한 이야기이다. 우리가 얻은 교훈(몇 가지), 저지른 실수들(헤아릴 수 없는), 그리고 성경적인 공동체(공동체를 실천하며 흠 없는 관계로 살아가는 그리스도의 제자들의 공동체)를 세우는 데 필요한 단계들을 이 책을 통해 나누기 원한다. 우리는 당신 교회의 상황에 적용해 볼 수 있는 안내 지침, 결정해야 할 사항, 경고, 교훈 등을 제시할 것이다.

이 책은 당신이 소그룹 중심의 교회를 지향하는 이유를 (만일 당신이 그렇게 선택했다면) 당신 교회의 핵심 리더들에게 효과적으로 이해시킬 수 있도록 고안되었다. 또한 이 책을 통해 윌로크릭을 비롯한 여러 교회들이 경험을 통해 터득한 실제적이고 증명된 원리들을 습득할 수 있을 것이다. 그렇기 때문에 이 책은 교역자, 장로, 집사, 소그룹 리더, 교사, 그리고 성장하는 지역 교회에서 헌신하고 있는 모든 이들에게 도움이 될 수 있을 것이다. 다른 사역 부서들과 함께 이 책의 내용을 나눈다든지, 주변의 다른 리더들과 이 책을 가지고 토론을 하는 것도 많은 도움이 될 것이다. 적용하기 힘든 부분도 많이 있겠지만, 리더들이 각자의 수준에서 소그룹이 그들의 교회에 갖는 의미를 찾아보는 것이 중요하다.

제1부에서는 소그룹 사역의 당위성에 대한 신학적 근거와 사회

적 근거를 제시한다. 당신의 교회에서도 마찬가지겠지만, 사람들은 우리에게 이렇게 질문한다. "왜 소그룹이 필요한가요? 우리는 지금도 잘하고 있지 않나요? 우리는 믿음이 좋은 제자들을 배출하고 있습니다. 왜 우리에게 다른 프로그램이 필요한 거죠?" 사실 우리에게는 또 다른 프로그램이 필요한 것이 아니다. 한 몸인 우리에게 정말로 필요한 것은 삼위일체가 그러하셨던 것처럼, 창조 때부터 하나님이 목적하셨던 것처럼, 그리스도께서 이미 이루셨고 지역 교회가 이루어야 할 공동체적 삶의 완전하고도 순수한 원형이다. 우리는 당신과 당신의 교회가 공동체를 향한 부르심 앞에 무장할 수 있도록 도울 것이다.

제2부에서는 비전을 실천으로 옮겨 본다. 성경적 공동체라는 커다란 그림에서 개인적인 소그룹이라는 작은 관점으로 계속해서 좁혀 갈 것이다. 하나 됨의 비전을 소그룹 생활로 실천하지 못했다면, 그 교회는 아직 무엇을 해야 할지 방향을 잡지 못했다고 할 수 있다. 이 과에서는 '소그룹'이라는 용어를 정의한다. 공동체라는 큰 개념이 어떻게 작은 공동체 내에서 가장 효과적으로 표현되는지 알 수 있을 것이다. 소그룹은 구성원이 하나님께서 자기를 알고 계신 것과 자기를 향해 갖고 계신 꿈이 무엇인지를 깨닫기 시작하는 장소이다.

제3부에서는 리더들을 전략적으로 배치하는 것에 대해 설명한다. 소그룹 리더들을 파악하고 세우며 효과적으로 봉사할 수 있도록 훈련하는 것에 대해 설명하고, 그들이 장기간 봉사할 수 있도록 코치하고 후원하는 방법에 대해 이야기할 것이다.

제4부에서는 소그룹 중심의 교회를 세우기 위해 반드시 선행되어야 할 변화들을 계획할 것이다. 과도기 동안 직면하게 될 다섯 가

지의 핵심 결단들을 정확하게 짚어 볼 것이다. 또한 소그룹 중심의 교회로 변화하는 데 필수적인 여섯 가지 핵심 원리들을 배울 것이다. 마지막으로 어떻게 소그룹 안에서 단계적인 발전이 이루어지는지 토의할 것이다.

소그룹 중심의 교회를 세우는 것은 아마 당신이 경험한 일 중에 가장 어려운 일이 될 것이다. 교회는 너무나 복잡한 곳이어서, 그 하부 구조부터 완전히 새롭게 바꾸어 놓지 않는 한 변화는 불가능하다. 또한 소그룹 사역도 사람에 관한 것이기에, 당신은 여러 어려움에 직면하게 될 것이다. 도전 없이는 목적을 이룰 수 없다. 장기간 이 목표를 위해 매진할 채비를 하는 것이 좋을 것이다.

이것은 윌로크릭만의 이야기가 아니다. 당신의 교회를 포함한 수많은 교회들의 이야기이다. 따라서 소그룹을 통해 성경적인 공동체를 추구하고 있는 많은 교회들을 이 책 속에서 만나게 될 것이다.

- 지난 5년간 극적인 변화로 가장 깊은 수준의 공동체를 세운 128년 전통의 루터교회
- 신세대에게 복음을 전하는 시카고 시내의 한 개척 교회
- 한 번에 한 이웃씩, 공동체에 혁명을 일으키는 법을 발견한 텍사스의 한 교회
- 지역 교회에 헌신하는 것이 곧 그리스도의 제자들로 이루어진 소그룹에 헌신하는 것임을 알게 된 한 장로교회
- 리더들의 리더십 계발과 코칭이 모든 사역 중에 가장 핵심이 된다는 것을 깨달은 펜실베이니아의 한 교회

이 교회 다음에 저 교회, 이 이야기 후에 또 다른 이야기가 이어진

다. 이 수많은 이야기 중 일부만을 수집해서 이 책에 담았다. 그 속에서 당신의 이야기를 발견하게 되리라 생각한다. 그리고 그 이야기를 통해 소망과 힘을 얻게 될 것이다. 소그룹 중심의 교회를 세우기 위해서는 많은 노력이 필요하다. 그러나 거기에 따르는 유익은 지불한 대가 이상의 가치가 있다. 전 성도, 전 교회가 하나님이 원하시는 공동체 안에 거하는 것이 얼마나 아름다운지 경험하게 될 것이다. 소그룹을 통해 사람들이 변화되는 모습을 보고 놀라게 될 것이다. 아무리 잘하고 있는 다른 사역이 있다 할지라도, 그 사역은 보다 더 큰 것을 얻기 위한 지렛대가 되어야 할 것이다. 그리고 이 여정의 기쁨과 목적지를 향한 설렘으로 이 모든 일이 귀하게 느껴질 것이다. 특히 당신이 하나 됨을 향한 하나님의 비전을 깨달을 때….

목차

추천의 글 __ 5

감사의 글 __ 7

서문: 윌로크릭 이야기 __ 11

제1부: 공동체에 대한 변호 __ 25

    1장. 태초에 하나님이: 신학적 증거 __ 29

    2장. 공동체를 창조하시다: 사회학적 증거 __ 49

    3장. 교회가 자라는 데 필요한 것: 구조적 증거 __ 67

제2부: 소그룹 안에서의 공동체 추구 __ 83

    4장. 소그룹은 진정한 관계를 통해 세워진다 __ 87

    5장. 소그룹은 진리와 생명이 만나는 장소이다 __ 113

    6장. 소그룹은 건강한 갈등을 경험한다 __ 139

    7장. 소그룹은 균형 잡힌 목양을 제공한다 __ 163

제3부: 소그룹 리더 개발 __ 191

    8장. 소그룹 리더 모집 __ 193

    9장. 소그룹 리더 훈련 __ 211

    10장. 리더에 대한 코칭 및 후원 __ 229

제4부: 소그룹 중심의 교회 인도하기 __ 249

    11장. 결정하라 __ 253

    12장. 전략을 선택하라 __ 281

    13장. 소그룹 사역을 단계적으로 끌어올리라 __ 309

맺음말 __ 329

    부록1: 한눈에 보는 윌로크릭 소그룹 __ 337

    부록2: 윌로크릭의 소그룹 종류 __ 339

    각주 __ 345

제1부 | 공동체에 대한 변호

제1부: 공동체에 대한 변호

변호사들은 최후 변론을 위해 살아간다고 해도 과언이 아니다. 나(러스) 역시 1982년부터 1990년대 중반까지 법조계에서 일하면서 소송을 맡을 때마다 최후 변론의 순간을 가장 기다렸다. 나는 15년 전 담당했던 한 개인 상해 소송에서 마지막으로 증언했을 때의 전율을 지금도 기억한다. 그 재판은 거의 일주일 동안 지속되었고, 우리 측 증인들의 증언과 증거는 이미 제출된 상태였으며, 배심원들의 판결만을 기다리고 있었다. 나는 마지막 휴식 시간에 준비한 원고를 다듬었다. 먼저 원고측인 큰 회사를 대신하여 상대편 변호사의 최후 변론이 있었다. 원고측은 나의 의뢰인인 한 부부를 소송했는데, 그들의 부주의로 자신의 고객인 회사에 큰 손해를 입혔다고 강력하게 주장했다.

그리고 내 차례가 되었다. 상대편은 좋은 논지를 전개했지만, 배심원의 동정심과 법 조항, 그리고 사실 등 모두가 나에게 유리했다. 최후 변론에서 나는 법대에서 배운 모든 것과 지난 소송 사건들을 통한 경험, 이 소송을 위해 준비한 모든 것들을 다 쏟아 부었다. 심지어 상대편 변호사까지도 내가 배심원을 완전히 압도했다고 나의 의뢰인이, 후에 귀띔해 주었다. 최후 변론에는 그런 스릴이 있다.

소송은 결론이 나기까지 몇 년씩 걸리기도 하지만, 조사, 증인과의 인터뷰, 증거 수집 등은 심의가 시작되기 전 마지막 탄원에서 절정에 이른다. 배심원 혹은 판사는 양편 변호사들이 제시하는 증거와 증인들의 증언에 의해 최종 판단에 많은 영향을 받게 된다. 판사가 판결문을 만들고 나면, 이제 양측은 자신들의 소송을 내려놓는다. 무대가 준비된다. 변호사라면 누구나 그때 엄습하는 중압감을 잘 알 것이다. 판결이 언도되기 전 단 한 번의 마지막 기회가 있다. 판결은 이 순간, 즉 최후 변론에 의해 살아나기도 하고 무너져 내리기도 한다.

우리는 최후 변론으로 이 책의 첫 부분을 장식했다. 앞으로 이어지는 세 단원을 읽는 동안 당신은 공동체에 관한 결단, 소그룹 중심의 교회를 세우는 것에 관한 결단, 당신 자신의 리더십에 대해 결단을 내릴 수 있을 것이다. 만일 공동체에 대한 수정처럼 투명한 비전을 세우지 못한 채 이 운동을 시작한다면, 당신의 교회나 당신 자신은 소그룹 중심의 교회를 세우는 데 실패하고 말 것이다.

먼저 공동체를 위한 최후 변론을 위해 성경에서 다양한 증거들을 수집해야 할 것이다. 소그룹 중심의 교회를 세우는 여정을 시작하면서, 먼저 이 비전이 성도들을 교회에 효과적으로 정착시키는 방법 그 이상임을 확증하고자 한다. 우리는 하나님의 마음과 심정으로 소그룹을 변호할 것이다. 공동체에 대한 하나님의 말씀이야말로 우리 측의 가장 훌륭한 증거이다.

우리는 평신도이자 사역자로서, 이 사역을 이루어나가는 데 있어 어느 정도 인간적인 방법들도 의지할 수 있음을 알게 되었다. 그러나 경험을 통해 얻은 확실한 진실은 인간적인 방법(프로그램, 효과적인 관리 전략 등)만으로는 소그룹 중심의 교회가 되고자 하는 열정과 힘을 유지할 수 없다는 것이었다.

그러나 공동체가 하나님의 본성에 합하는 핵심임을 깨닫는다면 당신은 더 많은 에너지를 새롭게 공급받을 수 있을 것이다. 우리가 최후 진술을 끝낼 즈음이면 당신은 공동체를 새롭게 이해하게 될 것이고, 소그룹 중심의 교회를 세우기 위한 무한한 에너지를 얻게 될 것이다.

소그룹 중심의 교회가 되기 위한 우리의 소송은 신학적 증거, 즉 신론(1장)에서 시작된다. 그 후에는 사회학적 증거, 즉 하나님이 창조하신 우리는 누구이며, 왜 우리에게 소그룹이 필요한가에 초점을 맞출 것이다(2장). 마지막으로 교회가 공동체를 세우는 데 소그룹이 최선의 방법이라는 주장에 대해 구조적 근거들을 통해 증거할 것이다(3장).

이제 판사가 말한다. "로빈슨 씨, 도나휴 씨, 이제 배심원들에게 증언하십시오."

1장. 태초에 하나님이: 신학적 증거

> "모든 공동체는 하나님이 창조하신 결과물이다. 그러므로 공동체는 하나님 되심의 본질인 영원한 실체를 반영한다. 하나님은 영원히 한 분이시기 때문에 자신의 형상으로 창조하셨을 때 하나 됨을 창조하신 것이다."
>
> —길버트 빌지키언, 『공동체』

"배심원 여러분, 여러분에게는 두렵고 떨리는 책임이 있습니다. 우리는 곧 최후 진술을 끝낼 것입니다. 그리고 여러분은 판결을 내릴 것입니다. 우리 사회는 오류에 빠지는 사람들에게 여러 중요한 결정들을 쉽게 맡기고 있습니다. 그러므로 여러분은 냉정하고도 객관적으로 그 증거를 자세히 살펴야만 합니다. 판결은 여러분에게 달려 있습니다. 그러나 우리는 소그룹 중심의 교회를 세우는 데 대한 분명하고도 확실한 증거가 있음을 확신합니다. 공동체에 관한 신학적인 증거를 자세히 살펴봄으로써 최후 진술을 시작하겠습니다."

신학, 즉 하나님과 그분의 신격에 관한 연구에서 비롯된 논증은 하나님의 속성이 분명히 공동체적임을 증명하고 있다. 신학적 분석을 통해 하나님의 공동체적인 속성이 전 성도와 전 교회에 공동체를 세우시는 것임을 알 수 있다.

　신학적 변호는 세 가지 기본 개념에 의존한다. 첫째, 하나님은 공동체 안에서 존재하신다. 그분은 지금까지도 그러하셨고, 앞으로도 한 분 안에서 영원히 삼위로 존재하실 것이다. 둘째, 하나님은 예수 그리스도로 성육신하셨는데, 그분의 변형적인 관계가 우리에게는 매우 중요한 모델이 된다. 셋째, 예수님은 모든 그리스도인들의 하나 됨을 꿈꾸신다. 그것이 바로 교회가 그분의 비전을 향해 변화해야 하는 이유다.

공동체의 하나님

창세기 1장 26절을 보자. "하나님이 가라사대 우리의 형상을 따라 우리의 모양대로 우리가 사람을 만들고…." 이 구절에는 이상한 복수 표현이 등장한다. 하나님 고유의 속성이 세 가지로 언급되어 있는 것이다. 삼위일체의 핵심 교리를 나타내는 '우리'에 대한 언급에 주목하라. 동시에 하나님의 단일성은 우주적 교회(the church universal)의 핵심 교리이다. 신명기 6장 4절에서 언급하듯이, "우리 하나님 여호와는 오직 하나인 여호와"이시다. 다른 말로 하면, 하나님께서는 하나 됨 안에 있는 신학적 복수 개념으로 성경과 창조 이야기를 시작하신다.

　이 창조 이야기는 하나님의 공동체가 갖는 속성을 엿볼 수 있는 통로가 되며, 창문이며 우리는 그러한 하나님의 형상으로 창조된 존재이다. 이렇듯 복수(plurality)로 존재하시는 하나님께서 자기의 형상대로 인간을 창조하는 데 합의하신 것이다. 그분은 공동의 형상을 따라 창조하시며 그분의 창조물은 부분적으로 공동체를 지닌 형상이 된다. 따라서 하나님께서 공동체에 관심을 가지신다거나 공동체를 원하신다는 표현 정도로는 충분하지 못하다. 명확히 규정되고 이해된 바, 하나님은 공동체이시다.

삼위일체의 교리는 복잡하다. 고대로부터 정통 그리스도인들은 하나님이 한 분 안에서 셋이라는 사실을 오랫동안 받아들여 왔다. 그러나 현대의 우리들은 그것에 대해 깊이 생각하지 않는다. 그러나 이 수수께끼 같은 삼위일체 교리에도 적용할 것이 광범위하다. 게리스 아이스노글(Gareth Icenogle)은 다음과 같이 설명한다.

> "소그룹은 문화를 초월하고, 세대를 초월하며, 심지어는 경험과 이해를 초월하는 인류 공동체의 일반적인 형태이다. 소그룹으로 모이라는 부르심은 하나님이 창조하시고(존재론적) 지시하신(신학적) 사역이다. 그리고 소그룹은 바로 하나님 존재의 본질과 목적으로부터 탄생된 것이다. 신(Being)이신 하나님이 공동체로 존재하신다. 인류를 위한 하나님의 공동체적 이미지의 단순하면서도 자연적인 발현이 바로 소그룹 모임이다."[1]

아이스노글은 "인류를 위한 하나님의 공동체적 이미지가 소그룹 모임이다"라고 말하고 있다. 성경 전체에서 하나님(단수로 묘사된)은 태초부터 영원까지 삼위일체(복수)로 존재하심을 선포하고 있다. 이 삼위일체 교리는 삼위일체 세 분 모두가 참여하셨던 창조 기사로부터 시작된다. 하나님께서 세상을 창조하셨을 때 "하나님의 신은 수면에 운행"하셨다(창 1:2). 요한은 창조의 행위자로서의 예수님을 이렇게 묘사한다. "태초에 말씀이 계시니라 이 말씀이 하나님과 함께 계셨으니… 만물이 그로 말미암아 지은 바 되었으니 지은 것이 하나도 그가 없이는 된 것이 없느니라"(요 1:1~3). 하나님 자신이 공동체로 일하셨고 우리가 하나님의 형상으로 창조되었기에 우리 역시 공동체로서, 공동체를 위해 창조되었다.

그분이 홀로이신 분이 아님을 먼저 알아야 하나님의 실제 속성을 이해할 수 있다. 하나님은 말 그대로 '그룹'이시다. 우리 역시 성경적으로 보면(마 18:15~20 참조), 하나님의 이름으로 "두세 사람이" 모여야 우리 자신과 다른 이들의 선한 일을 위해 조화롭게 행동할 수 있게 된다. 개인들이 모여 사역할 때 놀라운 일이 일어나는 것이다. 삼위일체로 계신 하나님이 사역하실 때도 마찬가지이다. 삼위일체를 최초의 소그룹이라고 부르는 것은 전혀 망령된 일이 아닐 것이다.

나(빌)는 길버트 빌지키언 박사가 공동체에 대해 설교하는 것을 듣고서야 비로소 공동체에 대해 이해할 수 있게 되었다. 그는 하나님의 권세 있는 삼위일체적 속성뿐 아니라 관계적 측면에 대해 최초로 설명한 신학자 중 한 사람이다. 길버트 박사가 제시한 공동체에 대해 더 알기 원한다면 그의 저서 『공동체』를 읽어 보길 바란다. 그는 공동체를 십자가의 형상처럼 수직적 측면과 수평적 측면에서 설명한다. 그리고 공동체의 구성원들은 그 중심점에서 만나게 된다. 참된 공동체는 하나님과 그분의 충만함, 그리고 충만함 가운데 있는 백성들을 경험할 때 형성된다.

하나님은 본질적으로 한 분이시지만, 그 한 분 안에 또한 세 분이 계신다. 거기에는 구별된 위격(individuality)이 있다. 하나님은 공동체 안에 존재하신다. 이런 하나님의 하나 됨의 모습은 우리의 개인주의를 깨어버린다.

공동체 유전자

"우리의 형상을 따라 우리가 사람을 만들고"라는 말씀을 좀더 깊이 연구해 보자. 하나님의 형상을 가진 자, 곧 하나님의 공동체적 특성을 닮은 자가 된다는 것이 의미하는 바는 무엇일까?

그것이 의미하지 않는 바는 분명하다. 우리에게는 삼위일체의 신성이 없다(정신분열증이 있는 사람만이 "나는 하나님이야. 그래, 그분이 바로 나야!"라고 말한다). 따라서 우리는 우리가 하나님의 형상을 지녔다고 해서 하나님의 공동체성과 직접적이고 일대일로 대응되는 속성을 가진 것은 아님을 알 수 있다.

어떤 사람은 하나님이 실제로 한 분 안에 세 위격으로 계시지만, 그분의 형상을 지닌다는 것은 다른 나머지 피조물들과는 구별되는 영원한 영혼을 소유한다는 것을 뜻한다고 이야기한다. 그것은 정확한 이해가 아니다. 만일 하나님께서 인간을 하나님의 형상을 따라 만드신 이유가 단지 인간과 그 외의 피조물을 구별하기 위한 것이었다면, 삼위일체의 세 위격의 선언은 다음과 같았을 것이다. "인간을 다른 피조물과 아주 다른 모습으로 만들자. 그를 특별한 영적 존재로 만들자. 그러면 인간은 피조물 중에 독특한 존재가 될 것이다." 그러나 하나님은 그렇게 말씀하지 않으셨다.

인간을 지으실 때 하나님은 최고의 비법을 사용하셨다. 우리가 이해할 수 없을 만큼 뛰어난 창조 작업을 수행하셨다. 물론 그분은 인간을 식물과 동물, 여타 피조물과는 구별된, 영혼을 지닌 영적인 존재로 만드셨다. 그리고 나서 하나님은 그보다 훨씬 더 큰일을 행하셨다. 우리 안에 특수한 '관계 DNA'를 심어 넣으신 것이다. 하나님은 인간이 된다는 것이 의미하는 것 중에 선천적이고 계획적이며 필수적인 부분인 '공동체 유전자'로 우리를 창조하셨다.

이 '관계 DNA' 혹은 '공동체 유전자' 때문에 교회는 소그룹을 필요로 한다. 사람들은 단순히 영적인 필요를 만족시키기 위해서만 교회에 오는 것이 아니다. 그들은 내적으로 누군가와의 유대 관계(connection)를 필요로 하여 우리에게로 온다. 그들은 교회를 세상과 자신의 삶 속에서 하나님의 간섭을 발견하는 장소로 간주한다. 모임에 대한 그들의 갈증은 인간 본성의 피할 수 없는 증거이다. 만일 우리가 그 굶주림을 대수롭지 않은 것으로 치부해버린다면, 우리는 창조의 진리를 교묘하게 부인하는 셈이 된다. 그러나 교회가 사람들을 관계 속으로 이끌어 들이는 책임을 수행한다면, 우리는 우리가 지니고 있는 하나님의 속성을 확인하게 된다. 우리는 하나님의 형상으로 창조되었다. 그러므로 우리는 공동체를 위해 창조되었다. 그것이 하나님의 형상을 지닌 자의 한 모습이다.

공동체는 문화를 초월한다

사람들이 서로를 필요로 한다는 사실은 굳이 그리스도인이 되거나 교회에 출석하지 않아도 알 수 있다. 죄수들은 정상적인 삶의 공동체로부터 분리되어 창살 안에서 살아야 하는 고통을 알고 있다. 그들은 그 중에서도 독방에 감금되는 것을 가장 끔찍한 것으로 여긴다. 계속되는 고독에 시달리면 그 영이 죽고, 정신착란이 시작되며, 결국 파멸에 이른다.

상원의원이자 베트남 전에서 포로였던 존 매케인(John McCain)은 지긋지긋하게 길고 잔인했던 격리 끝에 동료 포로들과 재회했을 때 경험한 사기충천에 대해 다음과 같이 묘사했다.

"나는 친절한 감방 동료와 얼굴을 맞대고 쉬지 않고 말하고 싶은 억제할 수 없는 충동에 사로잡혔다. 나는 나흘 동안 쉬지 않고 입을 움직였다. …더 황당했던 장면은 이제 막 독방에서 풀려나와 자신의 목소리에 매료된 두 남자가, 서로의 말을 듣지는 않고 동시에 서로를 향해 이야기하는 모습이었다."[2]

우리는 내성적인 사람들과 외향적인 사람들의 차이를 알고 있다. 내성적인 사람들은 혼자 있는 시간을 좋아한다. 그러나 그들 역시 다른 사람들과의 사귐을 분명히 필요로 한다. 왜냐하면 다른 어떤 피조물보다도 사람들은 사귐에 굶주려 있기 때문이다. 우리는 서로를 찾고 있다. 우리는 만나고, 연애하고, 결혼한다. 우리는 가족 공동체를 중심으로 삶을 영위한다. 우리는 정상적인 관계의 가족과 친구들, 즉 친밀하고 진실하며 믿음직스럽고 사랑 넘치는 관계들을 소중히 여긴다. 반사회적인 이상성격자(정상으로부터 떠난 사람으로 규정되는)만이 관계를 거부한다. 나이, 성별, 인종, 기질, 혹은 과거나 배경에 관계없이 모든 사람은 공동체를 간절히 원하고 있다.

이방인에게 전도했던 사도 바울은 왜 모든 사회가 관계를 통해 이루어지는지 다음과 같이 설명한다. "창세로부터 그의 보이지 아니하는 것들 곧 그의 영원하신 능력과 신성이 그 만드신 만물에 분명히 보여 알게 되나니 그러므로 저희가 핑계치 못할찌니라"(롬 1:20). 그 "신성"의 일부가 바로 하나님의 복수성(plurality)이자 공동체에 대한 그분의 계획이기 때문에, 하나님이 만드신 모든 만물과 사람들은 서로 필요로 한다는 사실을 분명히 드러내고 있다.

우리에게는 첫째, 하나님의 속성으로 인해, 둘째, 우리가 하나님의 공동체적 형상을 지니고 있기 때문에 공동체가 필요하다. 댈러스 윌러드(Dallas Willard)는 삼위일체 교리를 이해할 때 우리의 삶이 어떻게 변화되는지를 다음과 같이 설명한다.

> "…신앙 고백을 하는 대부분의 그리스도인들이 삼위일체, 성육신, 그리스도의 대속, 그리고 핵심적인 교리들을 이해하고 있다. 그러나 예를 들어, 삼위일체를 '바르게' 설명할 수 있는 것과 삼위일체의 실체를 믿는 것에는 엄청난 차이가 있다.
>
> 삼위일체를 사실로 믿는 것의 유익은 '정답'을 말해서 하나님께 A 학점을 받는 것이 아니다. 어떤 것을 믿는 것은 그것이 사실인 것처럼 행동하는 것임을 기억하라. …삼위일체를 믿는 것에서 오는 유익은 삼위일체를 사실로 인정하고 살아가는 것에 있다. 즉 실제로 우리를 둘러싸고 있는 우주가 사랑과 지식과 능력을 가진 위대한 개인들의 완전한 공동체라고 여기고 살아가는 것이다. 그러면 2 더하기 2가 4인 것처럼, 우리의 삶은 실제로 우리의 행동을 통해 우주와 자연스럽게 어우러지게 된다."[3]

이제 공동체를 위한 신학적 변호에서 첫 번째 증거를 요약해 보자. 하나님은 세 분이신 동시에 한 분이시다. 우리는 하나님의 공동체성을 지닌 형상으로 창조되었다. 성경과 창조 기사의 가르침에 따르면 인간이 된다는 것은 공동체를 갈망한다는 것이다. 그러므로 우리가 교회 안에서 공동체를 이룬다면, 우리는 창조된 인간으로서 우리의 본질과 화해하는 것이다.

공동체 안에서의 예수님

공동체를 위한 신학적 변호에서 두 번째 증거로는 하나님이 인간 역사 속에 실제로 등장하신 사실을 들 수 있다. 우리는 삶 속에서 하나님의 성육신, 즉 임마누엘("하나님이 우리와 함께 계시다") 예수 그리스도를 만난다.

복음서는 그리스도의 삶을 통해 삼위일체 하나님이 창조하신 형상을 지닌다는 것이 무엇을 의미하는지 보여 준다. 예수님의 전 공생애는 공동체 안에서의 삶의 모델을 제시한다. 그분의 모범은 그분의 이름을 지닌 우리들에게 공동체(특히 소그룹으로 이루어진 공동체)가 왜 선택이 아니라 필수인지를 보여 준다.

당신은 마가복음 3장에서 예수님이 관계를 선택하시는 장면을 볼 수 있다. 사역 초기에 예수님이 어디를 가시든지 군중들이 몰려왔다. 사람들은 예수님의 말씀과 권능에 대해 들었고, 마가의 표현에 따르면 그들은 귀찮을 정도로 그분을 따라다녔다.

> "예수께서 제자들과 함께 바다로 물러가시니 갈릴리에서 큰 무리가 좇으며 유대와 예루살렘과 이두매와 요단 강 건너편과 또 두로와 시돈 근처에서 허다한 무리가 그의 하신 큰일을 듣고 나아오는지라 예수께서 무리의 에워싸 미는 것을 면키 위하여 작은 배를 등대하도록 제자들에게 명하셨으니 이는 많은 사람을 고치셨으므로 병에 고생하는 자들이 예수를 만지고자 하여 핍근히 함이더라"(막 3:7~10).

우리였다면 그런 인기를 이용해서 오히려 군중에게 더 큰 영향력을 끼치려 했을지도 모르겠다. 많은 군중들이 몰려드는 것이 하나님의 임재와 기름 부음의 증거라고 해석함으로써, 더 많은 사람들을 불러 모으고, 이름을 알리고, 더 많은 군중을 다룰 전술을 개발하여, 새로운 건축 계획까지 세웠을지도 모르겠다.

그러나 예수님은 그렇게 하지 않으셨다. 그분은 군중들을 진정한 공동체와 다르게 대하셨다. 사실 예수님은 많은 사람들과 사역하는 대신 자신을 숨긴 채 물러나셨다. "또 산에 오르사 자기의 원하는 자들을 부르시니 나아온지라"(막 3:13). 예수님은 삶을 변화시키는 사역에 파묻힐 3년간의 여정에 열두 명만 초대하셨다.

그분과 제자들과의 연결은 상호의존 관계의 완벽한 모델이었다. 예수님은 군중의 간절한 필요를 알고 계셨다. 그러나 그분은 대부분의 공생애를 열두 제자라는 작은 공동체와 함께 보내셨다. 그분은 많은 사람들에게서 물러나신 다음, 많은 사람들에게 다가가기 위해 몇 사람을 택하셨다. 유진 피터슨은 다음과 같이 설명한다. "예수님은 모든 미국인들에게 다가가기 위해 자기 시간의 90%를 12명의 유대인에게 투자하셨다."[4]

예수님은 많은 사람들의 삶을 변화시키기 위해 소수의 사람들을 모으는 하나님의 방법을 따르셨다. 예수님은 소수의 모임인 삼위일체 공동체 안에 태초부터 계셨다. 예수님이 삼위일체 하나님의 형상을 가진 채 창조된 우리처럼 인간의 몸으로 성육신하셨을 때, 소수를 공동체로 모으신 것은 그분의 속성과 본질상 당연한 것이었다.

고독한 방랑자는 외로운 방랑자이다

우리는 공동체를 위한 두 가지 증거를 살펴보았다. 창조된 존재로서 우리는 공동체를 위해 만들어졌다. 그리스도를 따르는 자로서 우리는 공동체를 위해 변화되었다. 그럼에도 불구하고 우리 문화가 개인주의와 독립독행(self-reliance)을 강조하기 때문에, 많은 그리스도인들이 삶 속에서 은혜를 놓치고 있다. 그들은 공동체로 모이지 않고도 예수님을 닮아 갈 수 있다고 생각한다.

교회 안의 많은 그리스도인들이 공동체를 선택 사항으로 여긴다. 나(러스)는 윌로크릭의 소그룹 책임자이기 때문에, 공동체에 참여하고 싶지 않다고 말하는 성도들과 이야기를 나눌 기회가 많다. 윌로크릭교회에 출석한 지 오래된 사람들뿐만 아니라 이사 와서 새로 등록한 사람들도 교회 혹은 소그룹에 연결되어 관계를 맺는 것을 거부한다. 우리는 그들을 '변절자(renegades)'라고 부른다.

그들 중 일부는 '교회를 자주 옮겨 다니는 변절자'(church-hopping renegades)이다. 그들은 소비자 중심주의 철학을 자신의 교회 출석에 적용하여, 윌로크릭을 시카고 지역 교회라는 뷔페의 한 요리쯤으로 생각한다. 다시 그들이 윌로크릭을 방문할 것인가는 윌로크릭이라는 요리의 맛이 유일한 기준이다. 그들의 관심은 자기와 자기 가족을 잘 '살찌우는'5) 일이다. 삶을 변화시키는 공동체는 그들이 계획한 식단이 아니다.

그렇다. 교회는 그들에게 거의 해 준 것이 없다. 기독교가 말하는 올바른 삶은 하나님과 나와의 관계를 돈독하게 유지하는 것이다. 최소한의 수준에서 머무는 그런 '화재보험'식의 신앙은 지옥에는 안 가게 해 줄지 몰라도 예수님을 따르는 것과는 아무 상관이 없다. 예수님을 따른다는 것은 그분을 따라 공동체 안으로 들어간다는 것을 의미한다.

어떤 사람들은 '자유계약자'(independent contractor)의 사고방식에서 하나님께 좀더 나아가 종종 '친교'(fellowship)라고 불리는, 공동체의 값싼 변형을 취한다. 많은 교단과 많은 교회들에서 친교를 위해 친교실에 모여 식사를 나눈다. 그것을 '순한 공동체'(community lite)라고 부르자. 이러한 양육 체계는 도움이 되기는 하지만, 너무 순해서 영양실조에 걸린 우리의 공동체들은 태초부터 삼위일체에 내재되어 있었고 그리스도께서 삶으로 본 보여 주신 하나 됨의 본질을 아주 헐값에 팔아넘겼다.

나(빌)는 처음 신앙 생활을 시작하면서 이런 굶주림을 체험했다. 소그룹 활동이 전혀 없는 교회에서 신앙 생활을 했기 때문에 나는 공동체를 갈망했고, 얼마 안 되어 친구들이 마련한 소그룹에서 그것을 발견했다. 그들은 가정 성경 공부를 통해 신자들을 양육하고 구도자들에게 다가갔다. 우리는 믿지 않는 친구들을 초대하기 시작했다. 얼마 안 되어 성경 공부 소그룹 구성원은 35명으로 늘어났고, 그들 중 절반은 그리스도를 모르는 사람들이었다. 믿을 수 없을 만큼 놀라운 경험이었다. 삶이 변화되고 있었고, 믿는 자들은 용기를 얻었으며, 믿지 않는 자들은 진정한 영적 공동체가 어떤 것인지 직접 눈으로 목격했다.

그렇게 되고 보니 교회가 우리를 제지하고 나섰다. 그들은 교회의 많은 '세리들과 죄인들'이 젊은이들을 동요시킬까 염려했다. 그들은 새로운 신자들이 그 죄인들처럼 될까 봐 두려워했다. 오히려 그 반대 현상이 일어날 수도 있다는 것을 그들은 생각하지 못했다. 다시 한 번 진정한 공동체는 보류되었다.

물론, 때로 신자들 간에 깊은 우정을 나누게 되기도 한다. 이것은 하나님이 우리 인간을 관계 지향적인 존재로 만드셨다는 훌륭한 증거이다. 또한 가정 안에서 이런 공동체를 맛보기도 한다. 혹은 선교 단체들이 공동체에 대한 갈급함을 채워 주기도 한다. 그러나 많은 교회들이 하나님이 창조하시고 예수님이 우리에게 보여 주신 성경적인 공동체의 개념을 어디서부터인가 잃어버렸다는 사실을 인정하기란 고통스러운 일이다.

오늘날 많은 교회들이 만족할 만한 공동체를 실현해내지 못하고 있다. 우리가 사랑하는 윌로크릭교회도 기본적인 신학적 이상(理想)에조차 도달하지 못할 때가 많았다. 성도 수가 급증하여 배가하는 동안에는 공동체 안에서 진정한 관계를 맺는 것이 어려웠다. 성도들은 제자들이 그리스도와 동행하면서 맛본 그 공동체를 경험해야만 한다. 예수님이 공동체를 아시고 몸소 본을 보이셨던 것처럼, 전 성도가 공동체를 체험하는 것, 즉 모두를 서로 '연결시키는(connect)' 것은 어마어마한 작업이다.

그러나 예수님의 삶에 드러난 증거 때문에 우리는 어려움을 극복하며 이 여정을 멈추지 않을 수 있었다. 교회는 공동체 안에 계신 예수님에 대한 판결을 내릴 때, 그리스도께서 보이신 공동체의 삶을 기준 삼아 판결문의 기초를 수정해야 할 것이다.

제자도는 하나 됨에 관한 것이다

그나마 위안이 되는 것은 열두 제자에게 3년을 투자하신 예수님조차도 자신이 생각하던 공동체에는 못 미치셨다는 것이다. 그분이 그 결점에 대해 설명하신 것이 소그룹을 위한 신학적 변호에서 세 번째 증거를 제공한다.

우리는 이 증거를 예수님의 마지막 사역에 대해 요한이 쓴 글 속에서 발견한다. 요한복음 17장에서 예수님은 하나님이 자기 자녀들에 대해 갖고 계신 놀라운 이상에 대해 설명하신다. 즉, 그들이 하나 된 모습으로 살리라는 것이다. 삼위일체와 성육신의 증거는 강력하다. 그러나 요한복음 17장은 소그룹을 위한 신학적 변호에서 결정적 증거가 될 수 있다. 모든 변호사들은 소송에서 명백한 증거, 즉 범죄 현장에서 아직도 화약 연기가 나고 있는 총을 발견하는 꿈을 꾼다. 만일 공동체에 대해 그처럼 분명한 증거가 있다면 그것은 요한복음 17장일 것이다.

요한복음 17장의 상황을 보라. 예수님은 죽음을 앞두고 하늘에 계신 아버지와 마지막 대화를 나누신다. 나머지 열한 제자들은 가룟 유다가 나갔음에도 불구하고 예수님 주변에 모여서 여전히 누가 큰 자인지를 놓고 다투고 있었다. 그들은 세족식으로 겸손해진 후 예수님의 말씀에 귀를 기울였다. 그들이 여전히 만찬석상에 있었는지 아니면 겟세마네 동산에 있었는지 확실하지 않지만 예수님은 자신의 친구들이 기다리는 동안 아버지께 기도하신다. 이 준엄한 문장을 통해 우리는 예수님의 기도를 들여다본다. 예수님은 태초부터 영원까지 하나님 되심의 본질을 공유하는 분으로서 기도하신다. 그분이 가장 친밀한 관계 속에 함께 존재해 온 분과 대화하시는 것이다.

또 하나의 요소를 이 대화 속에서 발견할 수 있다. 죽음을 앞둔 사람의 말 속에는 자신의 가장 깊은 바람, 소망, 꿈 등이 담겨 있는 법이다. 그렇기 때문에 죽음을 앞둔 사람의 마지막 소원은 들어 주기 위해 노력한다. 예수님은 마지막 시간에 우리에게 당신의 주요 관심사가 무엇인지 단서를 주셨다.

예수님은 이제 몇 시간 있으면 자신이 하나님의 최후의 희생양이 될 것이라는 것을 아셨다. 혹 마지막 순간에 구속사를 바꾸시는 하나님의 조처가 있다면 모를까, 이제 죽음은 필연적이다. 하늘에 계신 아버지와의 대화를 통해 예수님은 공동체의 조화를 이루신 장엄함을 보여 주시며 정곡을 찌르는 말씀을 하신다. 자신이 불러 모았던 일련의 제자들, 특히 공동체의 모범을 보이면서 대부분의 시간을 함께 보냈던 제자들을 위해 이렇게 기도하신다. "나는 세상에 더 있지 아니하오나 저희는 세상에 있사옵고 나는 아버지께로 가옵나니 거룩하신 아버지여 내게 주신 아버지의 이름으로 저희를 보전하사 우리와 같이 저희도 하나가 되게 하옵소서"(요 17:11).

"우리와 같이 저희도 하나가 되게 하옵소서." 만일 당신이 신학적 감각을 가지고 있다면 이 문장의 압도적인 위력이 실감날 것이다. 예수님은 말씀하셨다. "나는 사람들이 (이를테면, 내 전 생애를 쏟아 부은 이 사람들이) 삼위일체 안에서 우리가 체험하는 그런 종류의 하나 됨을 발견하기 원합니다." 삼위일체 공동체가 최초의 공동체이며, 하나님이 바로 모델 공동체이시다. 예수님은 이것이 실제로 가능하다고 생각하신 것이다!

이 말씀을 가지고 우리는 어떻게 움직여야 할 것인가? 예수님과 하나님의 마지막 대화가 소그룹 사역과 지역 교회 안에서 공동체를 세우는 일에 얼마나 잘 적용되는지 주목하라. 예수님은 특별한 한 길을 택하시고 거기에 공생애 3년을 투자하셨다. 그는 사람들을 불러 모아 그들에게 자신의 삶을 쏟아 부으셨으며, 이제는 사람에 대한 자신의 투자 전략과 사역을 그들에게 위임하셨다. 마지막 밤에 그분은 하늘에 계신 아버지에게 어떤 특별한 것, 즉 그의 공동체가 하나가 되는 선물을 허락해 달라고 기도하신다.

예수님이 자신의 제자들로부터 기도 제목을 받았다고 상상해 보라. 일찍이 그들은 다른 사람들을 제외한 자기만의 영광스런 자리를 요구했다. 어떤 제자들은 "로마를 전복시키십시오!"라고 탄원할 것이다. 또 다른 제자들은 고기 잡기에 좋은 날씨를 부탁할 것이다. 어떤 제자들은 지금까지 해 온 것과 동일한 사역을 지속할 수 있도록 청할지도 모르겠다. 그러나 공동체에 대한 기도 제목은 전혀 없다!

하지만 예수님이 하나님께 간구하신 것은 그들이 하나 되는 것이었다. 그것은 그저 흔히들 말하는 하나 됨이 아니다. 예수님은 너무나 담대하시다. 그는 자신을 따르는 자들이 공동체 안에서 놀라운 상급을 경험하도록 기도하신다. 다름 아닌 삼위일체 수준의 관계를 위해 기도하시는 것이다!

예수님께서 드리신 기도의 본질에 사로잡힌 후, 나(러스)는 완전히 변화되었다. 나는 변호사에서 전임 사역자로의 전직을 고려하기 시작했다. 왜냐하면 빌 하이벨스 목사가 내게 윌로크릭의 소그룹 책임자가 되어 달라고 부탁했기 때문이다. 직업을 바꾸는 번거로움은 제쳐두고라도, 전략적인 리더십이라는 흥미 있는 일에 나의 삶을 쏟아 붓는다는 것이 망설여졌다. 나는 장로로서 윌로크릭이 소그룹 중심의 교회로 전환되는 과정을 쭉 지켜보아 왔다. 소그룹이라는 기초가 바람직한 경영 방법론이라는 측면에서 볼 때, 효과적이라는 것도 알고 있었다. 하지만 나는 그보다 더 깊은 문제들에 대해서는 고민해 본 적이 없었다. 그런 내가 소그룹 책임자를?

그리고 나는 그저 괜찮은 교회 프로그램 이상인 '공동체'에 대한 열정이 없다면, 결코 변호사라는 직업을 떠날 수 없음을 깨달았다.

나는 하나님께 소그룹에 대한 더 큰 비전을 달라고 기도했다. 그리고 기다렸다. 어떤 책도 도움이 되지 않았다. 소그룹 전문가들과의 대화도 마찬가지였다. 잠 못 이루던 어느 날 밤, 나는 데니스 식당(고뇌하는 영혼을 위해 새벽 2시에도 영업을 하는 유일한 장소이다)에 앉아 요한복음 17장을 다시 읽어 가기 시작했다. 하나님께서는 예수님의 입술을 통해 나온 이 말씀들을 가지고 내 기도에 응답해 주셨다. "우리와 같이 저희도 하나가 되게 하옵소서."

이 구절 때문에 나는 소그룹 사역에 담긴 의미를 뼛속 깊이 깨닫게 되었다. 예수님은 흠 많은 제자들의 소집단이 놀랍게 하나 되도록 진심으로 기도하셨다. 사람들에게도 그런 관계의 연결이 가능하다는 사실은 놀랄 만한 일이다. 그러나 예수님은 그것이 가능하다고 말씀하고 계시며, 우리도 그렇게 기도할 수 있다!

더욱 멋진 것은 예수님이 그의 제자들의 하나 됨을 위해 기도하시는 것에 그치지 않으셨다는 사실이다. 그분은 더 광범위한 청중들에게까지 관심을 두셨다. "내가 비옵는 것은 이 사람들만 위함이 아니요 또 저희 말을 인하여 나를 믿는 사람들도 위함이니 아버지께서 내 안에, 내가 아버지 안에 있는 것같이 저희도 다 하나가 되어 우리 안에 있게 하사 세상으로 아버지께서 나를 보내신 것을 믿게 하옵소서"(요 17:20, 21).

예수님은 우리를 사하시기 위한 죽음 앞에서 제자들뿐 아니라, 우리와 우리의 친구들, 우리가 섬기는 교회의 성도들, 그를 믿는 모든 사람들을 위해 실제로 기도하셨다. 그는 사람들이 제자들에게서 자신이 원했던 그 하나 됨, 삼위일체 안에서 그가 경험했던 하나 됨을 발견하도록 기도하셨다.

결단의 시간

이제 당신은 예수님의 기도를 따라 무엇인가를 해야 한다. 그 기도가 그저 미사여구에 불과하다거나, 예수님이 극도의 공포 가운데 아무 뜻 없이 하신 기도라고 생각할 수도 있다. 그러나 당신은 그 기도를 따라 무엇인가를 해야만 한다. 우리는 예수님의 기도가 진실한 기도였다고 결론 내릴 수 있을까?

나는 소그룹 중심의 교회를 세우는 일에 나의 노력과 은사를 사용해야 함을 이미 잘 알고 있었다. 하나님이 나를 다른 방향으로 부르시지 않는 이상, 나는 이 사명 속으로 들어와야 했다. 궁극적으로 그것은 한 법률 회사의 매각, 일반 직업으로부터 전임 사역으로의 이동, 그리고 전혀 새로운 업무상의 기술을 다시 배워야 함을 의미했다. 그러나 내 심령을 두드리는 예수님의 기도와 그 기도에 내재된 의미를 가지고 무엇인가를 해야만 했다.

당신의 교회는 이 말씀을 가지고 무엇을 할 것인가? 그리스도께서는 당시의 제자들뿐 아니라 나중에 믿게 될 사람들도 하나가 되도록 기도하셨다. 당신의 교회는 이러한 하나 됨을 일상적으로 경험하고 있는가? 아마도 그렇지 않을 것이다. 어찌된 일인지 교회는 하나 됨의 비전을 상실했다. 값싼 신학이 교회의 값싼 교리와 시시한 공동체 신학으로 이어졌다.

오늘날 교회는 예수님의 부르심에 대해 값싼 교제(fellowship)로 응답하고 있다. 우리는 예수님이 꿈꾸는 공동체보다 못한 것은 어떤 것이든 거절해야 한다. 하나 됨의 신학적 모델에 대한 새로운 비전과 전술은 결코 선택 사항이 아니다!

만일 예수님이 오직 신학적으로만 설명될 수 있는, 죽을 수밖에 없는 사람들 사이의 관계적 연결을 묘사하고 계신 것이라면 어떻겠는가? 그렇다면 교회는 세상이 주는 그 어떤 것과도 비교할 수 없는 그리스도인의 관계라는 예수님의 원대한 비전에 합류할 수 있다. 우리는 우리의 신학을 정립하고 하나님과 삼위일체에 대한 교리로 새롭게 될 것이다. 공동체로 가는 길은 하나님 자신의 위격 및 본질과 깊이 연관되어 있다.

휘튼 대학의 명예교수로, 공동체에 관한 한 우리의 스승이며 윌로크릭의 창립자 중 한 분인 길버트 빌지키언은 공동체에 대한 신학적 변호의 중요성에 대해 다음과 같이 설명한다.

> "지난 몇 세대 사이에 교회가 생존에 위협을 느끼게 된 것은 예수님의 기도가 그토록 고뇌에 차 있었던 것과 무관하지 않다. 예수님은 교회가 세상에 공동체를 보여 주지 못할 것이며, 교회의 사명을 수행하지 못하리라는 것을 알고 계셨다. 그리고 세상은 복음을 믿지 못할 것이 틀림없었다(21, 23절). 그 기도에 따르면 복음의 진리에 대한 가장 설득력 있는 증거는 그의 제자들이 분명하게 하나가 되는 것이었다."[6]

다른 말로 하면, 오직 하나님의 본질과 특성을 이해할 때 우리는 예수님이 제자들에게 바라시는 하나 됨을 경험할 수 있다. 하나님은 공동체 안에, 그리고 공동체로서 태초부터 영원까지 존재하신다. 형상과 본질을 가지고 성육신하신 하나님은 혁명적인 관계의 삶과 사역을 이끄셨다. 사실 예수님은 오직 하나의 기준으로 믿음의 공동체 안에서 제자들의 우정을 표현할 수 있다는 것을 아셨다. 그 기준은 바로 하나님의 관계적 정체성과 삼위일체적인 본성이다.

만일 당신이 공동체에 대한 예수님의 꿈을 온전하게 이해한다면,

그것은 당신의 마음을 사로잡을 것이다. 당신은 다음과 같이 말하게 될 것이다. "지역 교회 안에 공동체를 세울 수만 있다면, 어떤 대가를 치르더라도 끝까지 포기하지 않고 노력할 것입니다." 우리는 최선을 다해 성경적이고 신학적으로 건전한 공동체를 세워야 한다. 우리는 사람들이 변혁적인 관계를 통해 영적으로 성숙하도록 연구하고 생각하고 방법을 계획해야 한다. 이제 사람들이 하나님이 꿈꾸시는 하나 됨을 체험하기 시작할 것이다.

이것이 우리와 우리 교회를 향하신 하나님의 꿈이다. 우리는 하나 안에서 셋이신 하나님의 본성을 기준 삼아 당장 공동체에 소속되라는 부르심을 받았다. 우리는 성육신과 고별 기도에서 보여 주신 예수님의 본을 무시할 수 없다. 그의 본을 따라 모든 교회는 진정한 공동체 안에서 세워져야 할 것이다. 소그룹 네트워크를 확장함으로써 공동체로의 부르심에 응답해야 할 것이다. 이것이 소그룹 운동에 대한 신학적 증거이다. 이만큼 확실한 증거는 없다. 그러나 이것은 시작에 불과하다.

2장. 공동체를 창조하시다:사회학적 증거

> "그리스도인의 형제애는 우리가 실현해야 할 이상이 아니다. 그것은 오히려 우리가 참여해야 하는, 그리스도 안에서 하나님이 창조하신 실체이다."
> —디트리히 본회퍼

신학적인 증거만으로도 소그룹 중심의 교회를 세워야 한다는 주장의 타당성을 충분히 증명할 수 있다. 그러나 거기서 멈추지 말자. 각 사람과 교회가 진정한 공동체를 필요로 하는 이유를 보여 주는 사회학적 증거를 찾아보자. 하나님은 사람이 관계를 필요로 하도록 창조하셨다. 그리고 관계는 당신이 소그룹을 택하는 데 있어 가장 중요한 요소이다.

사회학적 증거:당신은 누구인가

디트리히 본회퍼처럼 우리는 그리스도인의 형제애나 연합이 하나님이 세우신 창조 질서의 일부라는 사실을 믿는다. 이것은 하나님이 창조하셨을 때의 사람들, 타락한 후의 사람들, 그리고 오늘날 우리에게도 모두 적용된다. 당신은 공동체를 위해 창조된, 하나님의 형상을 가진 자일 뿐 아니라, 하나님을 찾으며 그분과의 상호의존을 즐거워하며 다른 사람들과 연결되고 그들 안에서 영적인 삶을 이루도록 고안된 존재이다.

의존하도록 창조되다

성경은, 본래 우리 인간이 의존적이어서 삶을 지탱해 주시는 하나님의 선물이 없으면 존재할 수 없다고 말한다. 바울은 다음과 같이 기록한다.

> "우주와 그 가운데 있는 만유를 지으신 신께서는 천지의 주재시니 손으로 지은 전에 계시지 아니하시고 또 무엇이 부족한 것처럼 사람의 손으로 섬김을 받으시는 것이 아니니 이는 만민에게 생명과 호흡과 만물을 친히 주시는 자이심이라"(행 17:24~26).

이어서 바울은 다음과 같이 핵심을 찌른다. "이는 사람으로 하나님을 혹 더듬어 찾아 발견케 하려 하심이로되 그는 우리 각 사람에게서 멀리 떠나 계시지 아니하도다"(행 17:27).

공동체를 규정하신 하나님께서는 우리가 공동체를 찾도록 생명을 주셨다. 하나님은 우리와 교제를 원하신다. 그리고 심지어 우리가 하나님을 찾지 않을 때라도 항상 우리와 함께하신다.

하나님 자신은 우리와의 교제가 필요 없으신 분이다. 그러나 성경은 하나님이 우리와 상호의존적인 관계가 되기를(우리의 감정, 결정, 염려, 그리고 심지어 몸까지도 함께 나누기를) 선택하셨다는 것을 되풀이해서 보여 준다.

하나님께서 자신의 감정을 하찮은 미물들에게 드러내신다는 것이 의아하지 않은가? 하나님께서 십계명을 주려고 시내 산 정상에서 모세를 만나시는 동안, 참을성 없는 히브리 백성들은 그새를 못 참고 금송아지를 만들어 경배했다. 하나님은 진노하셔서 모세에게 다음과 같이 말씀하셨다. "내가 이 백성을 보니 목이 곧은 백성이로다 그런즉 나대로 하게 하라 내가 그들에게 진노하여 그들을 진멸하고 너로 큰 나라가 되게 하리라"(출 32:9, 10). 충격적이지만 사실이다. 하나님께서는 당신과 나처럼 실수하기 쉬운 사람들과 감정상으로 상호의존하시기를 선택하셨다. 당신은 하나님께 "기쁨"(습 3:17)이 될 뿐 아니라, "하나님의 성령을 근심하게"(엡 4:30) 할 수도 있다.

하나님께서는 종종 결정 과정에도 우리를 참여시키신다. 예를 들어 하나님께서 아브라함의 조카 롯이 살던 타락한 소돔을 멸망시키려고 하실 때, 아브라함이 간청했다. "가까이 나아가 가로되 주께서 의인을 악인과 함께 멸하시려나이까 그 성 중에 의인 오십이 있을찌라도 주께서 그곳을 멸하시고 그 오십 의인을 위하여 용서치 아니하시리이까 주께서 이같이 하사 의인을 악인과 함께 죽이심은 불가하오며 의인과 악인을 균등히 하심도 불가하니이다 세상을 심판하시는 이가 공의를 행하실 것이 아니니이까 여호와께서 가라사대 내가 만일 소돔 성 중에서 의인 오십을 찾으면 그들을 위하여 온 지경을 용서하리라"(창 18:23~26). 아브라함은 내기의 강도를 높여 나갔다. 하나님께서는 놀라울 정도로 유연한 태도를 보이셨고, 결국은 10명의 의인만 있어도 소돔과 고모라를 구하는 데 동의하셨다 그러나 하나님은 우리가 걱정하는 소리나 듣기 위해 우리를 기다리시는 것은 아니다. 그분은 우리와 너무 가까우셔서 우리가 문제가 무엇인지조차 파악 못할 때 개입하셔서 해결을 도우신다. 로마서 8장 26, 27절은 기록한다. "이와 같이 성령도 우리 연약함을 도우시나니 우리가 마땅히 빌 바를 알지 못하나 오직 성령이 말할 수 없는 탄식으로 우리를 위하여 친히 간구하시느니라 마음을 감찰하시는 이가 성령의 생각을 아시나니 이는 성령이 하나님의 뜻대로 성도를 위하여 간구하심이니라."

나(러스)는 오래 전부터 자동차, 오토바이, 모터와 같은 기계류를 좋아했다. 그래서 겨울마다 나의 세 아들 중 하나는 나와 함께 시카고 자동차 전시회에 참석한다. 우리는 결코 소유하지 못할 새로운 개념의 자동차들과 꿈의 자동차들 앞에서 군침을 삼키고는 한다. 특히 가장 최근에 출시된 차량 앞에 서 있길 좋아한다. 그런데 얄궂게도 나는 기계에 대한 열정은 있지만 기계를 다루는 데는 서툴다. 그래서 시동을 걸고 운전을 할 때마다 스스로 문제를 찾아 알려 주는 새로운 컴퓨터 분석 장치를 아주 좋아한다.

하물며 사람도 자동차에 그런 정교한 감지 장치를 고안해냈다면, 성령님의 내주하심으로 당신 안에서 작동하는 영적 감응 장치는 얼마나 뛰어난 것이겠는가. 하나님의 관심은 너무 지대하셔서 "너희에게는 머리털까지 다 세신 바 되었고"(마 10:30), 당신의 모든 눈물까지도 헤아리신다(시 56:8). 새 자동차의 분석 장치처럼, 성령님은 우리의 가장 깊은 근심까지도 점검하신다. 그리고 성령님은 우리 소원과 하나님의 완전한 뜻을 배합하기 위해 우리와 하나님 사이에 대화의 '윤활유'를 치신다.

결정적으로, 하나님은 우리 안에 거하시려고 우리를 창조하셨다. 우리의 물리적인 몸은(우리뿐 아니라) 성령이 거하시는 장소로서 이중의 역할을 한다. 그것이 바로 우리가 우리 몸을 성결하게 관리해야 하는 이유이다. "너희 몸은 너희가 하나님께로부터 받은바 너희 가운데 계신 성령의 전인 줄을 알지 못하느냐 너희는 너희의 것이 아니라 값으로 산 것이 되었으니 그런즉 너희 몸으로 하나님께 영광을 돌리라"(고전 6:19, 20).

상호의존적으로 창조되다

하나님이 우리를 자신과 함께 공동체 안에서 살도록 창조하신 것처럼, 다른 사람들과도 공동의 삶을 살며 영적인 삶을 가꾸도록 창조하셨다. 사람들 간의 이런 상호의존은 타락의 결과가 아니라 하나님 창조 질서의 일부이다.

"여호와 하나님이 가라사대 사람의 독처하는 것이 좋지 못하니 내가 그를 위하여 돕는 배필을 지으리라 하시니라 …여호와 하나님이 아담을 깊이 잠들게 하시니 잠들매 그가 그 갈빗대 하나를 취하고 살로 대신 채우시고 여호와 하나님이 아담에게서 취하신 그 갈빗대로 여자를 만드시고 그를 아담에게로 이끌어 오시니 아담이 가로되 이는 내 뼈 중의 뼈요 살 중의 살이라 이것을 남자에게서 취하였은즉 여자라 칭하리라 하니라 이러므로 남자가 부모를 떠나 그 아내와 연합하여 둘이 한 몸을 이룰찌로다"(창 2:18, 21~24).

하나님은 한 분이시면서 여전히 셋이시며, 여전히 한 분이신 셋이시다. 하나님은 유사한 공동체를 위해 여자와 남자를 창조하셨다. 그래서 두 사람이 결혼하여 하나가 되지만, 그 한 부부는 여전히 두 사람이다. 이 창조의 질서는 바울이 창세기 2장 24절을 명확하게 인용한 바와 같이 타락 때에도 존재했다. "이와 같이 남편들도 자기 아내 사랑하기를 제 몸같이 할지니 자기 아내를 사랑하는 자는 자기를 사랑하는 것이라 …이러므로 사람이 부모를 떠나 그 아내와 합하여 그 둘이 한 육체가 될찌니"(엡 5:28, 31).

놀랍지 않은가? 하나님은 우리를 각기 구별된 개인으로 창조하신 동시에 다른 사람과 분리될 수 없는 존재로 만드셨다. 이러한 공동 삶의 규정은 결혼에도 적용되고, 교회에도 적용된다. 에베소서 5장을 다시 보라. 남편이 아내 사랑하기를 자기 몸을 사랑하는 것처럼 하는 것이 성경적이듯, 교회에서도 역시 마찬가지이다. "누구든지 언제든지 제 육체를 미워하지 않고 오직 양육하여 보호하기를 그리스도께서 교회를 보양함과 같이 하나니 우리는 그 몸의 지체이니라"(엡 5:29, 30).

바울은 이 둘을 훌륭하게 상호 연관시킨다. 마치 하나님이 하나 안에서 셋이신 것과 결혼한 두 사람이 하나 안에서 둘인 것처럼, 교회 안에서도 분리된 개인들이 분리될 수 없는 그리스도의 몸의 지체가 될 수 있다. 로마서 12장 4, 5절도 이에 동의한다. "우리가 한 몸에 많은 지체를 가졌으나 모든 지체가 같은 직분을 가진 것이 아니니 이와 같이 우리 많은 사람이 그리스도 안에서 한 몸이 되어 서로 지체가 되었느니라."

우리는 이 문장을 종종 다양성에 대한 핵심 본문으로(올바르게) 가르쳤다. 6~8절에서 바울은 왜 우리가 각자의 은사들을 파악하고, 활용하며, 존중해야 할 필요가 있는지를 설명한다. 그러나 하나님은 우리가 이 은사들을 성도의 교제 안에서 사용하기를 바라신다. 일단 우리가 하나님과 상호의존의 삶을 살게 되면, 동시에 공동의 삶을 살게 되는 것이다.

이것은 우리가 반대하거나 무시할 수 없는 현실이며, 하나님께서 우리를 만드신 방식이다. 초대 교회의 교인들이 어떻게 날마다 마음을 같이하여 성전에 모이기를 힘쓰고 집에서 떡을 떼며 기쁨과 순전한 마음으로 음식을 먹었는지 주목하라(행 2:46). 얼마나 많은 교회들이 하나님이 원하시는 친밀함의 공동 표현으로 교제를 이해하고 있는가?

오늘날 그리스도인들은 인간에 대한 교리가 구원을 통한 영원한 은혜와 자유에 대해서뿐 아니라 죄와 타락에 대해서도 가르친다는 것을 알고 있다. 그러나 불행히도 우리의 성경 지식은 우리 문화의 개인주의로 표현되었다. 그래서 개인적인 용서가 필요함을 가르치고, 거기서 멈춘다. 인간에 대한 통전적 교리, 즉 우리가 하나님께 의존하고, 하나님과의 상호의존 관계를 기뻐하며, 교회 안에서 공동의 상호의존을 경험하도록 창조되었다는 것에 대한 설교를 소홀히 하는 것이다.

왜일까? 우리 자신이 삼위일체 하나님과의 의존성 및 상호의존의 가능성을 경험하지 못했기 때문이다. 우리는 공동체 삶의 풍성함을 놓쳐 왔고, 교회를 하나님의 비전으로 인도하는 법을 모르고 있다. 그 결과 오늘날 교회는 한 세대에서 다음 세대로 불행을 유전하는 '상호의존 결핍증'으로 고통당하고 있다. 결국, 영적인 삶은 세대에 걸쳐 이어진다. 그것은 한 사람이 다른 사람에게 복음의 메시지를 전달하는 것과 관계가 있다. 로마서 10장 14절에 있는 바울의 말을 주목하라. "그런즉 저희가 믿지 아니하는 이를 어찌 부르리오 듣지도 못한 이를 어찌 믿으리오 전파하는 자가 없이 어찌 들으리오."

또한 바울은 디모데를 "믿음 안에서 참 아들"(딤전 1:2)이라고 말한다. 영적으로나 육적으로나 선조인 디모데의 어머니인 유니게와 그의 외조모 로이스를 인정하는 한편, 바울은 그의 생애를 디모데에게 쏟아 부었다. 그는 다음과 같이 교훈했다. "또 네가 많은 증인 앞에서 내게 들은 바를 충성된 사람들에게 부탁하라 저희가 또 다른 사람들을 가르칠 수 있으리라"(딤후 2:2). 바울은 각 세대가 다음 세대에게 그 믿음과 리더십을 전달해 주어야 함을 알았다. 그것을 전해야 할 뿐 아니라, 반드시 그 믿음을 전수받은 사람이 또 다른 사람을 가르칠 수 있도록 해야 한다.

윌로크릭에서는 이것을 두고 '래리 클라크(Larry Clark)처럼 되기'라고 표현한다. 래리 클라크는 몇 년 동안 윌로크릭에서 자원봉사를 했다. 젊은 나이에 돈도 꽤 벌었지만, 그는 자기 자신을 다른 사람들을 위해 투자하는 데 더 많은 관심을 기울였다. 그는 자신에게는 알뜰하고 남들에게는 후한 사람이었다. 심지어 동네 상인들이 버린, 그래서 극빈자들조차 관심 갖지 않는 유통기한이 지난 음식을 먹기도 했다. 래리는 자신의 시간을 '많은 아들들을 낳는 데' 투자했다.

1999년 소그룹 리더십 수양회에서, 래리는 아침 조깅을 하다가 한 통근 버스에 치어 사망했다. 그를 아는 많은 사람들이 겪은 슬픔이란 상상할 수 없을 정도로 큰 것이었다. 그러나 래리가 너무나 하나님을 의지했고, 하나님과 또한 사람들과 상호의존했으며, 다음 세대에 투자하는 삶을 살았기에, 그날 수많은 사람들이 래리 클라크처럼 살기로 결단했다. 그들은 래리에게서, 가치 있는 삶이란 오직 사람들 속에 그리스도의 삶을 생성하는 데 투자하는 것임을 배웠다.

우리는 하나 됨을 향한 하나님의 꿈과 그분의 본성을 바탕으로, 공동체를 위한 변증과 '실천'을 재정립해야 한다. 하나님이 창조하신 우리가 누구인지에 대한 진리를 토대로, 사회학적인 증거와 인간을 향한 교리가 이 변증을 뒷받침한다. 이제 우리는 공동체를 만들고 영적인 삶을 재생산하는 실천으로 들어갈 수 있다.

사회학적 증거: 당신이 필요로 하는 것

지금까지 우리는 소그룹이 있는 교회에서 소그룹 중심의 교회로 전환해야 하는 이유에 대해 신학적, 사회학적 증거들을 제시했다. 신학적으로는, 성도들과 교회를 위한 공동체를 세움으로써, 하나님의 공동체적 속성에 대해 응답해야 하는 이유에 대해 설명했다. 사회학적으로는, 하나님이 인간으로 하여금 관계를 갈망하도록 지으셨다는 점을 들어, 당신이 소그룹을 위한 변호를 받아들여야 하는 이유를 제시했다.

그러나 어떤 사실을 아는 것과 그것을 실행하는 것에는 큰 차이가 있다. 우리는 소그룹을 통한 공동체를 세우는 것이 하나님이 원하시는 것임을 인정하게 되었다. 그리고 이번에는 당신이 필요로 하는 것에 대해 살펴볼 것이다.

성경의 기록에 따르면 진정한 공동체는 네 가지 축복을 제공한다.

- 우리는 삶의 폭풍우를 헤쳐 나갈 '힘'을 얻는다
- 우리는 중요한 결정을 내리는 데 필요한 '지혜'를 얻는다
- 우리는 영적 성장에 필수불가결한 '상호책임'을 경험한다

–우리는 우리의 상처 치유에 도움이 되는 '용납'을 발견한다

교회는 소그룹 네트워크를 통해 이 네 가지 축복을 제공하는 데 안성맞춤이다. 이 네트워크 안에서 맺어지는 관계는 누구에게나 놀라울 정도로 매력적이다!

힘

전도서 4장 9, 10절에는 공동체를 세워야 하는 실제적인 이유가 나와 있다. "두 사람이 한 사람보다 나음은… 혹시 저희가 넘어지면 하나가 그 동무를 붙들어 일으키려니와…." 우리는 다른 사람이 짐이 너무 무거워 혼자 지고 갈 수 없을 때 도와줄 수 있다. 큰 어려움 없이 잘사는 사람들도 교회 안에 더러 있겠지만, 성경은 어려움이 '선택'이 아니라 '필수'라고 말하고 있다. 예수님은 그의 제자들에게 그들이 세상에서 환난을 당할 것임을 명확히 하셨다(요 16:33).

나(러스)는 1998년 성탄절에 그것을 배웠다. 우리는 일상적인 가족 행사, 즉 성탄절 전야 예배에 참석한 후, 저녁식사를 하자마자 선물 교환을 시작했다. 그리고 성탄절 아침 일찍 10년 된 모토 홈(motor home: 소위 RV라고 부르는데 큰 것은 그 안에 침실, 욕실, 부엌 등 모든 시설을 갖추고 있다-역자 주)을 끌고 시카고에서 피닉스까지 먼 여행을 떠났다. 추운 중서부 지역에 살고 있었던 우리는 그날 날씨가 좋을 것이라는 일기예보를 듣고 성탄절 아침 일찍 일어났다! 계획한 대로 아내와 나는 교대로 늦은 밤까지 운전을 했다. 우리는 텍사스 북동부 지역에 잠시 멈추어서 엄청나게 기름을 잡아먹는 모토 홈에 기름을 채웠다. 그리고 나는 계속해서 운전을 했고, 가족들은

잠들어 있었다.

우리의 육중한 모토 홈은 고속으로 국도를 달리고 있었다. 그때 갑자기 헤드라이트에 검은 옷을 입고 술에 취한 채 도로 한가운데로 걸어가는 한 여인이 들어왔다. 나는 그 여인을 피하려고 핸들을 틀었으나 역부족이었다. 내 차는 그녀와 충돌했고, 그녀는 머리를 창에 세게 부딪친 후 차량 오른쪽으로 튀어나가 개울에 처박혔다. 나는 그녀가 자살하려고 그곳에 서 있었다는 것을 나중에서야 알았다. 그녀는 살아 있었으나, 나는 거의 제 정신이 아니었고, 정신적으로 완전히 탈진해버렸다. 회복되기 어려웠던 나는 다시는 운전을 못할 것만 같았다. 나는 상처로 부서진 정신을 다시 일으켜 세워야 했으나 어떻게 해야 할지 자신이 없었다.

그러나 그 충격으로 나는 진정한 공동체가 삶의 폭풍우를 헤쳐 나갈 힘이 된다는 하나님의 약속을 처음 체험했다. 나는 길가에 차를 대고 휴대폰으로 응급 구조대에 전화를 했다. 그리고 내 몸은 쇼크 상태에 빠졌다. 잠시 후 나는 내가 속한 소그룹의 한 형제에게 전화를 했고, 내 아내는 자기 소그룹의 한 자매에게 연락을 했다. 곧 두 소그룹과 그들이 속한 공동체가 기도하기 시작했다.

그들의 기도에 힘입어 나는 정서적으로 회복되기 시작했다. 내 공동체는 내가 흐트러진 감정을 수습하려 애쓰는 동안 나의 긴 이야기를 들어 주었다. 내가 이 체험의 의미를 깨닫기 위해 하나님과 씨름할 때, 사람들은 여러 도움의 말들로 나를 안심시켰다. 나는 나를 위해 기도할 사람이 필요했고, 우는 사람과 함께 울어 준다는 것이 어떤 의미인지 알게 되었다(롬 12:15). 나는 실제로 고통 중에 있는 지체에게 그리스도의 몸이 어떻게 도움이 될 수 있는지를 체험했다.

살다 보면 누구나 어려움을 만나서 도움이 필요할 때가 오게 마련이다. 믿음의 영웅들은 이 진리를 깨달았다. 다윗은 요나단과의 우정이 있었기에 사울의 핍박을 견뎌낼 수 있었다. 이세벨로부터 도망친 엘리야는 심지어 자신을 죽여 달라고까지 기도했지만, 하나님은 그를 충실함의 상징인 엘리사에게로 인도하셨다. 나오미는 남편과 두 아들을 잃었으나, 룻이 그녀와 함께해 주었다. 자신의 생명을 구해 준 브리스길라와 아굴라 없이, 혹은 자신에게 힘이 되어 준 오네시보로 없이 사도 바울이 어떻게 핍박과 감옥 생활을 견뎌낼 수 있었겠는가?

이러한 믿음의 영웅들은 믿음과 공동체를 통해 역경을 이겨냈다. 당신도 그렇게 할 수 있다. 그러나 먼저 공동체에 당신 자신을 투자해야 한다. 그래야 미래의 궁핍과 손실 중에도 유익을 얻을 수 있다. 성경은 공동체에 어떻게 투자해야 하는지를 말해 준다. 야고보는 '최고의 법'으로 "이웃 사랑하기를 네 몸과 같이 하라"(레 19:18)는 하나님의 계명을 언급했다(약 2:8). 바울은 "너희가 짐을 서로 지라 그리하여 그리스도의 법을 성취하라"(갈 6:2)고 충고했다.

지혜

소그룹은 또한 우리가 중요한 결정을 내릴 수 있는 지혜가 되어 준다. "의논이 없으면 경영이 파하고 모사가 많으면 경영이 성립하느니라"(잠 15:22). 조언자가 많으면 많을수록, 당신이 더 올바른 선택을 할 수 있을 것이라고 하나님은 말씀하신다.

지금과 같은 구조조정 시기에 당신 주위에는 아마 직업을 잃은 사람들이 더러 있을 것이다. 당신 역시 어렵지 않게 다음과 같은 시나리오를 상상할 수 있다. 경제가 어렵다는 소문이 들려온다. 상사가 얘기 좀 하자며 조용히 당신을 호출한다. 그는 당신의 부서가 없어지게 되었다고 이야기한다. 경비원이 당신을 사무실로 데려간다. 갑자기 당신에게서 월급 봉투, 직책, 친숙한 일상 생활, 또는 직장을 통한 사회적 네트워크 등이 사라져버린다.

어쩌면 자녀 양육에 어려움을 겪고 있는 사람이라든지, 아니면 문제 있는 자녀 때문에 골머리를 앓는 누군가를 알고 있을 것이다. 지혜롭고 사랑이 많은 부모라면 누구나 자신의 삶을 자녀에게 쏟아붓지만, 때로는 원하지 않던 상황을 만나게 되기도 한다. 아이들을 양육하는 일은 특히 편부모에게는 더 힘든 일이다. 소그룹의 믿음직한 구성원들이 직업을 찾기 위해, 혹은 가정을 회복하기 위해 복잡한 선택을 해야 하는 사람들을 돕는 장면이 그려지는가?

나는 중요한 결정의 순간에 소그룹의 도움을 받았다. 1장에서 언급한 대로 1990년대 중반에 나(러스)는 법률 회사에 있었고 윌로크릭교회의 장로였다. 어느 날 빌 하이벨스 목사가 내게 만나자고 했다. 나는 목사와 장로로서 사역 이야기를 하겠거니 했다. 그러나 놀랍게도 그는 내게 법률 회사를 그만두고 윌로크릭의 소그룹 담당 전임 사역자가 될 것에 대해 강하게 요구했다.

나는 가까운 친구들과 소그룹 구성원들을 불러 모아, 내 생각과 최종 결심을 이야기했다. 그러자 그들은 내게 귀한 통찰력을 제공했고, 발생할 수 있는 다양한 문제들을 균형 있게 짚어 가며 마치 변호사처럼 나를 심문했다. 나는 그들 덕택에 혼자 결정하지 않기를 잘했다는 확신이 들었다. 그런 조언자들이 없었다면 나는 개인적으로도 가족적으로도 재난이 되는 길을 택했을지 모른다.

상호 책임

성경은 공동체에 대한 또 다른 사회학적 증거를 제시하는데, 그 증거는 변화의 시기에 우리를 지탱해 주고 용납해 줄 친구들이 필요하다고 말한다.

특히 소그룹 구성원들이 각자 자신의 연약함을 열어 보이고 진실을 말하기로 서약한다면, 우정은 영적 성장을 돕는 독특한 도구가 될 것이다. 우리 대부분은 그리스도를 닮기 원한다. 그리고 지금 자신이 서 있는 곳을 알기 위해 성경을 읽는다. 그러나 야고보는 우리가 진정한 공동체를 회피한다면 그런 전략도 실패할 수밖에 없다고 말한다.

"누구든지 도를 듣고 행하지 아니하면 그는 거울로 자기의 생긴 얼굴을 보는 사람과 같으니 제 자신을 보고 가서 그 모양이 어떠한 것을 곧 잊어버리거니와 자유하게 하는 온전한 율법을 들여다보고 있는 자는 듣고 잊어버리는 자가 아니요 실행하는 자니 이 사람이 그 행하는 일에 복을 받으리라"(약 1:23~25).

아마 이런 단순한 사실을 이미 경험했거나, 혹은 다른 사람을 통해 경험한 적이 있을 것이다. 보통 신자들은 성경을 읽거나 설교를 들으면서 무엇인가를 얻는다. 메시지를 통해 영적 건강의 문제를 알게 된다. 그러나 메시지는 거울의 역할을 한다. 거울은 당신이 그것을 들여다볼 때만 제 역할을 할 수 있다. 고개를 돌려버리면 거울에 비친 당신의 모습은 아무 의미가 없는 것이다.

말씀이나 설교를 통해 깨달은 것들을 신뢰할 수 있는 형제나 자매들에게 나누어 본 경험이 있다면, 그 친구들이 '거울'의 역할을 할 수 있음을 알았을 것이다. 그들은 당신이 거울로부터 눈길을 돌릴 때에도 하나님이 보여 주신 깨달음에 당신의 눈길이 늘 머물 수 있도록 책임을 다할 것이다.

　이러한 교제를 시작하기 전에 우리는 자신을 드러내는 두려움을 극복해야 한다. 각자가 서로에 대해 책임을 지는 건강한 소그룹을 세우기 위해서는 이러한 서약을 문서화하는 것이 가장 좋은 방법이다. 구성원들은 모임 시간, 소그룹의 목표, 그리고 비밀을 지키는 일에 헌신해야 한다. 모든 구성원은 자신의 비밀이 소그룹 밖으로 절대 새나가지 않는다는 것을 확신해야 한다. 그럴 때만이 하나님의 진리의 거울을 통해 자신들이 본 것을 마음 놓고 나누거나, 혹은 다른 사람들을 자신 있게 모임에 데려올 수 있게 된다.

　잠언 27장 17절은 진정한 영적 성장을 위해 교제가 필요한 이유를 상기시킨다. "철이 철을 날카롭게 하는 것같이 사람이 그 친구의 얼굴을 빛나게 하느니라." 삶이 변화되는 예리하고 귀한 선물은 서로 가까워질 때만이 가능하다. 소그룹은 예수님과 나, 사람들과 나 사이에 관계를 맺게 하며, 그 관계는 나를 정결케 한다. 요한은 그것을 이렇게 설명한다. "저가 빛 가운데 계신 것같이 우리도 빛 가운데 행하면 우리가 서로 사귐이 있고 그 아들 예수의 피가 우리를 모든 죄에서 깨끗하게 하실 것이요"(요일 1:7).

용납

　끊임없이 변화하기 위해 우리에게는 공동체가 필요하다. 그러나 변화와 동시에 우리에게는 용납과 돌봄이 필요하다. 용납과 돌봄은 다른 어떤 곳보다 교회, 특히 소그룹 네트워크를 통해 아름답게 이루어질 수 있다. 이런 주장이 과장처럼 들리는가? 경쟁을 생각해 보자.

　가족에 대한 이야기를 나눠 보면, 놀랍게도 많은 사람들이 가정 안에서 용납받지 못한 채 살아온 사실을 발견하게 될 것이다. 많은 사람들이 가정에서 사랑과 용납보다는 고통을 경험한다. 이혼, 약물 남용, 배우자의 성적 학대, 과로, 그리고 재정적인 스트레스 등이 가족 관계가 아름답게 세워질 수 없도록 방해한다. 만일 이런 것들이 당신의 가정에는 해당되지 않는 이야기라면, 지금 당장 하던 일을 멈추고 하나님께 감사하라!

이러한 용납과 돌봄을 직장에서 기대하기란 더욱 불가능하다. 평생 직장이 보장되던 시절은 지나고, 세계적 경쟁, 구조 조정, 그리고 직장 폭력이 그 자리를 대신하고 있다. 새로운 기술적 변화가 새로운 직업들을 창출하면서 과거의 직업들을 몰아내고 있다. 직장에서 살아남는 것만으로도 벅찬 대부분의 직장인들은 동료들과 깊은 우정을 나눌 여력이 없다.

당신은 또한 용납과 돌봄을 당신의 이웃에게서 기대할 수 없다. 물론 어떤 사람들은 좋은 이웃을 얻는 축복을 누리기도 한다. 그러나 대부분의 사람들은 바쁜 직장일로, 혹은 집안의 책임을 수행하느라 이웃과 친해질 시간이 없다. 그리고 낙후된 동네든 잘사는 동네든 대부분의 사람들이 외부인이 자신의 사생활을 침해하는 것을 두려워한다.

비록 대부분의 사람들이 고립된 채 더 이상 진정한 공동체를 기대하지 않을지라도, 교회는 최고의 우정을 제공할 수 있다. 그곳은 예수님으로부터 이러한 명령을 받은 유일한 기관이다. "내 계명은 곧 내가 너희를 사랑한 것같이 너희도 서로 사랑하라 하는 이것이니라 사람이 친구를 위하여 자기 목숨을 버리면 이에서 더 큰 사랑이 없나니"(요 15:12, 13). 예수님은 그분이 요청하시면 언제든, 어떻게

든 우리가 가진 모든 것을 내려놓기를 기대하신다.

당신 교회는 그리스도께서 명하신 공동체의 잠재력에 걸맞는 모습인가? 당신은 교회가 오락적 가치에 대해서는 다른 기관들을 따라잡을 수 없음을 이미 알고 있다. 윌로크릭교회가 1975년에 처음 문을 열었을 때, 구도자들은 우리가 사용하는 비디오, 드라마, 현대 음악, 그리고 훌륭한 음향과 조명에 감동했다. 물론 지금도 우리는 현대의 문화 코드에 맞게 메시지를 전달하려는 목표를 갖고 있다. 그러나 우리 예배는 결코 최신의 영화 특수 효과, 최신 유행의 오락거리, 음악과 비디오의 새 기술, 최신 컴퓨터 게임 등에는 결코 상대가 되지 못할 것이다.

그렇다면 교회의 경쟁력은 어디에 있는가? 공동체에 있다! 우리는 종종 교회에서 실족하게 되는 갈등을 체험하지만, 술과 운동, 유흥을 통해 관계를 맺고자 애쓰는 사람들에게 사회가 무엇을 제공하는지 한번 생각해 보라. 교회는 내성적인 사람이든 외향적인 사람이든, 대부분의 사람들에게 건강하게 제 기능을 하며, 용납받는 관계를 발견할 수 있을 것이라는 확신을 줄 수 있는 곳이다.

사회학적 증거는 바로 이것이다. 하나님께서 우리가 교제를 필요로 하도록 창조하셨음을 가르치며 사람들이 서로 사귈 수 있도록 교회를 조직할 때, 당신은 공동체가 주는 모든 유익을 누리게 될 것이다. 소그룹 전략이 성숙해 갈수록, 사람들은 '형제보다 더 친밀한 친구들'(잠 18:24)을 만나게 된다. 이 특별한 친구들은 영적 성장을 돕는 위로와 지혜, 그리고 상호책임을 발견하고 제공할 것이다.

신학적이고 사회적인 증거를 통해 소그룹 중심의 교회를 세우기 위한 멋진 비전을 추구하기로 결단했는가? 아직 그렇지 않다면 이

번에는 왜 당신의 회중이 소그룹 중심의 교회가 되어야만 하는지에 대한 조직적 증거를 살펴보라.

3장. 교회가 자라는 데 필요한 것:구조적 증거

> "40년 전, 교회에서 한 혁명이 시작되었다. …수세기에 걸친 제도화가 종식되고, 교회는 마침내 가정으로, 생활로 되돌아가고 있다. …소그룹 사역은 교회를 휩쓸고 있고, 그 풍성한 유산에 새로운 지평을 열고 있다. 하나님의 은혜로, 그리고 하나님의 지혜를 힘입어 모든 교회의 회중은 이 혁명의 혜택을 받으며, 이 혁명에 공헌할 수 있다."
> −제프 아널드(Jeff Arnold), 『Starting Small Groups』(소그룹 시작하기)

우리는 하나님께서 우리를 그분과, 그리고 다른 사람들과 관계를 맺도록 창조하셨음을 살펴보았다. 또한 진정한 공동체가 줄 수 있는 유익을 살펴보았다. 이제 공동체에 대한 비전을 지역 교회에서 실현할 시점이다. 우리가 마지막으로 제시할 '조직적 증거'는 소그룹을 '가진' 교회에서 소그룹 '중심의' 교회로 전환해야 하는 이유를 증명할 것이다. 조직적 증거는 다음과 같은 두 가지 원리에 의존한다. 첫째, 교회는 칼 조지(Carl George)가 말한 '돌봄의 범주'(span of care)

를 존중함으로써 각 교인의 필요를 최대한으로 충족시켜야 한다. 이 원리는 모든 사람들이 돌봄을 받되 한 사람이 너무 많은 사람들을 보살피지 않아야 한다는 것을 포함한다.

둘째, 교회가 성도들을 한 몸의 지체로 간주하지 않으면 하나님이 의도하신 제 기능을 다할 수 없다. 각 지체가 책임을 감당해야만 그리스도의 몸이 세상에서 맡겨진 사명을 다할 수 있다. 모두 함께 사역을 할 때만이, 각자의 삶은 변화될 것이다.

돌봄의 범주

'돌봄의 범주'라는 전략은 소그룹 중심의 교회에 가장 혁신적인 바람을 불러일으켰다. 칼 조지는 이 혁신을 자신의 저서 『열린 소그룹 닫힌 소그룹:소그룹 리더를 위한 아홉 가지 성공 원리』에서 이렇게 묘사한다.

> "나는 하나님께서 한 조용한 혁명을 통해 많은 교회를 인도하심을 확신했다. 이 변화를 통해 성령 충만하고 은사를 받은 사람들이 서로 사랑하고, 사랑 안에서 진리를 말하며, 어느 곳에서든지 이 혁신을 배가시킬 수 있는 리더들을 계속 배출하고 있다. 그 결과 수많은 사람들이 건강한 소그룹, 번식하는 소그룹을 통해 사랑과 선행을 베풀게 되었다. 심지어 우리 사회도 이러한 평신도 주도의 운동에 의해 영향을 받고 있다."[1]

모든 사람에게는 사귐이 필요하다

윌로크릭교회는 여러 난관을 거친 후에, 돌봄의 범주가 필요함을 깨달았다. 우리 교회는 창립 당시 가정 안에서의 관계에 대한 비전과 가치에 중점을 두어 사역했고, 성도들은 눈에 띄게 수적으로 증가했다. 그러나 그로부터 15년이 지난 후, 우리는 많은 사람들이 변혁적인 관계를 체험하지 못하고 있음을 깨닫게 되었다. 그런 필요가 무시되고 있었다. 교회와 성도들은 무기력해져 갔다.

우리 교회가 소그룹 사역을 시작하던 초기에, 나(빌)는 사람들을 서로 사귀게 하려고 부단히 노력했다. 우리는 하나의 실험적인 사역으로 소그룹을 세우는 데 1년을 보냈다. 소그룹 사역으로 정말 우리가 변화할 수 있을지 의문을 가지고 여전히 실험 중이었다. 그래서 그에 대한 설문조사를 실시했다. 조사 결과는 신선한 충격을 던져 주었다. 조사 대상자 중 500명 이상이 한때 윌로크릭을 떠나려고 생각했지만 지금의 소그룹과 연결된 덕에 계속 남아 있게 되었다고 답변했다. 정신이 번쩍 들지 않는가! 이 500명의 사람들이 소그룹이라는 공동체에 초대되었기 때문에 교회를 떠나지 않은 것이다. 그들의 삶은 변화되고 있었다. 우리는 이 놀라운 조사 결과로 사람들을 예수 그리스도와, 또한 다른 사람들과 제대로 연결시키기 위해서는 삶을 변화시키는 소그룹을 세워야 한다는 확신을 갖게 되었다. 그래서 우리는 모든 사람이 참여할 수 있는 공동체를 세워 갔다.

전통적인 교회를 소그룹 중심의 교회로 재조직하는 것은 고된 작업이다. 당신은 아이와 어른, 기혼과 미혼, 남자와 여자, 스포츠광과 인터넷 중독자, 성숙한 사람과 정서적으로 불안정한 사람, 리더급과 새신자들을 포함한 교회의 모든 지체들에게 소그룹에 대한 변론을 들려 주어야 한다. 여기서 '돌봄의 범주(span of care)'는 당신의 교회를 재조직하는 데 도움이 될 것이다.

한 사람이 모든 것을 할 수는 없다

돌봄의 범주는, 먼저 크고 복잡한 그룹을 보다 작고 관리하기 쉬운 단위들로 나눈 다음, 리더들에게 각각의 돌봄의 범주를 지정해 주는 것을 의미한다. 이렇게 함으로써 리더들은 소그룹 구성원들에게 더 많은 관심을 기울일 수 있다. 우리는 출애굽기 18장에서 이러한 공동체의 사귐과 리더십에 대한 역사적인 유형을 처음으로 발견한다. 모세 또한 장인 이드로의 방문이 있기 전까지는 다른 많은 그리스도인들과 똑같이 생각했다.

'무슨 일이든 제대로 하려면 나 혼자 알아서 하는 편이 낫지.'

모세는 바로에게 대항해서 이스라엘 백성들을 애굽에서 인도해 냈고, 시내 산에서 하나님과 대화했으며, 하나님께 깨끗한 물과 일용할 양식을 공급해 달라고 기도했다. 그리고 그는 탈진했다. 모세는 혼자 인구 2백만 이상의 나라를 이끌어 가려고 노력한 것이다.[2] 그는 심지어 그의 아내와 두 아들의 지원도 받지 못했다. 왜냐하면 하나님이 불붙는 떨기나무 가운데서 말씀하시고 그를 애굽으로 보내셨을 때, 그는 그들을 이드로 곁에 남겨두고 떠났기 때문이다.

출애굽기 18장에서 이드로는 모세가 이스라엘 백성을 애굽에서 이끌어내는 것을 하나님이 어떻게 도우셨는지 듣고, 모세의 부인과 아들들을 데리고 모세와 다시 만났다. 이드로는 모세를 만나 하나님이 하신 일을 듣고 "여호와께서 이스라엘에게 모든 은혜를 베푸사 애굽 사람의 손에서 구원하심을 기뻐"(출 18:9)하였다.

그 다음날 그는 모세가 아침부터 저녁까지 재판하는 것을 지켜보았다. 미디안의 제사장이자 큰 양 떼의 주인으로서 어느 정도 경영에 대한 경험이 있었던 이드로는 모세에게 질문을 던진다.

"그대가 이 백성에게 행하는 이 일이 어찜이뇨 어찌하여 그대는 홀로 앉았고 백성은 아침부터 저녁까지 그대의 곁에 섰느뇨 모세가 그 장인에게 대답하되 백성이 하나님께 물으려고 내게로 옴이라 그들이 일이 있으면 내게로 오나니 내가 그 양편을 판단하여 하나님의 율례와 법도를 알게 하나이다"(출 18:14~16).

사업이나 정치, 또는 교회에서 사람을 다뤄 본 사람이라면 누구나 모세의 입장에 공감할 수 있을 것이다. 모세의 리더십 스타일은 엉망이었고, 그는 너무 바쁜 나머지 더 나은 방법도 찾을 수 없었다. 다행히 이드로는 현명하게도 다음과 같은 해결책을 내놓는다.

"그대의 하는 것이 선하지 못하도다 그대와 그대와 함께한 이 백성이 필연 기력이 쇠하리니 이 일이 그대에게 너무 중함이라 그대가 혼자 할 수 없으리라 이제 내 말을 들으라 내가 그대에게 방침을 가르치리니 하나님이 그대와 함께 계실지로다 그대는 백성을 위하여 하나님 앞에 있어서 소송을 하나님께 베풀며 그들에게 율례와 법도를 가르쳐서 마땅히 갈 길과 할 일을 그들에게 보이고 그대는 또 온 백성 가운데서 재덕이 겸전한 자 곧 하나님을 두려워하며 진실무망하며 불의한 이를 미워하는 자를 빼서 백성 위에 세워 천부장과 백부장과 오십부장과 십부장을 삼아 그들로 때를 따라 백성을 재판하게 하라 무릇 큰일이면 그대에게 베풀 것이고 무릇 작은 일이면 그들이 스스로 재판할 것이니 그리하면 그들이 그대와 함께 담당할 것인즉 일이 그대에게 쉬우리라"(출18:17~22).

계산해 보면 당신은 이드로가 추천한 돌봄의 범주가 한 명의 리더당 다섯에서 열 사람인 것을 알게 된다. 한 사람이 열 사람을 돌볼 수 있었다. 어떤 사람은 다섯 혹은 열 명의 리더들을 보살필 수 있었다. 또 어떤 리더는 천부장과 같은 리더들을 관리할 수 있었다.

성경은 하나님이 조직의 온전함에 관심을 두시는 몇 가지 다른 예들을 제시한다. 하나님은 예레미야 선지자를 통해 백성들을 돌아보지 않은 여호야김 왕을 이렇게 책망하셨다. "그러므로 이스라엘 하나님 나 여호와가 내 백성을 기르는 목자에게 이같이 말하노라 너희가 내 양무리를 흩으며 그것을 몰아내고 돌아보지 아니하였도다 보라 내가 너희의 악행을 인하여 너희에게 보응하리라 여호와의 말이니라"(렘 23:2).

예수님은 온 세상 사람들을 위해 오셨으나, 열두 제자에게 자신의 사역을 집중하셨다. 그들은 오순절 이후 3,000명이 넘는 교회가 되었다. 그러나 곧 문제가 생겼다. "그때에 제자가 더 많아졌는데 헬라파 유대인들이 자기의 과부들이 그 매일 구제에 빠지므로 히브리파 사람을 원망한대"(행 6:1). 그래서 열두 제자들은 사람들에게 일곱 집사를 지명하도록 요청했고, 그 후 그들은 다시 자유롭게 말씀을 전할 수 있게 되었다.

사도들이 소아시아 건너편에 새 교회들을 개척했을 때, 그들은 '돌봄의 범주'를 지켰다. 예를 들어 바울은 디모데와 디도에게 이렇게 가르쳤다. "내가 너를 그레데에 떨어뜨려 둔 이유는 부족한 일을 바로잡고 나의 명한 대로 각 성에 장로들을 세우게 하려 함이니"(딛 1:5).

돌봄의 범주를 지키기 위해 모세, 구약의 왕들, 예수님, 사도 바울 등과 같은 리더들은 업무를 분담하고, 어떤 리더들이 어느 수준에서 가장 잘 봉사할 수 있는지 파악했다. 마찬가지로 교회 소그룹이라는 하부 조직을 구성할 때에도 돌봄의 범주를 정해야 사람들의 필요가 충족되고 리더들은 능력을 발휘할 수 있다. 어떤 사람도 혼자 모든 것을 다 할 수는 없다.

나(러스)는 윌로크릭에서 소그룹 사역을 맡기 전에도, 돌봄의 범주를 지키는 것이 얼마나 중요한지 목격한 적이 있다. 유언장의 내용을 변경하려는 어느 부부를 도와주었던 적이 있다. 내가 서류들을 수정하고 있을 때, 그 부부는 화제를 바꾸어 자신들이 교회에서 겪고 있는 어려움에 대해 이야기하기 시작했다. 그들은 한 소그룹을 인도하고 있었는데 구성원들이 모두 전근이나 이사를 가는 바람에 그 소그룹은 그만 공중분해되고 말았다. 하지만 남편은 최근에 직업을 바꾸었고, 그 부부에게는 손이 많이 가는 갓난아이 둘이 있었다. 삶이 고단하다 보니, 그들은 과연 새로운 소그룹을 다시 맡아 인도해야 할지 망설이고 있었다. 그들은 말했다. "하지만 리더를 '그만두는 일'은 상상할 수도 없어요. 코치가 돌보아 주는 것이 우리에게는 너무나 소중하거든요('코치'는 윌로크릭에서 소그룹 리더를 돌보는 상위 리더를 말한다)."

그들은 코치의 돌봄을 계속 받기 위해 리더십 체계 안에 머물고 싶어 했다. 이것이 가장 훌륭한 소그룹 네트워크이다. 어떤 한 사람이 너무 많은 사람을 보살피지 않으면서, 모든 사람이 돌봄을 받는 것이다. 윌로크릭의 모든 사람이 소그룹 안에 소속되어 돌봄의 범주가 제 역할을 하게 되자, 이런 수준의 돌봄이 가능해졌다. 우리는 리더들을 지명해서 어린이, 여성, 남성, 부부, 그리고 가족 그룹들을 보살피게 했다. 코치들은 리더들을 보살피고, 코치들은 교역자들에게 돌봄을 받는다.

물론 성도들의 필요를 모두 채워 주지 못할 때도 있다. 그러나 우리는 최선을 다해 필요와 돌봄 사이의 간격을 좁혀 가고 있다. 윌로크릭교회 성도들에게 있어 소그룹은, 위기 때는 도움이 되고, 결단해야 할 때에는 지혜를 제공하며, 언제나 진리의 거울이 되고, 온전히 용납해 주는 가족이다. 드디어 우리 교회는 우리를 찾아오는 모든 사람들을 보살피기 위한 조직적 체계를 갖추었다. 그리고 어떤 사람에게 필요가 발생하면, 대부분은 그 필요를 올바르게 해결해 주고 있다.

한 몸의 지체

교회의 소그룹 사역이 돌봄의 범주를 지킨다면 모든 개인의 필요를 충족시키는 데 크게 쓰임받을 수 있다. '한 몸의 지체 원리'(members of one body principle)에서는 개인의 책임이 중요하다. 우리는 각 부분이 활동하는 한 몸의 지체이다. 그래서 교회는 각 지체가 상호 책임을 인정하지 않으면, 그리스도께서 의도하신 모습이 될 수 없다. 모든 사람들이 함께 사역할 때, 하나님은 삼위일체 안에서 경험되는 것과 같은 하나 됨(그리스도께서 우리를 향해 꿈꾸시는 그런 공동체)을 만들어, 개인의 삶을 변화시키신다. 소그룹은 모든 사람이 제 역할을 하고 동역을 함으로써 변화될 수 있는 최고의 환경이다.

각 지체는 제 역할을 해야만 한다

교회가 교회답기 위해서는 각 사람이 참여해야 한다. 바울이 고린도전서 12장 12, 13절에서 설명하듯이, 하나님은 우리를 한 몸의 지체들로 보신다. "몸은 하나인데 많은 지체가 있고 몸의 지체가 많으나 한 몸임과 같이 그리스도도 그러하니라 우리가 유대인이나 헬라인이나 종이나 자유자나 다 한 성령으로 세례를 받아 한 몸이 되었고 또 다 한 성령을 마시게 하셨느니라."

14절에서 27절까지 바울은 그리스도인들의 어리석음, 즉 자기들이 서로에게가 아니라 오직 그리스도께만 연결되어 있다는 잘못된 생각을 지적한다. 각 개인이 각자의 책임을 인정하지 않고 다른 지체들을 존중하지 않으면, 몸 전체가 고통을 받는다.

"몸은 한 지체뿐 아니요 여럿이니 만일 발이 이르되 나는 손이 아니니 몸에 붙지 아니하였다 할지라도 이로 인하여 몸에 붙지 아니한 것이 아니요 또 귀가 이르되 나는 눈이 아니니 몸에 붙지 아니하였다 할지라도 이로 인하여 몸에 붙지 아니한 것이 아니니 만일 온 몸이 눈이면 듣는 곳은 어디며 온 몸이 듣는 곳이면 냄새 맡는 곳은 어디뇨 그러나 이제 하나님이 그 원하시는 대로 지체를 각각 몸에 두셨으니 만일 다 한 지체뿐이면 몸은 어디뇨 이제 지체는 많으나 몸은 하나라 눈이 손더러 내가 너를 쓸데없다 하거나 또한 머리가 발더러 내가 너를 쓸데없다 하거나 하지 못하리라 이뿐 아니라 몸의 더 약하게 보이는 지체가 도리어 요긴하고 우리가 몸의 덜 귀히 여기는 그것들을 더욱 귀한 것들로 입혀 주며 우리의 아름답지 못한 지체는 더욱 아름다운 것을 얻고 우리의 아름다운 지체는 요구할 것이 없으니 오직 하나님이 몸을 고르게 하여 부족한 지체에게 존귀를 더하사 몸 가운데서 분쟁이 없고 오직 여러 지체가 서로 같이하여 돌아보게 하셨으니 만일 한 지체가 고통을 받으면 모든 지체도 함께 고통을 받고 한 지체가 영광을 얻으면 모든 지체도 함께 즐거워하나니 너희는 그리스도의 몸이요 지체의 각 부분이라."

그리스도의 교회를 한 몸의 지체들로 설명하면서 바울은 "유익하게 하려 하심"(고전 12:7)이라는 말로써 각자에게 주어진 다양한 성령의 은사들에 대해 설명한다. 몸의 각 지체가 그 역할을 수행할 때, 성령의 은사는 교회 사역에 강한 영향력을 발휘한다. 각 개인이 맡은 책임을 다할 때, 교회는 세상에서 그리스도의 사역을 할 수 있다. 소그룹은 사람들이 자신의 책임을 인정하고, 다른 이들을 존중하며, 그래서 한 몸의 지체가 되는 것을 경험할 수 있는 최고의 방법이다.

전체의 아름다움

에베소서 4장에서 바울은 교회가 한 몸으로 사역하지 않으면, 그리스도께서 의도하신 대로 기능할 수 없다고 주장한다. 모두가 하나 되어 사역하고, 자신의 은사를 선한 일에 사용할 때, 우리는 변화된 삶을 경험할 수 있다.

"평안의 매는 줄로 성령의 하나 되게 하신 것을 힘써 지키라 몸이 하나이요 성령이 하나이니 이와 같이 너희가 부르심의 한 소망 안에서 부르심을 입었느니라 주도 하나이요 믿음도 하나이요 세례도 하나이요 하나님도 하나이시니 곧 만유의 아버지시라 만유 위에 계시고 만유를 통일하시고 만유 가운데 계시도다 우리 각 사람에게 그리스도의 선물의 분량대로 은혜를 주셨나니… 그가 혹은 사도로, 혹은 선지자로, 혹은 복음 전하는 자로, 혹은 목사와 교사로 주셨으니 이는 성도를 온전케 하며 봉사의 일을 하게 하며 그리스도의 몸을 세우려 하심이라 우리가 다 하나님의 아들을 믿는 것과 아는 일에 하나가 되어 온전한 사람을 이루어 그리스도의 장성한 분량이 충만한 데까지 이르리니 이는 우리가 이제부터 어린아이가 되지 아니하여 사람의 궤술과 간사한 유혹에 빠져 모든 교훈의 풍조에 밀려 요동치 않게 하려 함이라 오직 사랑 안에서 참된 것을 하여 범사에 그에게까지 자랄지라 그는 머리니 곧 그리스도라 그에게서 온 몸이 각 마디를 통하여 도움을 입음으로 연락하고 상합하여 각 지체의 분량대로 역사하여 그 몸을 자라게 하며 사랑 안에서 스스로 세우느니라"(엡 4:3~7, 11~16).

나(러스)는 지난 43년 동안 열 개의 교회를 출석해 봤으나, 모든 사람이 자신의 역할을 하는 에베소서 4장 16절의 이상적인 공동체처럼 진실하게 살아가는 교회는 만나지 못했다. 그러나 수많은 교회 조직의 모습을 보아 오면서, 다음과 같은 결론에 도달했다. 열기 넘치는 예배나 멋진 사역 프로그램, 또는 새로운 교육 과정이 "각 지체의 분량대로 역사하여" 사랑 안에서 서로를 세우는 교회로 변화시키지는 못한다는 것을 말이다.

이상적인 공동체를 세워 가는 교회들은 전 성도가 하나의 비전을 함께 실천한다. 그런 교회의 리더들(담임목사, 교역자, 장로, 핵심 봉사자 등)은 참으로 담대해서 불가능해 보이는 것을 믿음의 눈으로 상상할 수 있는 사람들이다. 그들은 교회가 공동체를 통해 사람들을 변화시킴으로써 하나 됨을 체험할 수 있다고 믿으며, 소그룹을 통해 그들의 비전을 함께 실현할 수 있다고 믿는다. 그리고 그들은 행동으로 옮긴다.

이러한 교회는 소그룹이야말로 각 사람이 변화된 관계의 능력을 체험하는 유일한 방법임을 알기에 소그룹을 선택한 것이다. 그들은 교회가 생명력 있는 공동체로 변화되기를 소망한다. 그리고 하나님이 그의 신부와 나누기 원하시는 사랑의 상호 의존을 실천한다.

또한 이러한 교회는 소그룹 중심의 교회로 서는 것만이, 진정한 한 몸, 즉 '각 지체가 제 역할을 온전히 감당함으로써 유대관계와 사랑으로 연결되고 붙어 있는 한 몸'이 될 수 있는 유일한 길이라는 사실을 안다.

당신의 판결은 무엇인가?

배심원이나 판사가 판결을 내리기 전에는 재판이 끝나지 않는다. 만일 내(러스)가 법정으로 다시 돌아간다면, 나는 소그룹 중심의 교회를 세우는 것에 대한 소송을 마무리하기 위해 다음과 같은 최후 변론을 할 것이다.

"배심원 여러분, 소그룹에 대한 소송은 이제 끝이 납니다. 제가 처음에 말씀드린 대로 여러분은 엄청난 책임을 지고 있습니다. 하나님은 냉정하고 객관적으로 증거를 검토하는 여러분에게 안심하고 평결을 맡기셨습니다. 여러분은 자신과 교회를 위한 이 증거들이 타당한지 판단해야 할 것입니다.

우리는 하나님의 공동체적인 특성, 즉 세 위격이 한 분으로 계시다는 사실 때문에 우리 자신과 교회를 위해 공동체를 세워야 한다는 신학적 근거를 첫 증거로 제시했습니다. 우리는 하나님이 창조하신 관계에 대한 사회학적 필요, 즉 소그룹을 통해 최상으로 충족되는 필요를 설명했습니다. 마지막으로 우리는 교회가 관계에 대한 각 사람의 필요를 충족시키지 못하고, 성도들이 자신의 역할을 다할 수 있는 장을 제공하지 못한다면 결단코 공동체를 향한 하나님의 계획에 다가갈 수 없을 것이라고 주장했습니다.

　우리는 소그룹 중심의 교회를 세우는 것에 대해 분명하고 설득력 있는 증거를 제시했습니다. 여러분은 성경의 권위를 부인하거나, 혹은 이 증거가 여러분의 결정과 관계가 없다고 생각할 수도 있습니다. 혹은 완전한 판결을 내리지 못한 채, 교회의 형태를 새롭게 바꾸는 문제를 실제가 아닌 이론의 영역에 남겨둘지도 모릅니다. 그러나 이러한 모든 사안에 대한 결정은 여러분이 내리는 것입니다. 우리는 여러분이 소그룹 중심의 교회를 세우는 데 완전히 찬성하는 쪽으로 결정하시기를 기도합니다."

제2부 | 소그룹 안에서의 공동체 추구 >>>

제2부 : 소그룹 안에서의 공동체 추구

신학교에 다니던 시절 나(빌)는 자동차가 한 대 필요했다. 내 차는 거의 폐차 직전이었고, (신학생들이 늘 그렇듯) 가진 돈은 없는지라 중고차 파는 곳으로 갔다. 나는 어리고 순진했으며 한 번도 대리점에서 자동차를 구입해 본 적이 없었다. 중고차 매매상은 30초 만에 나를 파악했다. "전에 차를 구입해 보신 적이 있나요?" "아니오." "원하시는 차종이 정확히 어떤 거죠?" "글쎄요, 잘 모르겠는데요." 나는 어깨를 으쓱하며 말했다. "타시던 차를 반납하고 차를 구입하실 건가요?" 그는 다시 물었다. 나는 아무 생각 없이, 그가 방금 전에 나에게 보여 준 자동차의 가격에다가 이미 내가 반납하려는 차의 가격을 포함시켰다는 사실도 모른 채 "그래요!"라고 대답했다.

그 판매원은 군침을 삼키기 시작했다. 나는 하나의 스테이크 덩어리였고, 그는 굶주린 늑대였다. 그는 함박웃음을 지으며, "제가 잘 해드릴게요"라고 말했다. 그 후 그는 나를 멋지게 요리했다. 이런 상황을 파악하기도 전에, 나는 이미 서류에 서명했다. 나는 4년밖에 안 된, 번쩍이는 바퀴와, 모든 것이 전자동이고, 기름은 꽉 차 있는 멋진 푸른색 자동차를 몰고 거리로 나섰다. 정말 멋진 날이라고 생각했다.

성급한 거래 후에 나는 간단한 시운전을 해 보았고, 자동차 주변을 둘러보았으며, 사람들이 텔레비전에서 하듯이 바퀴를 발로 툭툭 차 보았다. 나는 이 판매원이 다른 신학생들에게도 자동차를 팔았다는 것을 알고 있었다. 그래서 나는 그가 '나는 예수님, 교회, 그리고 교회의 리더들을 사랑한다. 그래서 항상 사실대로 말하고, 유망한 목사님들에게는 특별히 좋은 가격에 거래한다'라는 마인드로 사는 사람일 거라고 추측했다. 그러나 아니었다. 그는 '신학생들은 내 밥이지. 왜냐하면 가난하고, 이 도시에 온 지 얼마 되지 않은 데다, 폐차 직전의 차조차 구별하지 못하거든' 이라는 식의 마인드를 가진 사람이었다. 나는 계약을 너무 빨리 맺어서, 첫 구매자가 범하는 전형적인 실수를 저질렀다. 즉 자동차 후드를 열어 보지 않았던 것이다. 그리고 그 또한 그 부분을 내게 제대로 보여 주지 않았다.

넉 달도 채 안 되어 나는 변속기, 발전기, 연료 펌프, 그리고 제 기능을 하지 못하는 다른 간단한 장치들을 수리하는 데 2,500달러나 지불했는데, 기가 막히게도 실제 부품값은 150달러였고, 나머지는 인건비였다. 그것은 쓰라린 교훈이었다. 그 후로 나는 반드시 후드를 열어서 내부를 살피고, 기술자를 데려다 점검해 본 후에 자동차를 구입했다. 이러한 원칙은 우리에게도 잘 적용된다.

"어떻게 하면 소그룹 사역을 잘 해 나갈 수 있을까요?" 흔히들 하게 되는 질문이다. 사람들은 소그룹이 실제로 어떻게 작은 공동체로서의 기능을 하는지 알고 싶어 한다. 소그룹 중심의 교회로 변화하는 모습을 상상하면서 목회자와 교회의 리더들은 "후드 밑에 있는 장치들은 실제로 어떻게 기능하고 있을까?" 하며 궁금해한다. 그들은 소그룹에 대한 굉장한 간증과 변화된 삶에 대해 듣지만 그것이 과장된 것은 아닌지 의심하며, 소그룹이 주는 유익을 신뢰하지만 '그 안을 들여다볼' 기회가 없고, 소그룹 안에서 하나 되려고 노력하는 모습도 보지 못한다.

소그룹 공동체의 기본적인 또는 핵심적인 요소들은 무엇인가? 그리고 그 요소들이 신앙 생활에 어떤 유익을 주는가? 우리는 사도행전 2장에 나오는 초대 교회, 윌로크릭, 그리고 다른 교회들을 연구 조사한 후, 소그룹이 영적 공동체를 이루기 위해 타협할 수 없는 네 가지 핵심을 찾아냈다. 이 필수 요소 중 한 가지만 빠뜨려도 교회의 공동체적 특성은 심하게 타격을 입을 것이다.

> 핵심 1. 소그룹은 진정한 관계를 바탕으로 세워진다(4장 참조).
> 핵심 2. 소그룹은 진리와 삶이 만나는 장소이다(5장 참조).
> 핵심 3. 소그룹은 건강한 갈등을 수반한다(6장 참조).
> 핵심 4. 소그룹은 균형 있는 목양을 제공하여, 사람들은 그 안에서 양육과 훈련 둘 다 얻는다(7장 참조).

이 네 가지 요소를 갖춘 후에야 소그룹은 공동체로 세워지기 시작할 것이고, 장차 그러한 소그룹들이 교회 전체에 퍼지게 될 것이다. 자, 이제 '후드를 열고' 소그룹이 제 기능을 할 때 실제로 어떤 모습인지 자세히 살펴보기로 하자.

4장. 소그룹은 진정한 관계를 통해 세워진다

"소그룹은 하나님이 창조하신 공동체의 축소판이다. 두 사람 이상이 모일 때, 그들은 하나님의 형상과 모양을 실제로 반영하게 된다. 소그룹은 구속하시는 하나님의 임재를 묘사하거나 파괴적인 인간 구조를 드러내는 기본적인 활동 무대이다. 인간이 갖는 모든 크고 작은 모임에는 비인간적인 구조를 나타내느냐, 거룩한 구속의 관계를 실현시키느냐에 따라 양극간의 긴장이 존재한다." ―게리스 아이스노글, 『왜 소그룹으로 모여야 하는가』

    기독교 상담가 래리 크랩(Larry Crabb)의 글을 읽어 본 사람이라면 아마도 그가 추구하는 영적 공동체와 개인의 성장에 대해 감명을 받았을 것이다.

    그는 『The Safest Place on Earth』(세상에서 가장 안전한 곳)에서 그리스도 및 다른 사람들과 함께하는 진정한 영적 공동체로 돌아갈 것을 간곡히 호소한다. 크랩은 이 돌아감의 여정에 있어 소그룹이 감당해야 할 역할이 있음을 안다. 동시에 그는 소그룹이 주는 유익을 얻기 위해 사람들이 변화하여 영적 공동체를 이루어야 한다고 믿는다.

크랩은 많은 소그룹 지지자들이 느끼는 좌절을 다음과 같이 인용한다. "소그룹 사역을 하는 한 목회자는 이렇게 털어놓았습니다. '우리는 다음 단계로 성장해야 합니다. …우리의 몸은 하나의 원 안에 있지만, 우리의 영혼은 서로 외면한 채 그저 의자 등받이에 기대어 앉아 있습니다.'"[1]

그의 말은 목회자들과 소그룹 리더들이 충분히 공감할 만한, 너무나도 친숙한 현실을 묘사하고 있다. "몸은 하나의 원 안에 있지만, 영혼은 서로를 외면하고 있다." 영적인 공동체라는 바다를 항해하려 해 본 사람이라면 누구나 이 목회자의 말이 마치 폭풍우에 지친 배의 측면을 때리는 거센 파도처럼 자기 영혼에 부딪쳐 오는 것을 느낄 것이다.

소그룹 활동을 통해 실제로 어떤 변화의 열매와 순수한 관계의 열매들이 열리는지 궁금하지 않은가? 어떻게 하면 소그룹 안에서 서로가 가식을 벗고 성령 충만한 모습으로 의미 있는 만남을 나눌 수 있을까? 소그룹 활동이 언제까지 '지금 모습 이대로' 머물러야 하는가? "몸은 하나의 원을 그리고 있지만, 영혼은 서로를 외면하고 있다."

공동체 안에서 성장하기: 더 이상 나눌 수 없는 최소 단위

공동체라는 식탁에는 인스턴트 음식이 없다. 미국인들은 '원하는 모든 걸 지금 당장!' 식에 길들여져 있다. 최근 한 다이어트 프로그램은 48시간 내에 4.5kg을 감량할 수 있다고 주장하고 있다(그 방법은 별로 묻고 싶지 않다). 레슬링 팀에 속해 있던 내가 감량에 들어갈 때면 어머니가 늘 하시던 농담이 있다. "빌, 그 비곗덩어리 4.5kg을 단번에 뺄 수 있는 쉬운 방법 하나 알려 줄까?" "그럼요, 엄마! 어떻게 해야 돼요?" 어머니는 웃으며 말씀하셨다. "네 머리를 잘라버리렴!"

나는 노력 없는 결과를 원했다. 그리고 그리스도인들은 도전 없는 변화, 고난 없는 능력, 헌신 없는 공동체를 바란다. 공동체를 세우는 위대한 목적 중 하나인 영적 변화를 위해서는 유진 피터슨이 언급한 대로 '한 방향으로 계속 순종하는 일'이 필요하다. 사도 바울은 이것을 다음과 같이 표현했다.

"내가 그리스도와 그 부활의 권능과 그 고난에 참예함을 알려 하여 그의 죽으심을 본받아 어찌하든지 죽은 자 가운데서 부활에 이르려 하노니… 오직 내가 그리스도 예수께 잡힌 바 된 그것을 잡으려고 좇아가노라… 뒤에 있는 것은 잊어버리고 앞에 있는 것을 잡으려고 푯대를 향하여 그리스도 예수 안에서 하나님이 위에서 부르신 부름의 상을 위하여 좇아가노라"(빌 3:10~14).

바울이 무엇을 말하고자 했는지 생각해 보라. 존 오트버그 목사가 윌로크릭교회에서 설교했던 내용이 기억난다. 바울은 영적 변화를 위해서는 그저 떠돌아다녀서는 안 된다고 말하고 있다. 거기에는 노력이 필요하다. 베드로도 바울과 마찬가지로 성장하려면 노력이 필요하다는 것을 알고 있었다.

"이러므로 너희가 더욱 힘써 너희 믿음에 덕을, 덕에 지식을, 지식에 절제를, 절제에 인내를, 인내에 경건을, 경건에 형제 우애를, 형제 우애에 사랑을 공급하라… 그러므로 형제들아 더욱 힘써 너희 부르심과 택하심을 굳게 하라 너희가 이것을 행한즉 언제든지 실족지 아니하리라 이같이 하면 우리 주 곧 구주 예수 그리스도의 영원한 나라에 들어감을 넉넉히 너희에게 주시리라"(벧후 1:5~7, 10, 11).

당신의 힘으로는 삶의 변화(신학적인 용어로 성화)를 이룰 수 없다. 베드로는 삶의 변화가 공동체에서 진정한 사랑을 완성해 가는 과정이라고 말하고 있다! 당신 개인의 영적 성장이 미치는 가장 위대한 결과 중 하나는 그것이 주님을 따르는 공동체에 영향을 미친다는 사실이다. 개인 기도, 성경 읽기와 암송, 묵상 그리고 다른 모든 신앙 생활들이 우리에게 꼭 필요하다. 그러나 공동체와 분리된 채 혼자 신앙 생활을 한다면 그리스도께서 원하시는 변화의 수준까지 미치지 못할 것이다.

영적 성장은 공동체와 분리된 채 일어나지 않는다. 그리고 그런 성장의 열매는 오직 공동체 안에서만 드러날 수 있다. 우리가 맺는 모든 관계의 핵심은 주님을 닮아 가는 것이다.

우리는 우리의 영혼을 다른 사람을 향해 돌려서, 디트리히 본회퍼가 언급한 대로 다른 이들에게 '구원의 메시지를 전하는 전달자'가 되어야 한다.

그러나 "어떻게?"라는 실제적인 질문이 대두된다. 공동체라는 환경에서 어떻게 함께 구원을 이루어 갈 것인가? 어떻게 앞에서 언급한 '거룩한 구속의 관계'로 들어갈 수 있을까?

기독교 지도자들은 소그룹이 진정한 관계를 맺는 데 끼쳐야 할 영향에 대해 비슷한 말들을 남겼다. 헨리 나웬은 믿는 이들이 '서로를 알고 드러내고, 보살펴 주고 돌봄을 받으며, 용서하고 용서받으며, 사랑하고 사랑받는' 사람이 될 것을 촉구했다.[2] 파커 팔머는 그의 저서 『가르침과 배움의 영성』에서, 교사란 공동체에서 사랑을 바탕으로 지식을 실천하며 학생들을 진실하게 알아 가려고 노력하는 사람이라고 말했다.

빌 하이벨스 목사는 공동체에 관한 4주짜리 시리즈 설교를 통해, 알고 드러내는 것, 섬기고 섬김받는 것, 사랑하고 사랑받는 것, 축하하고 축하받는 것에 대해 이야기한 바 있다.

우리는 진정한 관계를 이해하기 위해 윌로크릭교회의 2,700개 소그룹이라는 실험실에서 검증 과정을 거쳐야 했다. 그 과정을 통해 사역 그룹이든 내적 치유 그룹이든 혹은 남성 그룹이든 간에 진정한 관계를 위해서는 다음과 같은 다섯 가지 실천 사항이 절대적으로 필요하다는 것을 반복해서 발견하게 되었다. 자신을 드러냄, 돌봄, 겸손, 진실만을 말함, 격려.

자기 노출: 알고 알려지고

알고 알려지기 위해 우리는 먼저 친밀함이 무엇인지 이해해야 한다. 그런 후에 적절한 방법으로 자신을 드러내어 친밀함을 저해하는 장애 요인들을 극복해야 한다. 누구나 본능적으로 자신에 대한 이야기, 자신의 고통, 그리고 자신의 꿈에 대해 사람들의 관심을 끌고 싶어 한다. 반면 우리 대부분은 다른 사람에 대해 알려고 열심을 내기보다는 자기 이야기만 하려 한다. 질문을 던지고 그 대답에 진정으로 귀 기울여 주는 친구는 갈증을 풀어 주는 생수와 같다. 어떤 소그룹이나 어떤 관계의 우정, 혹은 결혼 관계에서도 양측 모두가 서로를 잘 알고 서로에게 잘 알려지기 전에는 결코 친밀함이 생기지 않는다. 풀러 신학교 교수이자 소그룹 옹호자인 줄리 골먼은 다음과 같이 말했다.

"진정한 공동체는 함께 지내는 것 이상이다. 신뢰는 그저 같이 성경 공부하고, 모여서 기도하고, 리더와 일상적인 일을 나눈다고 생기는 것은 아니다. 신뢰는 관계와 함께 싹트기 시작한다. 관계를 맺는다는 것은 그 출발점인 참여 그 이상의 어떤 것이다. 관계를 맺으려면 그 사람을 알아야 하고, 그를 알기 위해서는 마음을 열고 신뢰하기 시작해야 한다."[3]

진실한 사랑의 관계를 판단하는 가장 확실한 척도는 그 관계가 끝날 때 경험하는 슬픔일 것이다. 사랑이 없이는 진정한 우정을 나누거나 진정한 공동체를 세울 수 없고, 그 친밀함이나 공동체를 잃게 될 때에는 슬픔이 뒤따르는 법이다. 나사로가 죽었을 때 예수님은 눈물을 흘리셨다(요 11장). 에베소의 장로들은 바울이 떠날 때 목 놓아 울었다(행 20장). 세렌디피티 사역의 창립자이자 전 세계적으로 소그룹을 확산시킨 라이먼 콜먼은 최근에 사랑하는 아내 마거릿을 잃었다. 슬픔이 관계의 깊이를 드러내는 척도라면, 그의 동료들에게 보낸 라이먼의 편지는 친밀함에 대한 간증이 될 것이다. 그의 허락을 받고 그의 편지를 인용해 본다.

"마거릿은 영국식 예의 범절을 지닌 여자였고, 재치 있는 유머를 구사하면서도 어떤 때는 예측 불능의 장난기를 보이는 데 뛰어났다네. 그녀는 또한 영적으로 심오한 깊이를 지녔지. 마거릿은 사람들을 사랑했고, 아이들에게 책 읽어 주는 것을 좋아했어. 숲 속을 걸을 때면 낙엽들을 가볍게 흩트리곤 했지. 불필요한 물건들은 동네 벼룩시장에 내놓았고, 할로윈데이 때는 큰 가방을 맨 여인의 복장을 하곤 했는데…. 뜨거운 차와 함께 먹는 핫케이크를 좋아하던 마거릿. 갓난아이의 볼을 장난스레 만지던 그 모습. 새 책을 구입하면 꼭 그 책의 향내를 음미하곤 했지. 그녀가 좋아하던 우스꽝스러운 모자와 지팡이가 기억나는군.

마거릿은 문법에 맞지 않는 문장이나, 사치스러운 복장, 그리고 가식적인 행위를 싫어했어. 그리고 몇몇 친구들과 벽난로 앞에 모여 앉아 C. S. 루이스에 대해 제법 지적으로 담소를 나누고, 그리 늦지 않은 시간까지 함께 팝콘을 먹으며 저녁 시간을 보내는 것을 소중하게 생각했지.

나는 지금 겪고 있는 슬픔과, 앞으로 남은 생애 동안 겪어야 할 비애를 구분해야 할 걸세. 지금의 나의 슬픔은 상실, 외로움, 분노, 무기력 그리고 영적 공허감과 비슷한 감정이네만, 시간이 흐르면 이런 것들은 분명 사라지겠지. 하지만 마거릿이 내 곁에 없는 것에 대한 나의 비애는 결코 사라지지 않을 것 같아. 그 비애 속에서 나는 우리가 함께 나누었던 멋진 나날을 회고하며, 상기하고, 기념하겠지.

내 생애에서 가장 고통스러웠던 결정이 하나 있다면 그건 하나님께 그녀를 본향으로 인도해 달라고 부탁드린 거였다네. 그녀는 반복되는 뇌 발작으로 고통을 겪고 있었고, 그녀의 몸은 완전히 탈진된 상태였거든. 난 그녀의 귀에 이렇게 속삭였어. "여보, 사랑하오. 정말 사랑해. 예수님이 본향에서 당신을 기다리고 계셔. 이제 괜찮을 거야. 우리 이제 당신이 가는 것을 허락할게." 그녀는 이내 눈을 감고 깊은 잠에 빠져 들어갔네."

라이먼은 무겁지만, 소망이 가득한 말로 이 편지를 맺는다.

"이 편지를 쓰면서 나는 편지를 교정봐 줄 사람이 없다는 것을 깨달았네. 나의 위대한 비평가, 나의 동료이자 영혼의 동반자, 기도의 동지, 모든 일을 함께 한 사람. 어려울 때나 기쁠 때나 함께 그 길을 걸어왔는데…. 여보, 당신이 그립소. 보고 싶소. 잊을 수가 없소. 내가 대신 아이들을 위해 등불이 되어 주고, 그들의 친구가 되어 줄 것이오. 그리고 언젠가는 우리도 당신과 만날 것이오, 우리 모두. 주님이 약속하셨기에. "성도의 죽는 것을 여호와께서 귀중히 보시도다""(시 116:15).

우리는 왜 교회에서는 그저 형식적인 동지애 정도만을 쌓으며 진정한 공동체를 포기하면서, 결혼에서는 이런 친밀함을 바라고 기대하는 것일까? 우리는 왜 친밀함에 대해 장벽을 세우고 피상적인 우정에 안주하는 것일까? 작은 공동체로 가득 찬 교회, 즉 소그룹 중심의 교회를 세우기 위해서는 반드시 이런 장벽들에 대해 짚고 넘어가야만 한다. 누군가가 말했다. "중요한 것을 보기 위해서는 나를 기꺼이 드러내야 한다. 내가 선글라스를 벗으면 사람들은 나의 얼굴을 더 잘 볼 수 있다." 남을 아는 것과 내가 알려지는 것은 두려움, 부끄러움, 자존심, 그리고 귀찮음과 같은 방어 체제와 사람 사이의 장벽(선글라스)을 치우는 것이다. 크리스틴 앤더슨이 자신의 저서, 『Equipping the Saints』(성도를 구비시키기)에서 말한 바와 같다. 친밀함을 위해 장벽을 제거하면 자기 중심적인 관계와 일회용 관계에서 탈피할 수 있으며, "코넬 웨스트가 말하는 소위 '호텔 사회' 이상을 이룩할 수 있다. 호텔 사회에서는 다른 사람들과 어울릴 수는 있겠지만, 그 관계는 매우 피상적이고 찰나적일 뿐이다."[4]

다른 사람들에게 우리의 삶을 깊이 드러내는 것은 우리가 그들에게 줄 수 있는 최고의 선물, 즉 믿음과 소망과 사랑으로 포장된 선물이다. 소그룹에서는 적절한 방법으로 자신을 드러냄으로써 이런 선물을 얻을 수 있다. 나 자신에 대한 이야기를 하고, 사람들이 내 마음을 들여다볼 수 있도록 창문을 열어 주는 것이다. 제리 존스의 『201 Questions』(201가지 질문들), 세렌디피티에서 펴낸 『아이스브레이크』, 빌 도나휴의 『삶을 변화시키는 소그룹 인도법』을 읽어 본다면, 자신의 마음을 열고 공동체를 세우는 실제적 지침들을 더 많이 얻을 수 있을 것이다.

자신을 여는 실천을 통해 우리는 서로를 더 깊이 알아 가는 과정, 즉 사랑 안에서 하나로 뿌리내리는 법을 배울 수 있다. 파커 팔머가 그의 저서 『가르침과 배움의 영성』에서 강조하듯이, 앎을 항상 사랑과 동일시할 수는 없다. 그는 단순한 호기심에서 다른 사람을 알려고 하는 것을 '비도덕적인 열정' 혹은 상대방을 통제하려는 욕망이라며 경종을 울린다. 오히려 그는 '사랑, 혹은 긍휼에서 비롯된 앎'을 추구하라고 충고한다. "그런 지식은 지적 전통이 아닌 영적 유산이다. …그런 지식 가운데 한 공동체의 지체로서 서로를 알아 가고 서로에게 알려질 수 있다. 그리고 이런 지식은 공동체의 결합을 더욱 돈독히 하는 방법이기도 하다."[5]

만일 이 마지막 문장에서 교회의 장엄한 종소리를 듣지 못한다면, 당신은 보청기가 필요한 사람이다. 윌로크릭에서는 지역 교회가 소그룹 생활과 동떨어져 있는 상황을 더 이상 상상조차 할 수 없다. 왜냐하면 그리스도께서 구원하기 위해 목숨까지 내어 주신 사랑의 공동체에 각 사람을 연결시키는 일이 우리 교회의 소그룹 안에서 일어나고 있기 때문이다. 소그룹 네트워크가 없다면, 성도들이 '서로를 알고 서로에게 알려지는' 선물은 받을 수 있다 하더라도, 교회 공동체의 연합을 돈독히 할 수는 없을 것이다. 진정한 관계는 성경적인 공동체를 창조하는 데 있어 타협할 수 없는 요소이며, 자신을 드러내는 것은 그 첫걸음이다.

돌봄: 사랑하고 사랑받고

서로를 알아 가며 좀더 깊은 단계로 나아가게 되면, 사랑하는 법과 사랑받는 법을 배우게 된다. 예수님은 "사람이 친구를 위하여 자기 목숨을 버리면 이에서 더 큰 사랑이 없나니"(요 15:13)라고 말씀하셨다. 요한은 그의 첫 번째 서신에서 다른 사람을 위해 우리의 삶을 내려놓는 예를 설명한다. "누가 이 세상 재물을 가지고 형제의 궁핍함을 보고도 도와줄 마음을 막으면 하나님의 사랑이 어찌 그 속에 거할까 보냐"(요일 3:17).

고린도전서 13장에 나오는 것처럼, 담대하고, 긍휼하고, 생명까지 내어 주는 이런 사랑은 상대의 말에 귀를 기울여 주고 그의 이야기를 기억해 주는 것에서부터 시작된다. 나(빌) 역시 아직도 이같이 '다른 사람을 먼저 사랑하는' 모습을 갖기 위해 애쓰고 있다. 그러나 부목사로 사역했던 첫 해, 내게는 그런 태도가 턱없이 부족했다. 그때 나는 주일학교와 전도부에 중고등부까지 맡고 있었고, 기본적인 상담과 설교까지 해야 했다. 그런 와중에도 신학교를 졸업할 수 있었다니! 나는 너무나 바빠서 내 삶은 고사하고 해야 할 일들마저 제쳐둔 채로 분주하고 단호하게 움직였다. 나는 은사 확인 검사도,

적성 검사도 받아 본 적이 없었다. 청소년 사역을 우선으로 했지만, 틈이 나면 장년 사역도 도왔다. 내 생활 신조는 이랬다. "우리에게는 해야 할 일들이 있고, 당신에게는 뛰는 심장이 있으니 우리는 딱 맞는다!" 나는 성도들에게 큰 어려움이 없기만을 기도했다. 그로부터 수년이 지난 지금, 나는 어쩌면 그들이 내 목양 방식을 다음과 같은 시편 23편 패러디로 표현했을지도 모른다는 생각이 든다.

빌은 나의 목자시니 내가 원치 않으리로다
그가 나를 중등부 오버나이트로 인도하시는도다
내 영혼을 무시하시고 자기 이름을 위하여 방문 전도의 길로 나를 인도하시는도다
내가 교회 복도를 끊임없이 오갈지라도
당신이 나와 함께하지 않음은 사모와 그대 부서의 사역자들조차 내게서 멀리하심이라
당신이 선교사 후원을 위한 식사로 나를 인도하셔서 내게 푸짐한 상을 베푸셨으니
내 콜라 잔이 넘치나이다
나의 평생에 봉사 위원들이 정녕 나를 따르리니
내가 유아실에 영원히 거하리로다.

나는 성도들에게 전화를 걸 때마다 그들이 다음 중 어떤 생각을 할지 궁금했다. '아, 빌 목사님이네. 목사님은 나를 사랑하고 보살펴 주는 나의 목자이시지.' 또는 '목사님이 이번에는 또 뭘 원하시는 걸까?'
사랑에는 적극적으로 들어 주고 세심하게 기억해 주는 것이 필요

하다. 특히 소그룹 관계에서는 더하다. 적극적으로 들어 주는 것은 다음과 같은 것이다. "이야! 그거 정말 잘됐는데요! 오늘은 당신을 위한 날이네요!" 적극적으로 들어 준다는 것은 상대방을 존중하고, 애정을 표현하고, 성경적인 행동을 취하는 것이다. "내 사랑하는 형제들아 너희가 알거니와 사람마다 듣기는 속히 하고 말하기는 더디 하며 성내기도 더디 하라"(약 1:19). 야고보는 사람을 최우선순위에 두기를 원한다. 왜냐하면 사람은 하나님께 중요하기 때문이다.

적극적으로 들어 주는 것은 세심하게 기억해 주는 것으로 이어진다. 고맙다는 엽서를 보내는 것, 기도하고 있다고 말을 건네는 것, 예배 후 악수를 청하는 것, 간단한 선물을 하는 것, 이메일이나 전화로 격려의 말을 전하는 것, 이런 간단한 행동을 전하는 것은 "나는 당신을 기억하고 있답니다!"라고 외치는 것과 같다. 그리고 이러한 표현들로 순전한 관계를 맺고 영적인 변화를 가져오는 환경을 조성할 수 있게 된다.

상대방을 기억해 주는 것은 한편으로는 '예수 그리스도를 생각나게 하는 사람'으로 행동하는 것이다.[6] 교역자와 소그룹 리더로서 목양 사역을 하는 이들은 사람들이 과거의 상처를 회상하도록 돕는 치료자들이다. 이들은 치유하시는 주님과 치유하는 공동체에 상처받은 사람들을 연결해 준다. 우리는 사람들이 주님으로부터 양육을 받고 능력을 얻도록 돕는 이런 사람들(reminder)을 후원한다. 그리고 도전과 감동으로 영적 방향을 제시하는 이 사람들(reminder)을 지도하고 있다. 이러한 방법들을 통해 사람들을 기억할 뿐 아니라, 새 공동체에 늘 주님이 역사하고 계신다는 사실을 그들이 잊지 않도록 돕는 것이다.

이러한 사랑을 소그룹에서 깊은 관계를 맺게 하는 지식(knowing)에 더하라. 이로써 진정한 공동체가 시작될 것이다. 소그룹 안에서 나타나는 지식과 사랑의 비율이 진정한 관계를 드러내는 증거가 될 것이다. 연결되어 있기만 하고 서로를 알지 못한다면 겉치레의 사귐에 지나지 않는다. 또한 서로를 알되 사랑하지 않는다면 그 역시 사교 단체와 다를 바가 없지 않겠는가.

온전한 관계를 위해 필요한 또 하나의 요소가 있는데, 그것은 섬김으로부터 시작되는 겸손이다.

겸손: 섬기고 섬김받고

섬기는 것을 좋아하지 않는 사람은 리더가 될 수 없다. 우리가 얼마나 자주 성경적인 실천보다 세상적인 지혜의 먹이로 전락하는가 생각해 보면 그저 놀라울 뿐이다. 다른 사람을 섬기는 일은 잘 드러나지 않는다. 그러나 다른 사람을 섬기지 않는 일은 마치 쓰라린 엄지손가락처럼 눈에 띈다. 어떤 행사 준비를 돕는 과정에서 성도들이 교역자들에 대해 이런 이야기를 하곤 한다. "그 양반은 가르치는 일을 제외하면 어떤 일에도 손가락 하나 까딱하지 않아. 우리가 이 의자들을 옮기느라 일손이 부족했을 때 기억나? 그 양반은 저쪽에 서서 커피만 홀짝거리고 있었지. 의자를 옮기는 일 따위는 자기한테는 '격에 안 맞는' 일이라는 듯이 말야."

어쩌면 리더로서 우리의 태도가 이와 같은지도 모르겠다. "난 의자 정리는 안 해." 마치 "창문 닦는 일은 안 합니다"라고 말하는 청소부처럼, 우리는 좋아하는, 혹은 어떤 득이 되는 일만을 선택하기 쉽다. 예수님은 그렇지 않으셨다. 그분은 의자 나르는 일을 하셨다. 다른 사람들의 발을 씻겨 주셨다. 우리는 다른 이들의 발을 씻기는 데 익숙지 못하다. 그러나 예수님은 수건을 두르고, 대야를 잡고, 제자들의 발을 씻기셨다. 요한은 그분이 "세상에 있는 자기 사람들을 사랑하시되 끝까지 사랑"하셨다고 기록한다(요 13:1). 물론 이 말은 궁극적으로 십자가를 뜻하는 것이지만, 당연히 그분의 겸손한 섬김의 행동을 포함하고 있다. 예수님에게 그것은 최고의 겸손한 사랑의 행동이었다.

　섬김에 대한 헌신은 변호사나 주식 중개인, 정치인이나 프로 운동선수들의 겉치레와는 다르다. 솔직히 말해서 우리의 모습 속에서도 그들과 마찬가지로 섬김에 대한 헌신은 잘 보이지 않는다. 그런 모습이 자주 보여야 함에도 말이다. 그러나 리더가 섬김의 본이 되면, 구성원들은 쉽게 그것을 따라하게 된다. 그리고 다른 사람들에게 섬김을 받는 것은 우리 역시 부족한 존재임을 의미하는 것이다. 비록 우리의 교만은 그 사실을 부인하겠지만 말이다. 그리스도께서 베드로의 발을 씻기려 하실 때 그가 거절하려 했던 모습이 바로 교만이다. 바울은 겸손을 우리가 의복처럼 '걸친 것'으로 묘사한다. 『Message』(메시지)에서 유진 피터슨은 그것을 다음과 같이 번역한다. "이제 당신은 하나의 새로운 옷을 입었습니다. 당신의 삶의 방식 하나하나를 하나님께서 손수 지으시고, 그곳에 그분의 표지를 붙이셨습니다. 과거의 모든 방식은 이제 다 소용없습니다. …그러므로 새로운 사랑의 삶을 위해 하나님께서 택하신 거룩한 옷을 입습니다. 그것은 긍휼, 친절, 겸손, 요란하지 않은 강인함, 훈련입니다"(골 3:12).

　소그룹은 섬김의 대가를 지불할 능력이 없는, 혹은 심지어 감사의 표시조차 할 수 없는 사람들을 도울 수 있다는 이점을 가지고 있다. 성경은 그들을 가난한 자(the poor), 고아(orphan), 과부(widow), 이방인(stranger)이라고 말한다. 각 단어의 영어 첫 글자를 따면 'POWS'가 된다. 또한 이 단어는 인생의 비극과 고난을 겪어야 하는 전쟁 포로(POW:prisoner of war)를 지칭하는 단어이기도 하다. 우리가 그들에게 무엇인가를 베풀고 난 후, 받기도 한다면 우리의 베풂은 크리스마스 선물 교환과 다를 바가 없을 것이다. 그러나 우리가 알고 있듯이 그리스도의 사랑을 베푸는 것은 궁핍한 곳을 찾아가서 갚을 능력이 없는 사람들을 섬기고 사랑하는 것이다. 이런 식의 베풂은 공동체 안에 겸손의 분위기를 조성한다.

우리 교회 한 부부 소그룹의 성도들은 그 소그룹의 구성원이 아닌 한 부인을 알게 되었는데, 남편은 세 자녀와 큰 집을 남겨놓고 어디론가 떠나버렸고, 그녀는 수입이 전혀 없는 상태였다. 소그룹 구성원들은 여름 동안 그 집 마당의 잔디를 깎아 주고, 집을 청소해 주기로 결정했다. 그러나 지금까지 그 부인을 만나 본 사람은 단 한 사람뿐이다. 부인과 만나는 한 사람 외에 모든 구성원들이 드러내지 않고 몰래 봉사를 하기 때문이다. 그렇게 해야 일이 제대로 된다.

종종 우리는 봉사하면서 "도와주셔서 정말 고맙습니다"라는 말이나, 어떤 호의의 대가를 바라게 된다. 그러나 야고보는 갚을 능력이 없는 사람들(가난한 자, 고아, 과부, 이방인 등)에 대한 진실한 봉사야말로 진실한 신앙이라고 말했다. 이러한 대가 없는 봉사를 통해 소그룹 안에서의 교만을 없앨 수 있다.

진정한 관계는 사람들이 서로 알아 가고, 사랑하고, 봉사할 때 맺어진다. 이런 단계를 통해 친밀감, 진정한 돌봄, 봉사 정신 등을 얻게 되며, 소그룹은 하나님이 의도하신 대로 사람들의 삶을 변화시키게 된다. 그리고 알고 알려지고, 사랑하고 사랑받고, 섬기고 섬김받는 환경은 '진실을 말하는 것' (truth-telling)이라는, 어렵지만 보람 있는 단계로 자연스럽게 연결된다.

진실만을 말하기: 권면하고 권면받고

아직까지는 진정한 소그룹의 관계를 세우는 일이 멋지게만 들릴 것이다. 그러나 권면하고 권면을 받는 일도 그렇게 쉬울까? 공동체 안에서 한 자매가 다른 자매에게 충고할 때, 관계는 쉽게 흔들릴 수 있다. 우리 교회는 1975년에 창립된 이래로 진실을 말하고 듣는 일을 강조해 왔다. 우리는 윌로크릭의 모토인 "상실된 사람들이 하나님께는 중요하다", 그리고 "믿지 않는 사람들을 온전히 헌신하여 그리스도를 따르는 사람들로 변화시켜라"에 비길 만큼 권면을 중요시해 왔다.

권면은 소그룹 내에서 핵심 리더들이 특히 신경 써야 할 사역이며 많은 노력을 요한다. 그리고 때로 그 가치를 실천하는 것은 헤라클레스에게 도움을 청해야 할 만큼 힘이 들기도 한다. 그러나 성경이 우리에게 명령하는 것이기 때문에 우리는 고집한다. 진실을 말했음에도 상대가 무시한다면 문제가 생기지만, 권면을 잘 받아들이면 영적으로 성장하게 된다. 다음과 같은 성경의 명령들을 살펴보라.

"우리가 그를 전파하여 각 사람을 권하고 모든 지혜로 각 사람을 가르침은 각 사람을 그리스도 안에서 완전한 자로 세우려 함이니 이를 위하여 나도 내 속에서 능력으로 역사하시는 이의 역사를 따라 힘을 다하여 수고하노라"(골 1:28, 29).

"그리스도의 평강이 너희 마음을 주장하게 하라 평강을 위하여 너희가 한 몸으로 부르심을 받았나니 또한 너희는 감사하는 자가 되라 그리스도의 말씀이 너희 속에 풍성히 거하여 모든 지혜로 피차 가르치며 권면하고 시와 찬미와 신령한 노래를 부르며 마음에 감사함으로 하나님을 찬양하고"(골 3:15, 16).

"형제들아 우리가 너희에게 구하노니 너희 가운데서 수고하고 주 안에서 너희를 다스리며 권하는 자들을 너희가 알고 저의 역사로 말미암아 사랑 안에서 가장 귀히 여기며 너희끼리 화목하라"(살전 5:12, 13).

'권하다' 라는 단어는 '마음속에 무엇인가를 넣다' 혹은 '경고하다' 라는 의미의 헬라어 '누테테오'(noutheteo)에서 파생되었다. 때문에 가르침의 의미를 포함한다. 위의 구절에서처럼 이 단어는 교정, 권면의 뜻이 일차적이지만, 가르침, 격려, 교화 등의 의미로도 사용된다. 그것은 구부러짐이 없는 참된 사랑과 진리의 표현이다.

그러나 갈등을 두려워한 나머지 우리는 종종 진실을 말하는 것을 회피한다. 아끼는 사람에게 해 주고 싶은 말을 차마 꺼내지 못하고 마음속에 담아 두는 일이 흔히 있지 않은가? 당신이 하고자 하는 권면 혹은 분명한 말들을 종이에 적어 보라. 당신은 무엇 때문에 말하기를 주저하는가? 대부분의 경우 상대(혹은 당신 자신)가 상처받거나, 화내거나, 혹은 당황스러워할까 봐 염려할 것이다. 그리고 당신이 누군가에게 모진 말을 할 권리가 있는지, 그리고 갈등과 논쟁을 피하는 것이 그리스도인다운 것인지 고민할 것이다. 기독교 심리학자인 헨리 클라우드는 상처에 대해 외부에 발설하지 않도록 교묘하지만 계속적으로 강요하는 가정에서 자라난 수천 명의 사람들을 상담했다고 한다. 그의 저서 『향기 나는 인격 만들기』에서 그는 다음과 같은 불문율 목록을 작성했다.

"어떤 사람들과도 감정적으로 가까이하지 말라. 거리를 두라. 네가 느낀 진실을 이야기하지 말라. 상처받으면 비밀로 할지어다. 평화를 지킬 수만 있다면 항상 거짓말을 할지어다.
집밖에서는 가족에 대한 말이나 간직하고 있는 상처에 대해 침묵할지어다. 그런 충성을 깨는 행위는 가증한 것이니라. 남에게 쉽게 마음을 여는 것은 가증한 것이니라."[7]

그러나 진실을 감춤으로써 사람들은 영적 성장의 기회를 놓친다. 진실은 모든 진정한 관계의 기초가 된다. 서로가 진정으로 신뢰한다는 것은 상호간에 진실을 말하고 듣는 것을 의미한다.

다음과 같은 시나리오를 생각해 보라. 테드는 소그룹 리더이고, 마크는 5명의 소그룹 리더들을 보살피는 코치인데, 이 둘은 5년간에 걸쳐 거의 매주 만났다. 그들은 서로가 리더로, 아버지로, 남편으로, 믿는 자로서의 책임을 다하고 있다. 만남 초기에 테드는 "마크, 이야기 좀 해도 될까요?"라고 물었다. 마크는 좋다고 했고, 테드는 계속 이야기했다. "우리가 대화할 때, 당신은 무엇인가 내게 숨기고 있는 것 같아요. 우리가 나누는 대화가 당신에게는 중요하지 않은가요? 정말이지 불편해요."

마크는 당황해하며 농담을 던졌다. "그래요? 무슨 다른 할 말이라도?" 테드는 부드럽지만 단호하게 이야기했다. "마크, 우리 관계는 나와 당신에게 중요한 문제예요. 우리가 서로를 돕지 못하고 오히려 견제한다면, 우리는 형식적으로 사귀는 것이지요."

마크는 큰 소리로 되받아칠 수도 있었을 것이다. "그래요? 거참 미안하네요. 완벽주의자 형제여! 나도 잔소리 좀 할까요?" 그렇게 말하고픈 유혹도 느꼈을 것이다. 그러나 그는 개인의 성장과 우정에 더 관심이 많았다. 사실이다. 그는 그 후 세 시간 동안 겸손하게 테드의 권면을 받아들였다. 그리고 다음과 같은 성령의 음성을 들었다. "그것은 사실이다. 테드가 옳아!" 그날의 대화를 전환점으로 두 사람은 사랑과 존경, 그리고 은혜 가운데 진실을 말하고 듣게 되었다. 이것은 사실 내가 잘 알고 있는 이야기이다. 왜냐하면 여기서 테드는 나(빌)이고, 마크는 내 친구 짐이기 때문이다. 이 일은 실제 일어났던 일이며, 우리는 변화되었다.

우리는 진정한 영적 변화를 위해 믿음과 사랑과 소망에 뿌리를 둔 사이가 되었다. 우리의 우정은 완벽하지는 않지만 참되다. 우리는 에베소서 4장 25절대로 살려고 한다. "그런즉 거짓을 버리고 각각 그 이웃으로 더불어 참된 것을 말하라 이는 우리가 서로 지체가 됨이니라."

서로의 권면이 없이는 소그룹은 가식으로 움츠러들고, 상대방에 대해 오해하고, 허황된 기대를 하게 된다. 감정을 숨기고, 고통이 있을 때면 약물을 사용하겠지만, 그것들은 결코 사라지지 않는다. 감정은 숨겨질 뿐이며, 고통은 치료를 받아도 줄어들지 않으며, 우리가 그렇게 원하던 관계는 그저 알고 지내는 사람들의 명단에 또 하나의 이름을 추가하는 것에 머물고 만다.

  소그룹 내에서 알아 가고 사랑하고 봉사하고 권면할 때, 우리는 교회 전체에 번져 나가는 기독교 공동체의 따뜻함을 느끼게 될 것이다. 소그룹들은 사역 전체에 스며들어, 마치 초대 교회 교인들이 "하나님을 찬미하며 또 온 백성에게 칭송을 받았던"(행 2:47) 것처럼 진지하게 삶을 변화시켜 갈 것이다. 이제 불처럼 타오르는 진정한 관계에 축제의 연료를 더하자! 그런데 한 가지 경고는 그 불길은 좀처럼 꺼지지 않는다는 것이다.

격려: 축하하고 축하받고

나(빌)는 우울하고 예민한 것과 경건한 모습을 잘 구분하지 못하는 교회에서 신앙 생활을 시작했다. 누군가 많이 웃으면 도에 넘치게 재미를 느끼고 있는 것이었고, 그것은 곧 죄를 의미했다. 내가 상가 임대 사무실에서의 일을 그만두고 신학교에 들어갔을 때, 그 교회는 감사하게도 내가 신학교에서 배운 것들을 사용할 수 있는 기회를 허락했다. 나는 3주에 한 번씩 설교를 하게 되었고, 주일 저녁 예배 담당인 B팀에 속해 있었다(A팀은 주일 오전 예배 담당이다. 참석률도, 흥미도, 활기도 떨어지는 주일 저녁 예배는 B팀이 맡고 있다).

  자신의 달란트로 회중에게 은혜를 끼치기를 원하는 사람은 누구나 주일 저녁 예배 때 앞에 설 수 있다는 것이 우리 교회의 관례였다. 간증들은 논리 없이 진행되고 도무지 끝날 기미를 보이지 않았다. 메리는 "하나님이 이 곡을 제게 주셨어요"라고 말했지만, 우리는 하나님께서 진짜 그 특송을 들으라고 허락하셨는지 이해가 되지 않았다. 거기다 나까지 회중들에게 내 설교에 귀를 기울여야 하는 짐을 얹어 주었으니! 물론 그들의 믿음이 성장하고, 나도 발전하기를 바라긴 했지만 말이다.

우리 B팀은 최선을 다했지만 스스로가 실수투성이라는 것을 알고 있었다. 우리는 연약해져 있었다. 우리에게는 아주 작은 칭찬이라도 매우 반가웠다. "귀한 말씀 주셔서 감사합니다"라든가 "전도사님 설교 다시 들어서 좋았어요"와 같은 말부터 "다음에는 더 잘하실 거예요", "넥타이가 멋지네요"와 같은 말까지도 소중하게 들렸다. 그런 격려 때문에 나는 언젠가는 말씀을 잘 가르치는 목사가 될 것이라는 소망을 갖게 되었다. 그러나 한 자매는 설교 후 문 앞에서 악수를 나눌 때마다 (짧은) 줄을 서서 기다렸다가 자기 차례가 되면 침울하고 견딜 수 없이 언짢은 눈빛으로 나를 올려다보며 이렇게 말하곤 했다. "빌 전도사님, 기억하세요. 우리는 단지 진토에 불과하단 걸요." 정말 눈물나는 이야기 아닌가? 결국, 지나친 격려는 교만에 빠뜨리는 함정인지도 모른다.

그러나 성경은 우울과 경건을 동일시하지 않는다. 예수님과 바울이 그러했듯이, 소그룹은 하나님이 우리 가운데 함께하심을 기뻐하는 곳이다. 하나님은 은혜로우시며, 구원은 실제 사건이고, 그리스도께서 우리 안에 역사하신다는 것을 서로에게 상기시켜 주는 것이다. 축제의 기쁨은 성경 전체에서 나타난다. 예를 들어, 죄인 하나가 회개할 때마다 천사가 기뻐하며(눅 15:10), 당신과 나는 어린양의 그 놀라운 할렐루야 혼인 잔치에 초대받는다(계 19:9).

예수님은 축제의 대가이시다. 혼인 잔치에서 물을 포도주로 바꾸셨고, 하나님 나라를 발견하고 주님을 따르는 사람들과 함께 크게 기뻐하셨다(눅 10:21~24). 또는 최근에 죄 사함을 받은 세리와 함께 식사하시는 등, 예수님의 삶에는 큰 기쁨의 흔적들이 있다. 그는 실생활에서 사람들에게 사랑을 전염시키셨다. 기쁨을 앗아 가고, 자기 과시와 자기 의로 가득 차 있던 바리새인들 때문에 예수님은 진노하셨다. 그러나 열린 마음으로 그의 나라를 추구하는 소그룹과 함께 있을 때 그분은 기쁨으로 충만하셨다.

심지어 다락방에서도 예수님은 기쁨에 넘쳐 말씀하셨다. "내가 이것을 너희에게 이름은 내 기쁨이 너희 안에 있어 너희 기쁨을 충만하게 하려 함이니라"(요 15:11). 예수님께서 거의 잡히실 때가 다 되었을 때에도 연약한 제자들을 이렇게 격려하셨다. "너희 근심이 도리어 기쁨이 되리라… 지금은 너희가 근심하나 내가 다시 너희를 보리니 너희 마음이 기쁠 것이요 너희 기쁨을 빼앗을 자가 없느니라… 구하라 그리하면 받으리니 너희 기쁨이 충만하리라"(요 16:20~24).

고난을 알았던 바울도 역시 기쁨에 익숙한 사람이었다. 그는 소그룹이 함께 축제를 즐겨야 함을 알았다. 그래서 "즐거워하는 자들로 함께 즐거워하라"고 로마 교인들에게 권면했다(롬 12:15). 골로새 교인들에게는 피차 권면하고 가르치라고 명령한다.

그러나 "시와 찬미와 신령한 노래를 부르며 마음에 감사함으로 하나님께 찬양"하라고 권면한다(골 3:16). 그리고 (아마도) 로마의 한 감옥에서 바울은 빌립보 교인들에게 "주 안에서 항상 기뻐하라 내가 다시 말하노니 기뻐하라"(빌 4:4)고 간곡하게 부탁했다. 사실 그는 그리스도의 기쁨이 "자신으로 인하여 풍성하게"(1:26) 되기를 원했다. 초대 교회의 소그룹들이나 오늘날 남아 있는 모든 소그룹들이 하던 일을 잠시 멈추고 하나님께서 우리 안에 하신 일들을 기뻐하는 것은 당연한 것이다.

우리는 실제로 소그룹들이 축제를 하는 것을 보았다. 어떤 소그룹은 구성원을 중앙에 자리 잡게 하고 격려의 말을 해 준다. 또 어떤 소그룹은 매번 모일 때마다 잠깐이라도 하나님께서 구성원들의 삶 속에서 하신 일들을 감사함으로 서로 나눈다. 소그룹들은 사역을 더욱 견고하게 하고 감사한 부분에 대해 기뻐하기 위해 사진을 찍고, 그림을 그리며, 서로에게 격려의 편지를 쓰고, 선물을 교환하며, 찬양을 드리기도 한다.

우리는 칭찬 부재의 문화 속에서 살고 있다. 직장 상사가 당신에게 이런 말을 해 준 적이 언제였는지 곰곰이 생각해 보라. "카렌! 이번 주도 다시 나와 주었군요. 지난 주말 동안 우리는 당신이 보고 싶었습니다. 당신이 직장에 주는 유익과, 섬기는 태도, 일에 대한 정확성, 노력하는 태도는 정말 최고입니다. 당신 없는 우리 회사는 상상할 수도 없습니다. 앉아서 미식축구 경기를 시청할 때도 내 머릿속에는 온통 당신의 존재로 인해 다른 사원들까지 빛이 난다는 생각뿐이었습니다. 당신은 우리 모두 안에 최선을 이끌어내는 사람입니다. 당신이 떠난다면 이 주변은 온통 암흑으로 가득 찰 것입니다. 당신을 대신할 사람은 아무도 없습니다." 매주 월요일마다 이런 말을 듣는가? 그렇지 않을 것이다. 그러므로 소그룹 안에서 사람들이 필요로 하는 격려의 말들을 나누기 시작하라.

"서로 돌아보아 사랑과 선행을 격려하며 모이기를 폐하는 어떤 사람들의 습관과 같이 하지 말고 오직 권하여 그날이 가까움을 볼수록 더욱 그리하자"(히 10:24, 25).

우리의 영혼을 서로에게 향하기

소그룹 중심의 교회를 세우려면, 흔들리지 않는 헌신을 각오해야 한다. 자신을 드러냄, 돌봄, 겸손, 진실만을 말함 그리고 격려라는 다섯 가지 실천 사항들을 공동체 삶의 모든 구석구석마다 적용하라. 그러기 위해서는 작은 공동체들의 연결망을 잘 조직해야 할 것이다.

공동체 문화를 만들어내기 위해서는 소그룹 생활의 질이 성경 공부, 각종 모임 혹은 위원회 등과 같은 전통적인 모임보다 월등해야 한다. 친밀하고 헌신이 따르는 교제, 보통 수준을 능가하는 사랑, 겸손한 종의 자세, 은혜가 넘치는 권면, 그리고 기쁨이 넘치는 축제를 이루어내도록 애써 노력해야 한다. 물론 이렇게 밀어붙이는 것은 확실히 위험이 따르는 일이다. '성도들이 반발하면 어쩌지? 만일 교회가 준비되어 있지 않다면? 시간은 얼마나 걸릴까?'

그러나 우리는 성도들과 교회의 답변을 기다릴 만큼의 여유가 없다. 매 주일 수많은 성도들이 관계의 부족을 느끼며 또 한 주를 맞이한다. 그리고 하나님을 갈망하는 굶주린 영혼들이 구원받은 공동체의 문밖에 앉아 또 한 주를 보낸다. 그들은 교회라는 식탁에서 진정한 기독교의 부스러기라도 자신들의 빈손에 떨어지기만을 기다리는 것이다. 그들에게는 불리한 도박이다.

만일 누군가가 새로운 공동체, 즉 영혼들이 서로 마주 보는 공동체를 세워 그들에게 길을 인도하지 않는다면, 믿는 자들의 공동체는 잘해야 승산 없는 시도 정도로 끝나고 말 것이다. 아이스노글이 이에 대해 적절하게 지적한 바 있다.

"소그룹은 '서로의 얼굴을 마주하는' 공동체이다. 소그룹은 서로,

그리고 하나님과 얼굴을 대면할 때 진실해진다. 리더는 구성원들이 하나님과, 그리고 구성원들끼리 서로 얼굴을 맞대고 만날 수 있도록 인도해야 한다. 소그룹 리더는 모세와 같이 구성원들이 두려움으로 외면할지라도 서로가 얼굴을 맞댈 수 있도록 자신만의 신앙과 용기를 가져야 한다. 리더가 자신을 보호하는 방패를 내려놓고 다른 이들 앞에 나설 때, 구성원들도 리더와 동일하게 행동할 수 있을 것이다."[8]

이런 목회자 혹은 소그룹 리더가 되는 것은 당신의 선택에 달려 있다. 이제 시작할 시간이다. 한 번에 한 생명, 한 번에 한 리더, 한 번에 한 소그룹씩. 누구든지 하나의 소그룹을 시작할 수 있다는 사실을 잊지 말라. '몸은 하나의 원을 그리고 있는데 마음은 멀어져 있는 것'이 아니라, 진정한 관계 공동체를 세우라. 우리는 그리스도를 따르는 것이지, 관습을 따르는 것이 아니다. 우리는 단순한 우정을 원하는 것이 아니라 영적인 공동체를 추구한다.

몸은 하나의 원을 그리고 있는데 마음은 멀어져 있다? 여기서는 아니다. 지금은 아니다. 이제 그런 일은 결코 없을 것이다.

5장. 소그룹은 진리와 생명이 만나는 장소이다

"바른 진리를 바르게 배우면 정신이 건강해지듯이, 진리는 또한 관계를 치유할 수 있다. 진리는 사람들 사이의 상처와 그들 안에 있는 상처 모두를 치유한다."
−윌리엄 배커스, 『진리 안에서 서로 말하기』

미국의 크리스천들은 말씀의 부요함을 넘치게 만끽하며 신앙 생활을 하고 있다. 400종이 넘는 영어 번역 성경이 있고, 해마다 새로운 성경이 수없이 쏟아지고, 오디오 성경을 들으며, 인터넷 프로그램으로 원하는 성경 구절을 찾는다. 기독 출판 산업은 성경과 관련된 서적, 오디오 테이프, 세미나, 방송 등으로 번창하고 있다. 그러나 우리 문화(심지어 기독교 하부 문화까지도)는 성경적 문맹 상태에 머물러 있다. 이런 말이 있다. "알면서 행하지 않는 것은 모르는 것이다."

우리는 적용의 위기에 처해 있다. 즉 성경 지식을 우리 삶에 적용하는 데 실패하고 있다. 미국의 대통령이었던 제임스 먼로는 다음과 같이 말했다.

"교육의 마지막 단계에서 질문해야 할 것은 '학생들이 무엇을 배웠는가?'가 아니라 '어떤 학생이 되었는가?' 이다." 소그룹은 그리스도인들이 성경을 공부할 수 있는 귀한 장을 제공하며, 그리스도 안에서 서로가 책임을 짐으로써 성장하고 성령의 열매를 맺을 수 있게 한다. 만약 리더들이 성경 공부를 할 때 흔히들 범하게 되는 두 가지 극단을 피할 수만 있다면, 그리고 질문을 토론 형식으로, 평범한 모임을 '거룩한 순간들'로 바꾸기만 한다면 이런 변화는 가능하다.

삶과 진리의 균형

탁월한 소그룹에는 진실한 관계가 기초가 되어야 한다. 일단 관계의 뼈대가 형성되면, 우리는 사람을 변화시키는 진리이신 하나님의 말씀을 쏟아 부을 수 있다. 그리고 그 말씀은 삶을 변화시키는 바탕이 될 것이다. 진실한 관계 속에서 이런 진리를 추구하는 소그룹은 구성원들 안에 계신 그리스도의 형상과 사역을 드러내면서 지속적인 변화를 위해 노력하게 된다. 이것이 바로 소그룹이다.

우리는 경험을 통해 두 종류의 소그룹이 있다는 것을 알게 되었다. '말씀 중심' 그룹과 '교제 중심' 그룹이다. 말씀 중심 그룹은 지식 위주이며, 질문과 답을 주고받는 시간이 주를 이룬다. 교제 중심 그룹은 경험 위주이며, 감정에 대한 응답들이 오가게 마련이다. 그러나 이 두 소그룹 모두 주님이 원하시는 변화를 이끌어내지는 못한다.

말씀 중심 그룹

성경 공부 위주로 진행되는 소그룹은 교리나 '정답'에 집착하는 경향이 있다. 이 소그룹의 리더들은 정답과 올바른 교리와 성경 지식을 성숙한 신앙의 기준으로 삼는다. 이 소그룹에 적응하려면 이들의 통일된 관점에 동의해 주어야 한다. 동의하지 않는 사람은 불화를 일으킨다는 비난을 받게 될 수도 있다. 이 사람들은 말씀을 지식적인 단계에서 나누기 때문에, 답을 정확하게 맞추는 것을 참된 영적 성숙의 증거로 오해하기도 한다.

우리 소그룹 리더 중에 공동체를 잘 이끌어 보려고 노력한 한 사람이 있었다. 그래서 그는 우리에게 자신의 소그룹에 참석해 보고 소감을 이야기해 달라고 부탁했다. 그를 편의상 '마이크'라고 부르자. 간단한 저녁 식사 후에 마이크는 교재에 따라 질문을 시작했다. "행크, 2번 문제의 답이 무엇이지요?" 행크가 답변하자, 마이크는 "좋은 답변이군요. 베티, 당신은 어떻게 생각하지요? 2번 문제에 대한 정답이 무엇일까요?"

베티는 긴장한 것 같았다. 행크의 대답은 '좋았지만' 그녀가 생각한 답과 달랐다. 자기가 생각한 답이 정답인지 아닌지 확신할 수 없었다. 결국 그녀는 리더의 눈에 거슬리지 않기 위해 "나는 행크의 말에 동의해요"라고 답변했다. 그 토론은 마이크가 '말씀 중심'의 리더의 입장에서라면 가시처럼 느껴졌을 법한 메리에게 질문을 던질 때까지 단조롭게 진행되었다.

평소에도 그랬듯이, 메리는 제기된 질문에 대한 답변보다는 자신이 생각하고 있던 이야기로 말을 이어갔다. 그녀의 두서 없는 답변을 들으면서 우리는 과거 비틀스가 부른 'The Long and Winding

Road(길고 굽은 길)'이란 노래를 생각했다. 그러나 마이크에게 대답하는 중에 그녀는 마음속에 있는 문제를 살짝 언급했다. "몇 분은 알고 계시겠지만, 우리 딸이 비신자와 사귀어 오다가 이제 결혼을 생각하고 있어요. 우리 부부는 이 문제에 대해 딸아이가 하나님의 뜻을 묻길 바랐지만, 그 아이는 개의치 않고 일을 진행하려고 합니다. 이 문제 때문에 우리는 마음이 아프답니다. 그건 그렇고, 이 문제의 답은…." 메리는 주어진 문제로 돌아갔다. 분별력 있는 리더의 직감과 주님과 같은 목자의 심정으로 마이크는 말했다. "좋은 답변이군요, 메리. 보브, 2번 문제의 답이 무엇이지요?"

누군가가 공동체를 세우는 불을 붙이기 위해 성냥을 켜려는 순간, 마이크는 한 양동이의 물을 끼얹었다. 그는 아마도 자신이 하는 일을 깨닫지 못했을 것이다. 그러나 그는 교재의 내용이 그 목적인 사람보다 더 중요하다는 잘못된 관념에 사로잡혀 있었다.

교제 중심 그룹

반면 교제 중심 그룹은 구성원들의 어려움과 필요에 대한 이야기와 자신들의 삶 속에서 하나님이 역사하신 이야기를 나눔으로써 서로를 이해하는 데 중점을 둔다. 리더는 구성원들이 자유롭게 자신의 감정을 표현할 수 있도록 한다. 이 소그룹에서 가장 중요한 것은 판단하지 않고 수용하는 것이다. 구성원들은 성경의 진리를 분별해서 자신들의 삶 속에 적용하는 법을 배우지 못한다. 어느 누구 하나 은혜와 진리로 다른 사람의 눈을 마주 보며 "하나님께서는 당신이 변화하길 원하십니다"라고 말하지 않는다.

박사 과정 중에, 나(빌)는 그룹 상담에 관한 수업을 들은 적이 있다. 교수님은 뛰어난 분이었다. 매주 화요일, 그는 세 시간 강의 중 앞의 한 시간 반을 모델 그룹을 가르치고 상담에 참여해 보게 하는데 할애했다. 그는 우리 20명을 그룹으로 구성해 상담을 경험해 보도록 했는데, 가끔은 그룹 안에 한 사람씩 리더를 세워 주기도 했다. 그 수업의 나머지 절반은 1970년대 칼 로저스(Carl Rogers : 미국의 심리학자. 내담자 중심의 상담요법 또는 비지시적 카운슬링의 창시자-편집자 주) 식의 인카운터 그룹(encounter group : 인간관계의 개선을 위한 집단감수성 훈련 그룹-편집자 주)에 참여하는 데 보냈다. 교수님은 우리 반의 18명의 여학생과 두 명의 남학생을 두 그룹으로 나누었는데, 각 그룹에 남자 한 명씩을 배치했다.

매일 조교가 "자, 오늘은 무엇에 대해 이야기할까요?"라고 물으면서 수업을 시작했다. 처음에는 그저 침묵만이 흐른다. 어떤 때는 10분 동안 아무도 말을 하지 않는 경우도 있다. 인카운터 그룹에서 당신은 관계의 위험을 무릅쓰고 당신의 실제 모습을 드러내고, 그 안에 있는 다른 사람들에게 도전하며 이해의 폭을 넓힐 수 있다. 이렇게 교수님과 함께 수업 시간에 다른 사람들의 이야기를 들어 주는 것은 쉽다. 이런 모임에는 기준도, 절대적인 것도 없고, 다른 사람들을 판단할 수도 없다. 자신을 노출하고 다른 사람들의 의견을 듣는 것을 통해 성장하는 것이다. 이런 모임에서는 성경적 진리도, 성경 구절도, 심지어 사해 사본 조각조차도 일절 찾아볼 수 없다.

한번은 그 수업 시간에 한 여인이 인형을 가져와서 인형에게 이야기했다. 우리와 달리 인형은 그 여인을 판단하지 않기 때문이었다. 그러나 나는 그 방에서 빠져나갈 수 없었다. 왜냐하면 조교가 출입문을 지키고 있었기 때문이다. 이해와 수용에 완전히 초점을 맞추느라, 그 그룹은 진리의 원칙을 토론하는 일에는 관심이 없었다. 나는 그 토론에서 뒤로 물러나 있었다. 갑자기 한 대학원생이 나를 보더니 "나는 당신의 태도가 맘에 안 들어요"라고 말했다.

나는 바보처럼, "좋아요, 내 태도를 바꾸지요"라고 대답했다. 나는 다리를 반대쪽으로 꼬면서 "이게 더 나은가요?"라고 말했다. 모든 여학생들의 두 눈이 초고속 드릴보다 더 빠른 속도로 나를 뚫어지게 바라보았다. 그리고 나서 그들은 20분 동안 나를 질타했는데, 내게는 그것이 20년처럼 길게 느껴졌다. 나는 그 방에서 나갈 수 있게만 해 주시면, 즉시 오지 선교사로 나가겠다고 하나님께 약속했다.

솔직히 나는 그 그룹에서 중요한 것을 배웠다. 나는 내 생활을 공개하고, 내가 잘 알지 못하는 사람들을 신뢰하고, 나를 적극적으로 반대하는 비신자들을 사랑하고, 실제 고통 중에 있는 사람들의 이야기에 귀 기울여야 한다는 도전을 받았다. 그 그룹에서 몇 사람은 이혼으로 치닫고 있었고, 또는 이미 그런 충격을 경험하고 있었다. 그러나 그 그룹에는 진리의 기준이 없었고, 치유와 참된 변화의 길로 확실하게 인도하는 빛도 없었다. 어쩌면 그리스도인의 '교제 중심' 그룹도 이와 비슷하게 될 수 있을 것이다. 그러나 믿음의 공동체라면 "하나님께서는 우리가 좀더 높은 수준에 이르기를 원하십니다"라고 서로를 격려해야 할 것이다.

변화 중심 그룹

당신 교회의 소그룹에도 양 극단으로 흐르는 사람들이 있을 것이다. 말씀 중심 그룹에게는 건전한 교리와 성경적 지식(심지어 헌신된 그리스도인들 가운데서도 점점 더 찾아보기 힘들어지는 가치)이 매우 중요함을 인정해 주자. 자신을 드러내고, 감정을 표현하며, 구성원들의 실제적인 필요들을 채워 주는 교제 중심의 그룹에도 박수를 보내자. 그러나 소그룹 리더들은 변화하지 않는 상태를 가장 경계해야 한다. 우리는 지식과 삶이 정면으로 마주보는 한가운데, 변화라고 불리는 긴장 지대까지 구성원들을 인도해야 한다.

말씀 공부를 중요하게 생각하는 그룹이나 개인적인 문제에 초점을 두는 그룹과는 대조적으로, 변화 중심 그룹은 삶에 지식을, 지식에 삶을 연결한다. 삶의 변화를 추구하는 그룹은 오직 나에 관한 것, 또는 오직 하나님에 관한 것이 아닌 하나님과 나에 관한 진리를 탐구한다. 구성원들은 정답을 찾는 데 집착하지 않으며 변화를 위해 노력한다. 사람들은 "어떻게 하면 예수 그리스도를 닮을 수 있을까?"라고 질문한다. 하나님과 다른 이들 앞에 정직한 구성원들만이 예수 그리스도를 닮아 갈 수 있다. 공동체는 단순히 수용과 동의가 아니라, 진실의 기초 위에 세워진다. 물론, '있는 모습 그대로' 수용하는 것도 필요하다. 그러나 변화 중심 그룹의 구성원들은 서로가 서로에게 정체된 삶을 허용하지 않는다.

목표는 존 오트버그 목사의 표현대로 '정돈된 마음', 즉 예수님이 우리 현장에서 생각하시고, 말씀하시고, 행동하시는 것을 중심으로 정돈된 마음을 갖는 것이다. 우리는 정돈된 마음, 즉 그리스도의 형상으로 변화된 마음을 개발하기 위해 배움이나 이해의 영역을 넘어 담대히 모험한다. 말씀 중심, 교제 중심, 변화 중심의 그룹 사이에 드러나는 차이점은 무엇일까? 당신 교회의 소그룹들은 어떤 모습인가? 아래의 도표를 보면 세 그룹을 비교하는 데 도움이 될 것이며, 당신의 상황을 평가할 수 있는 기회도 될 것이다.

말씀 중심 그룹	교제 중심 그룹	변화 중심 그룹
질문에 대한 답을 안다	개인의 문제에 대한 해답을 안다	하나님과 나에 관한 진리를 안다
지식에 초점-그것이 무엇을 의미하는가?	자기 관찰에 초점-내가 어떻게 느끼는가?	변화에 초점-나는 어떻게 그리스도를 닮아 가고 있는가?
정답을 말할 경우 그에 대해 보상한다	실제 삶에 적용할 때 그에 대해 보상한다	하나님과 사람들 앞에서 정직한 것에 대해 보상한다
공동체는 합의의 원칙 위에 세워진다	공동체는 수용의 원칙 위에 세워진다	공동체는 진실의 원칙 위에 세워진다
목표는 잘 배우는 것이다	목표는 잘 이해하는 것이다	목표는 잘 정돈된 마음이다

이제 궁금할 것이다. "그러면 어떻게 변화 중심의 그룹을 세울 것인가?" 그것은 또한 소그룹을 인도하고 있는 우리 각자에게 던져야 할 질문이기도 하다. 말씀과 삶이 만나는 변화 중심 그룹은 다음과 같은 두 가지 핵심 리더십 기술을 통해 만들어진다. "질문을 어떻게 하는가?" "모임을 어떤 식으로 이끌어 가는가?"

질문에서 토론으로

공교육을 오랫동안 받아 온 우리는 모든 질문에 정답이 있다고 믿게 되었다. 그러나 말씀과 삶이 만나는 그룹을 세우기 위해서는 말씀을 깨닫고 적용하도록 돕는 질문들과 사람들의 이해를 돕고 공동체를 세우는 질문들을 개발해야 한다. 직접 성경 본문에서 질문을 만들어내든지 특정 교재를 사용하든지 간에, 질문과 대답이 오가는 과정은 토론의 형식이 되어야 한다.

교재는 구성과 사용 방법에 따라 큰 도움이 될 수도 있고, 혹은 장애가 될 수도 있다. 교재는 모임을 위한 종의 역할을 하지, 주인이 아니라는 점을 기억하라. 소그룹의 목적에 부합하는 교재를 선택하라. 구성원들의 영적 성숙도, 각 주제에 따른 부교재의 양, 모임 시간의 길이 등을 고려하라. 그리고 변화를 가져오는 토론을 이끌어낼 수 있는 교안으로 재작업하든지 아니면 적합한 질문들을 지혜롭게 선택하라.

개인에게 초점을 맞추라

예수님은 "하늘과 땅의 모든 권세를 내게 주셨으니 그러므로 너희는 가서 교재를 완성하라"고 하지 않으셨다. 개인의 삶에 관련된 질문을 개발한다면, 구성원들이 성경의 진리를 깨닫고 적용하는 데 도움이 될 것이다.

시중에 나와 있는 소그룹용 교재들에는 보통 한 과에 10~20개의 질문이 들어 있다. 그러나 그 질문들을 모두 짚어 줄 필요는 없다. 만일 소그룹 구성원이 여덟 명인데 각자 열 문제에 대해 1분씩만 답변을 한다 해도, 교재 한 과를 떼는 데 80분이 걸릴 것이다.

교재의 질문들은 다양한 수준의 성숙도와 능력을 가진 사람들이 모두 사용할 수 있도록 구성되어 있다. 새로 맺어진 그룹이라면 친해질 때까지 더 많은 질문을 주고받아야 할 것이다. 또 어떤 그룹은 분위기를 쇄신하기 위한 서너 개 정도의 질문이면 충분할 것이다. 그러나 대부분의 소그룹 리더들이 직접 질문을 만드는 데 어려움을 느낀다. 물론 개인적으로 성경 공부를 하는 사람이라면 그룹에서 나누는 것보다 더 많은 질문들을 풀어 볼 수 있을 것이다.

그러나 소그룹 모임 시간에 나누는 것의 의미가 가장 클 것이다. 그러므로 시중에 나와 있는 교재를 채택해 그 안에서 몇 가지 질문만 추려서 (혹은 변형해서) 사용하라. 한두 개의 도입 질문이 필요할 것이다. 그 다음, 보다 깊은 토론과 의견 교환을 위해 두세 개의 질문들이 필요할 것이다.

개인적인 삶에 적용해 볼 수 있는 질문이 좋다. 다음과 같은 질문들로 내용 중심의 토론을 이끌어낼 수 있다. "왜 대부분의 사람들은 믿음이 부족한가요? 이 성경 본문에서 믿음에 대해 말해 주고 있는 두 가지 교훈은 무엇인가요?" 그러나 개인이나 그룹의 변화를 위해서는 다음과 같은 개인적인 질문들로 옮겨가는 것이 좋다. "우리 모두는 하나님을 신뢰하고, 그분이 우리의 삶 속에서 역사하신다는 것을 믿고 싶어 합니다. 그러나 우리는 그분이 일하시는 것을 항상 보거나 느끼지는 못합니다. 오늘날 당신의 믿음이 가장 연약한 영역은 어디인가요? 하나님은 우리에게 어떤 믿음의 단계를 요구하십니까? 그리고 비록 두렵지만 우리가 어떻게 그 단계를 시작할 수 있을까요?"

서로가 창조적으로 의견을 교환하게 하라

대화식 질문(interactive questions)은 서로에 대한 이해와 유대감 형성에 도움이 된다. 그룹의 구성원들이 질문에 답하는 시간을 통해 서로 알아 갈 수 있는 대화식 질문들을 만들어 보라. 그룹을 작은 그룹들로 나누거나, 토론회를 마련하거나, 한 주제에 대해 다양한 관점으로 이야기해 보도록 하거나, 둘씩 짝지어 각자의 생각을 나눈 다음 발표하게 할 수도 있을 것이다.

예를 들어 당신이 다음과 같이 말한다고 가정하자. "자, 이제부터 그룹을 둘로 나눠서 요한복음 15장에 있는 포도나무와 가지에 대한 교훈에 대해 토론하겠습니다. 그룹 A는 그리스도에 연결된 사람의 특징과 행동을 적어 보십시오. 그 사람의 모습은 어떨까요? 그룹 B는 포도나무(그리스도)에 연결되어 있지 않은 사람의 특징을 적어 보십시오. 10분 후에 서로가 토론한 것을 비교할 것입니다. 그 후에 우리 각자는 그분과 보다 더 밀접하게 연결된 삶을 살 수 있을 것입니다."

리더 혼자 질문을 하게 되면, 리더에게만 관심이 집중된다. 그러나 대화식 질문을 통해 구성원들은 리더에게 이야기하는 것이 아니라 서로에게 이야기함으로써 관계를 세워 나갈 수 있게 된다. 그리고 조금만 노력한다면, 대화식 질문을 보다 창조적으로 개발할 수 있을 것이다. 기억에 남는 토론을 위한 질문을 개발하려면, 신문 기사, 잡지 사진, 역할극, 심지어는 복장까지도 활용해 보라.

성탄절 기간 동안 우리 교회의 가정 그룹들 중 하나가 만들어낸 대화식 토론의 예를 소개한다. 각 가족 그룹(family unit)[1]이 성탄절 이야기의 한 부분을 조사하고, 출연진(예를 들어 마리아, 동방박사, 선지자, 천사, 헤롯)의 역할과 배경을 설명하고, 그 다음에 5~7분 정도 시범을 보이도록 과제가 주어졌다. 이때 복장, 음악, 장식 등 무엇이든 사용 가능했다.

어떤 사람들은 목자의 복장을 했고, 어떤 사람들은 예수님의 탄생을 예언하는 선지자의 모습을 연기했다. 한 소년이 예수님께 드리는 선물로 바이올린을 연주했다. 그리고 어떤 사람들은 간단하게 편곡된 <할렐루야>를 합창했다. 한 가족은 동방박사의 방문을 연기했다. 레바논 출신인 한 구성원은 중동의 예술품과 베들레헴 사진을 보여 주었다. 모두가 활발하게 참여한 토론은 영적으로 충만한 시간이었다. 이 성탄절 기간의 모임은 소그룹 리더가 계획하고 소망하여 추진한 것이었다. 구성원들은 '모임' 이 끝난 후에도 계속 이야기를 나누었다. 매번 창조적인 질문과 기억에 남는 모임을 만들 수는 없겠지만 위의 예는 쉽게 활용할 수 있는 아이디어일 것이다. 위의 예는 내용(성탄절 이야기), 개인 적용, 대화식 방법, 창조적인 디자인 등에 기초를 둔 소그룹 모임이었고, 따라서 배움의 방식이 각기 다른 사람들에게 잘 들어맞았다.

다양하게 적용하라

단순히 가르치고 질문하는 방식을 좋아하는 리더들도 있다. 그러나 소그룹의 구성원들 중에는 이야기처럼 풀어서 가르쳐야 이해를 잘 하는 사람들, 그림, 비디오, 드라마를 통해 더 큰 영향을 받는 사람들, 손으로 만드는 공작을 통해 더 오래 기억하는 운동 감각적인 사람들이 있다. 좋은 리더는 다양한 학습 방식으로 흥미를 유발시킴으로 모든 사람들이 진리를 깨닫는 데 집중하고, 영적 성장을 향해 나아가도록 돕는다.

한번은 내(빌) 아내가 어느 모임에 돌들을 가져가서는, 사람들에게 그 돌에다 하나님의 속성들을 적어 보라고 한 적이 있다. 사람들은 그 주간에 자기에게 의미 있었던 하나님의 속성을 하나 선택하고, 왜 그로 인해 감사했는가를 설명했다. 우리는 구약 시대에 단을 쌓았던 것처럼 그 돌들을 쌓았다. 그 다음 둘씩 짝지어서 서로가 깨달은 하나님의 속성에 대해 이야기하며 경배하고, 우리의 삶에 간섭해 달라고 기도 드렸다.

이 모임은 대화식이고 창조적이었으며, 내가 학습하는 방식에 맞았기 때문에 특히 기억에 남았다. 나는 그것을 만져 볼 수 있었다. 나는 그것을 볼 수 있었다. 물론 또 다른 리더들은 다른 학습 방식에 맞는 아이디어를 개발하고 있을 것이다.

좋은 질문은 변화를 일으키는 토론으로 이어진다. 좋은 질문이 없다면 그 소그룹 구성원들은 삶의 변화라는 물가를 서성거릴 뿐 물은 마시지 못할 것이다. 질문은 반드시 토론을 유발해야 한다. 그러나 이 모임은 또한 다음 단계로 이어져야 한다. 예수님이 사람들의 삶을 변화시키기 위해 모임을 어떻게 사용하셨는지 살펴보자. 그리고 우리가 어떻게 예수님의 모범을 따를 수 있을지 생각해 보자.

모임을 특별한 순간으로 만들기

가장 위대한 소그룹 모임 중 하나였던 예수님의 작은 공동체를 생각해 보라. 거기에는 등을 기댈 만한 의자도 없었고, 열두 제자들은 낮은 탁자 옆에 비스듬히 누워 있었다. 유월절 만찬이 진행되고 있었고, 유대인들은 그날을 기념하려고 예루살렘에 와 있었다. 억압, 피, 그리고 자유. 제자들이 정립한 신학의 많은 부분은 그들의 기억을 바탕으로 세워졌으며, 예수님은 이날을 그들이 결코 잊을 수 없는 날로 만드실 참이었다.

제자들이 예수님의 그룹을 두고 '몸은 한 원을 이루고 있는데 마음은 다른 곳을 보고 있다'고 표현하지 않았음을 다시 한 번 기억하자. 그 그룹은 늘 함께였고, 예수님은 모든 만남의 순간에 깊은 의미를 부여하는 데 대가셨다. 갈릴리 호수를 기적적으로 잠잠케 하신 일로부터, 누가 가장 위대한 자인가를 가르치셨던 가버나움의 가정 모임에 이르기까지, 제자들은 지금까지 모든 것을 목격했다. 예수님은 첫 번째 유월절이 곧 재현될 것을 아셨다. 억압, 피, 그리고 자유. 다만 이번에는 그가 어린양이 되시는 것이었다. 분위기는 침울했고 위기감이 고조되었다. (문자 그대로) 지옥이 무너져 내리기 직전이었다.

그러나 예수님은 이런 '심난한 상황'에도 불구하고 자신의 그룹과 끝까지 함께하셨다. 오히려 공동체 안에서 제자들과 함께 보내는 지금 이 순간을 더욱 소중히 여기시고, 교훈, 사랑, 봉사, 기도에 그 마지막 시간을 사용하기로 결단하셨다. 그것은 그들이 주님의 부활 이전에 가졌던 가장 심오한 소그룹 모임 시간이었고, 이 시간은 영원히 그들의 기억 속에 남게 된다.

예수님과 그의 그룹: 특별한 순간을 만들고, 포착하고, 상기시키기

예수님은 특별한 순간을 만들고, 그것을 포착하고, 떠올리게 함으로써 그룹을 영적인 공동체로 이끄셨다. 특별한 순간이란, 하나님의 실제적이고 확실한 임재와 능력이 개인 혹은 그룹의 삶 속에서 역사하시는 상황이다.[2] 따라서 특별한 순간을 만든다는 것은 하나님 앞에 결단하고 반응할 수 있는 특별한 경험을 계획하는 것을 의미한다. 우리가 말하는 방식, 공부하는 주제, 행동하는 모습, 만들어내는 분위기 등을 기초로 성령님이 우리 안에 역사하시도록 초청하는 것을 의미한다.

　예수님은 다락방이라는 일상적인 장소와 일상적인 활동을 통해 거룩한 순간을 만들어내셨다. 첫째, 그분은 그룹을 식탁으로 초대하셨다. 식탁 자체는 별로 특별하지 않지만, 거기서 일어나는 일은 역사를 바꿀 수 있다. 청혼, 가족 축하 행사, 평화 협정, 우정과 사랑으로 맺어지는 영적인 관계들이 일반적으로 식탁 앞에서 일어난다. 둘째, 예수님은 평범한 수건을 두르고 친구들의 발을 씻기셨다. 보통 종들이 행하는 이런 일상적인 활동은 궁극적으로 그가 십자가에 달리기까지 보여 주셨던 그 사랑을 상징한다. 사도 요한은 그것을 다음과 같이 표현한다. "세상에 있는 자기 사람들을 사랑하시되 끝까지 사랑하시니라"(요 13:1).

　다락방에서 특별한 순간을 만들기 위해, 예수님은 제자들을 식탁으로 초대하시고 종의 수건을 두르시는 것 이상의 일을 하셨다. 그는 또한 그들에게 진리를 말씀하셨다. "내가 진실로 진실로 너희에게 이르노니 종이 상전보다 크지 못하고 보냄을 받은 자가 보낸 자보다 크지 못하니 너희가 이것을 알고 행하면 복이 있으리라"(요 13:16, 17). 기습적으로 그룹을 섬김으로써 예수님은 그들이 보지 못했던 하나님의 한 면, 즉 겸손을 가르치셨다.

　예수님은 또한 특별한 순간(동전 두 닢을 다 드린 가난한 여인, 바리새인의 집에서 한 저녁식사, 우물가에서 만난 사마리아 여인 등)을 포착하는 법을 아셨다. 그분은 그러한 순간들을 놓치지 않고 변화를 위해 하나님이 마련하신 기회로 사용하셨다. 다락방에서 예수님은 자기 제자들이 두려워하고 있는 것을 계기 삼아 이렇게 말씀하셨다. "소자들아 내가 아직 잠시 너희와 함께 있겠노라 너희가 나를 찾을 터이나 그러나 일찍 내가 유대인들에게 너희는 나의 가는 곳에 올 수 없다고 말한 것과 같이 지금 너희에게도 이르노라 새 계명을 너희에게 주노니 서로 사랑하라 내가 너희를 사랑한 것같이 너희도 서로 사랑하라"(요 13:33, 34). 예수님은 제자들이 서로에게 완전한 사랑을 표현할 때 세상 사람들이 그들을 예수님의 제자로 인정할 것이라고 말씀하심으로 핵심을 지적하셨다.

베드로는 예수님이 떠나신다는 말씀에 너무 집중한 나머지 사랑에 대해서는 생각할 여유가 없었다. "주여, 어디로 가시나이까?" 베드로의 이 질문에 예수님은 이렇게 답변하실 수도 있었다. "이봐, 내가 방금 일러 준 말 못 들었나? 새 계명 말이야. 그 극적인 사랑 말일세." 그러나 그는 그렇게 하지 않으셨다. 대신 제자들의 두려움을 진정시키고 서로 다시 만나게 될 것을 일러 줌으로 소망을 주는 기회로 삼으셨다. 그것은 온유하고도 거룩한 순간이었다. "너희는 마음에 근심하지 말라 하나님을 믿으니 또 나를 믿으라."

예수님은 또한 특별했던 순간을 상기시킴으로 그룹을 영적인 공동체로 인도하셨다. 그의 제자들은 그 전에도 수천 번이나 빵을 먹고 포도주를 마셨을 것이다. 그러나 예수님은 다락방에서 말씀하셨다. "이것을 행하여 나를 기념하라." 그 후로 사람들은 떡 한 조각과 포도주 한 모금을 나누며 그 특별했던 순간을 기억하게 되었다. 우리는 그 저녁 만찬을 기념함으로써 그분의 말씀, 포옹, 발을 씻겨 주시던 일, 성령님에 대한 약속, 그리고 가지가 포도나무에 붙어 있는 것처럼 계속해서 자기 안에 거하라는 간곡한 부탁 등을 떠올린다.

예수님은 특별했던 순간을 상기시키는 일에 너무도 뛰어나셨다. 왜냐하면 대부분의 리더들과는 달리 그분은 결코 자신의 의제에 사로잡히지 않으셨고, 그 결과 자신의 그룹 구성원들이 생각하고 느끼는 바를 놓치지 않으셨기 때문이다. 예수님이 제자들에게 "사람들이 나를 누구라 하느냐?"라고 물으신 때를 떠올려 보라. 그들은 실제로 그가 누구라고 생각했는가? 시몬 베드로는 확신 있게 답변했다. "주는 그리스도시요 살아 계신 하나님의 아들이시니이다." 이에 대해 예수님은 단순히 "좋은 대답이다, 시몬아"라고 말씀하지 않으셨다. 오히려 그는 성령께서 베드로 안에 역사하신다는 것을 인식하고 그룹의 모든 사람들을 위해 그 순간을 특별하게 만드셨다. 그는 베드로의 확언에 대해 다음과 같은 비전 있는 선포로 답변하셨다: "너는 베드로라 내가 이 반석 위에 내 교회를 세우리니 음부의 권세가 이기지 못하리라"(마 16:18).

예수님은 모임을 갖는 것 이상의 일을 하기 원하셨기 때문에 이런 특별한 순간들을 만들고, 포착하고, 상기시키셨다. 그리스도께서는 사람들이 변화되는 것, 즉 진리로 인해 삶이 변화되는 것을 보기 원하셨다.

당신 개인과 그룹 구성원들: 일상적인 활동인가, 거룩한 순간인가?

예수님은 성령님을 초청해 함께 거하며 먹고 마시지 않은 채 그분을 홀대해 보내는 일이 결코 없으셨다. 우리도 '늘 똑같은 모임', 그 이상의 단계로 나아갈 수 있을까? 예수님은 그분과 함께라면 모든 일(거룩한 순간, 영적 변화, 진정한 공동체)이 가능하다고 약속하신다. 그룹의 초점이 사역이든, 성경 공부든, 기도든 간에 대부분의 그룹 모임은 다섯 가지 공통된 요소들을 가지고 있다. 이제 이 공통 요소들을 어떻게 거룩한 순간으로 활용할 수 있는지 살펴보자.

아이스브레이크: 자기 묘사인가, 자기 노출인가?

모임을 시작하는 아주 고전적인 방법으로 다음과 같은 질문이 있다. "자, 돌아가면서 가장 좋아하는 색깔을 한번 말해 봅시다!" 이것은 마치 페인트가 마르는 모습을 지켜보는 일만큼이나 지루한 시간이다. 자기를 묘사하는 아이스브레이크는 별 효과를 못 보는 수가 많다. 그러나 자기를 노출하는 아이스브레이크는 공동체를 세울 수 있다. 윌로크릭에도 거룩한 순간들을 만들어 온 아이스브레이크가 있다. 우리는 사람들에게 둘씩 짝을 지어서 자기가 굉장한 부자라고 가정하고 다음과 같은 질문에 답하라고 한다. "고급 승용차, 고성능 차, 지프차, 레저용 차, 이렇게 네 종류 중에 하나를 선택하고 그 이유를 설명해 주세요." 그리고 우리는 사람들이 그 자동차를 선택한 이유에 특히 귀를 기울인다.

리더는 사람들을 다시 그룹으로 모으고 약간의 농담으로 서로의 방어벽을 낮춘다. "고급 승용차를 선택한 분들 어디 계세요? 저런, 욕심쟁이 명단에 오르셨네요. 축하 드립니다. 농담입니다. 고성능 차를 선택한 분들은 누구십니까? 자, 이분들은 중년의 위기를 맞은 분들입니다. 그분들 연세를 한번 여쭤 보세요. 거기에 힌트가 있습니다. 지프차를 고르신 분들은 누구입니까? 이분들은 전형적인 반항아입니다. A, B, C 중 하나를 택하라고 하면 항상 D라고 대답하지요. 자, 이제 마지막으로 레저용 차를 사겠다고 하신 분들은 손을 들어 보세요. 이분들은 아마 평소에 집밖으로 잘 안 나가실 거예요."

그런 다음에 리더는 사람들을 좀더 깊은 수준으로 이끌어 간다. "보브, 당신은 모험을 좋아해서 고성능 차를 선택했지요. 만약 우리가 '고성능' 상태로 살 수 있다면 우리의 신앙 생활은 어떻게 변할지 문득 궁금해지네요. 재닛, 당신은 지프차를 골랐군요. 모험을 즐기는 데 딱 좋죠. 만약 당신이 영적인 모험을 감행한다면 하나님이 어떻게 생각하실까요? 궁금하네요."

이미 이 그룹은 가상적인 자동차의 구입으로부터 영적인 주제와 결정을 들여다보는 쪽으로 이동했다. 소그룹에서는 아이스브레이크를 통해 자기 묘사("나는 지프차를 구입할 것이다")에서 자기 노출("내가 하나님 안에서 모험을 한다면 그리스도인으로서 나의 삶은 정말로 변화될 것이다")로 인도할 수 있다. 이런 시간을 통해 선택의 문제에 대해, 즉 우리 자신이 하나님의 뜻에 따라 부모로서, 동료로서, 교인으로서 믿음의 삶을 살기 위해 무엇을 해야 할지에 대해 집중적으로 대화할 수 있다. 그것이 바로 일상적인 활동을 특별한 순간으로 바꾸는 방법이다.

성경 공부: "그저 그래요", "그래서요?"

빠듯한 시간을 내서 갖게 되는 사역 부서 소그룹 모임에서도 성경 공부는 빠지지 않는다. 그래서 대부분의 그룹은 성경 공부 교재를 사용한다. 그룹이 주제에 대한 토론으로부터 진리를 삶 속에 적용하는 데까지 나아가는 것은 리더에게 달려 있다.

한 교재에 나와 있는, 히브리서 12장 1절에 관련된 한 질문을 생각해 보자. 이 구절은 "우리 앞에 당한 경주를 경주"하는 일을 생각하며, 상을 받기 위해서는 "모든 무거운 것과 얽매이기 쉬운 죄를 벗어"버리라고 우리에게 권면한다. 이에 대해 교재에서는 다음과 같이 질문한다. "그리스도인들이 믿음의 경주를 하는 데 있어 어떤 문제들이 있는가?" 우리가 여기서 멈춘다면 우리는 그 주제의 핵심에 결코 도달할 수 없다.

나(빌)는 매주 수요일 아침에 소그룹을 인도한다. 어떤 형제는 항상 적용의 문제를 제기한다. "그러니까, 이 문제에 대해 우리가 어떻게 해야 할까요?" 이에 대해 다른 사람들이 답변하면, 그는 다시 이렇게 묻는다. "좋아요, 그렇다면 지금 하면 안 되나요?" 누군가 대답한다. "솔직히, 저는 그러고 싶지 않거든요." 한 남성 그룹 안에서 마치 검객이 긴 장갑을 던지며 결투를 신청하는 것 같은 상황이 벌어진다. 우리는 책이나 설교나 테이프를 통해서도 성경을 공부할 수 있다. 그러나 소그룹은 누군가가 당신의 눈을 쳐다보며 "그래서요?"라고 물을 수 있는 유일한 장소이다. 당신은 성경 공부를 통해 진리와 삶이 만나는 특별한 순간을 경험할 수 있다. 지식을 얻는 것에 만족하지 말라.

그룹 나눔: 나의 이야기인가, 하나님의 이야기인가?

자기 노출(자신에 대해 이야기하는 일상적인 활동)에서 어떻게 하나님의 이야기로 옮겨 갈 수 있을까? 내가 인도하는 소그룹의 구성원인 데이브는 지난 9개월 동안 연달아 큰 시련을 당했다. 그의 장인이 사다리에서 떨어져 부상을 입었고, 그의 두 살 난 아들이 수술을 받았으며, 그의 친구의 아내가 뇌종양으로 죽었고, 두 명의 친구가 유산의 아픔을 겪었으며(한 아이는 8개월째에…), 회사에서 그가 속해 있던 부서가 없어졌다. 그리고 난 뒤, 데이브는 급성 맹장 수술을 받았고, 그 주간에 그의 부친은 중풍으로 쓰러졌다.

우리 그룹은 모여서 그를 위해 뜨겁게 기도했다. 그것만으로도 건강한 소그룹으로 기능하기 위한 기본적인 과정을 수행한 것이었다. 그러나 우리는 데이브의 고통뿐만 아니라 그의 성장에도 깊은 관심이 있었기 때문에 한 형제가 이렇게 질문했다. "하늘이 무너지는 것처럼 어려운 이 시기에 성령님은 당신에게 무엇이라고 말씀하시나요? 요즘 하나님과의 관계는 어떤가요?" 우리 그룹은 하나님과 데이브의 관계가 이 모임에서 가장 중요하다는 것을 알았기 때문에 재빨리 그 부분으로 우리의 주제를 옮긴 것이다.

우리는 데이브의 이야기 속에 그를 남겨두는 것으로 만족할 수가 없었다. 하나님과 그의 관계가 우리의 주제가 되어야 했다. 이런 종류의 나눔으로 이끌어 가는 것은 리더에게 달려 있다. 헨리 나웬이 표현한 대로 그들을 하나님의 이야기와 연결하라. "그것은 삶을 함께 나누라는 하나님의 부르심에 감사한 마음으로 응답하는 것이며, 하나님의 재창조가 드러나는 상황으로 기쁨의 제사를 드리는 것이다. 그렇기 때문에 우리에게 닥친 어떠한 상황이라도 하나님의 실제적 임재를 서로에게 드러낼 수 있는 기회가 될 수 있다."[3]

당신의 그룹이 승리와 시련 속에서 하나님의 거룩한 임재를 볼 수 있도록 주저 말고 담대히 도전하라.

기도: 하나님께 말하는 것인가, 하나님으로부터 듣는 것인가?

소그룹에서는 으레 돌아가면서 기도를 한다. 그것은 바다에서 수영하던 한 가엾은 사람에게 거대한 백상어가 다가오는 것과 흡사하다. 영화 <조스>처럼 말이다. 이것은 특히 초신자에게 더욱 위협적으로 느껴진다. 자기 앞에 세 사람밖에 안 남았을 때쯤이면 이마에 구슬땀이 맺히기 시작한다. 이제 메리가 "전능하시고 우주의 창조자 되시며, 빛으로 오신 예수 그리스도의 아버지시요, 창세 전부터 존재하셨던 모든 신 중의 신이신 하나님 아버지, 아버지와 함께하신 분이시요, 위대한 화목 제물로 오셨으며…"라고 기도한다. 빌리 그레이엄 목사도, 테레사 수녀도 이만큼 거룩한 기도는 드리지 못했을 것이다.

　여기까지 듣고 난 당신은 이번 주 당신을 보호해 주신 데 대해 감사 기도를 드려야겠다고 생각한다. 그때 거의 저주와도 같은 일이 일어난다. 당신 바로 앞 차례인 마이크가 이렇게 기도하는 것이다. "하나님, 이번 주에 우리를 지켜 주신 것에 감사드립니다." 당황한 나머지 할 말을 잃은 당신은 곧 화가 치민다. '내가 하려고 했는데! 하나님, 이건 불공평해요!' 긴장되는 순간, 당신은 하나님께 숨쉴 공기를 주셔서 감사하다고 기도드린 후, 아무도 당신 목소리를 알아듣지 못했기를 소원한다.

　모든 소그룹 안에서 기도는 가장 경건하게 드려지는 시간이지만, 가장 시험이 되는 시간 중 하나이다. 소그룹은 우리가 함께 기도할 수 있는 놀랍고 기쁜 곳이 되어야 한다. 기도는 우리의 신앙의 여정 중에 하나님이 역사하신 것에 대해 감사드리는 시간이기 때문이다. 성공회의 영성가인 마거릿 구엔더는 기도에 대해 다음과 같이 전한다.

　"하나님의 음성을 듣는다는 것은 반문화적이다. 왜냐하면 이제 인내를 요하는 '경청'이라는 작업은 우리 주위에서 찾아보기 힘들기 때문이다. 세상은 요란스러워 마치 소음과 산만함에 중독된 것 같다. 게다가 바쁜 세상에서 시간 낭비는 국가적 범죄이다. 그러나 거룩에 참예하는 것은 측정 가능한 물질을 생산하거나 획득하는 것이라기보다는, 많은 시간을 투자해야 하는 성장과 결실이다."[4]

축복하고, 고백하며, 소망하고, 중보하는 기도가 소그룹의 특징이 되어야 한다. 짝기도를 하거나, 조용히 기도하거나, 아니면 기도문을 작성해 보자. 믿음에서 낙오된 친구들, 깨어진 가정, 인격의 성장과 육체의 치유, 성경을 깨닫는 지혜와 일상 생활, 그리고 매일 주실 용기를 위해 기도하자. 마치 친구나 연인에게 이야기하듯이 기도가 우리 입술로부터 흘러나오게 하자. 그리고 우리가 그분께 말씀드리는 만큼 그분으로부터 듣도록 하자. 그러나 제발 돌아가면서 하는 기도만을 고집하지는 말자.

섬김: 자신을 만족시킬 것인가, 다른 사람을 섬길 것인가?

모임을 특별한 순간으로 만드는 마지막 방법은 다른 사람을 섬기는 일이다. 윌로크릭의 많은 소그룹들은 다른 사람을 섬기기 위해 조직되었다. 그 외의 소그룹들도 곧 소그룹 생활에서 봉사가 필수적인 요소라는 것을 알게 될 것이다. 소그룹에서 깨달은 진리가 섬김으로 이어지려면, 리더는 구성원들이 섬김의 동기를 점검하도록 해야 한다. 성취감이나 자기 만족을 위해 선행을 베푸는지, 아니면 다른 사람을 섬김으로써 하나님이 자신을 변화시키시기를 원하는 것인지 점검하도록 권면해야 한다.

한번은 사역 부서 소그룹의 리더들과 어떤 작업을 하면서, 그들이 속한 그룹의 사명과 목적을 적어 보라고 했다. 몇 분 후, 나(빌)는 두 명의 예배 안내 위원에게 그들이 하고 있는 사역의 목적이 무엇인지 나누어 보라고 했다. 한 형제가 대답했다. "우리의 할 일은 이곳에 오는 모든 사람들이 빨리 자리를 찾아 앉도록 돕는 일입니다." 그는 훌륭하게 그 그룹이 기본적으로 해야 할 일을 언급했다.

그러나 다음 형제는 다른 방향에서 접근했다. "우리의 사명은 사람들이 교회 건물로 들어서는 그 순간부터 자리에 앉을 때까지 마음이 흐트러지지 않도록 도와주는 것입니다. 그래서 그들이 설교와 찬양을 통해 성령의 음성을 들을 수 있게 해 주는 것입니다. 그리고 제가 할 일은 그들의 삶에 어떤 변화가 일어나는지 주목해서, 필요하다면 그들에게 진리와 격려의 말을 해 주는 것입니다."

그는 자기가 하는 일이 무엇인지 제대로 알고 있었다! 대화의 분위기가 일순간에 바뀌었다. 그 형제가 말하기 전까지는 다들 그저 재미로 가볍게 대화하고 있었던 것이다. 다른 안내 위원들은 자신이 할 말을 적어 놓은 카드를 슬쩍 쳐다보더니 테이블 아래로 감추어버렸다.

이제 그들은 모임(meeting)과 특별한 순간(moment)의 차이, 목적과 활동의 차이를 이해하게 되었고, 지금보다 더 잘 섬길 수 있다는 사실도 깨닫게 되었다.

그저 일을 해내는 것에만 집중하다 보면 자칫 중요한 순간들을 놓치기 쉽다. 우리가 빠지기 쉬운 또 다른 함정은 섬김을 일종의 승진 수단으로 보는 것이다. 자동차에 기름이 떨어진 한 사람을 발견하고는 그를 주유소까지 태워다 주었다고 하자. 그때 당신의 마음속에 한 작은 소리가 들린다. "잘했어! 정말 놀라운데. 다들 그냥 지나쳤는데 너만은 가던 길을 멈추고 그를 태워 주다니. 그래, 그들은 이제 더 이상 너의 상대가 될 수 없을 거야!" 그 소리를 들으면서 당신은 자신의 죄 된 속성을 떠올리게 된다. 그러나 다른 사람을 섬기면서 당신 안에 하나님께서 역사하실 것을 구한다면, 그분은 그 소리로부터 당신을 구하실 것이다.

결승점을 향한 경주

친구여, 이제 우리는 그저 평범한 모임으로 지나갈 것인지 거룩한 순간으로 기억할 것인지 결정해야 한다. 당신과 나는 생명을 구하는 공동체에 사람들을 연결시키기 위해 달려가고 있다. 우리는 사람들이 하나님의 영과 만나도록, 하나님의 말씀과 만나도록 해야 한다. 정답을 듣기 위해 질문하는 대신 질문을 토론으로 전환해야 한다. 이러한 토론을 통해 공동체에서 말씀과 삶이 마주 보게 된다. 우리는 부활하신 그리스도의 임재와 능력과 역사를 우리의 삶 속에 초대하는 특별한 순간을 만들어내고, 포착하고, 상기시키도록 서로가 서로를 도와야 한다. 분열, 두려움, 자만, 이기심 등 공동체를 파괴하는 모든 것들에 저항하며 달려가야 한다. 말씀과 삶이 만나 변화가 일어나는 공동체를 건설하는 것이다. 그러나 우리는 시간을 거슬러 경주해야 한다. 구성원들이 삶의 중요한 순간들을 경험하지 못하고 그저 단순한 모임 수준에 머무르도록 언제까지 방치할 셈인가? 이 경주를 시작해서 마지막 결승점까지 달려갈 용기가 있는가?

1968년 멕시코시티 올림픽은 상상을 초월하는 기록들로 풍성했다. 수영 선수 마크 스피츠는 일곱 개의 금메달을 땄고, 세계 신기록들이 추풍낙엽처럼 떨어져 내렸다. 그러나 그 중에서도 한 인생의 드라마는 오늘날 광고, 영화 출연 계약이라는 소란 속에 종종 묻혀 버리는 참된 스포츠 정신을 보여 주었다.

차가운 어둠 속에서 그가 경기장에 들어섰다. 탄자니아의 존 스티븐 아콰리가 심한 출혈로 다리에 붕대를 감은 채 고통으로 절룩거리며 경기장의 저 끝에 모습을 나타낸 것이다. 올림픽 마라톤의 승자는 한 시간 전에 이미 선언된 상태였다. 소수의 관중만이 남아 있었으나, 그 외로운 경주자는 남은 힘을 다했다. 그가 결승점을 통과했을 때, 남아 있던 관중은 환호성을 질렀다. 잠시 후 한 기자가 그 선수에게 이길 승산이 없는 경주를 포기하지 않은 이유를 물었다. 그는 잠시 당황하는 듯했으나 이내 이렇게 답했다. "내 조국이 나를 멕시코시티까지 보낸 이유는 경주에서 출발하라는 것이 아니라, 경주를 끝까지 마치라는 것이었습니다."

운동복으로 갈아입고 몸이나 좀 풀어 볼 생각인가, 아니면 경주를 끝까지 마칠 셈인가? 소그룹 중심의 교회를 세우는 것은 마라톤과도 같다. 동일한 방향으로 계속 가야 하는 길고 긴 여정이다. 그것은 공동체에 대한 하나님의 계획에서 시작되어, 소그룹이 어떻게 공동체로 세워지는지에 대한 이해로 이어진다. 그리고 이 과정에서 진정한 관계가 맺어지고, 소그룹을 말씀과 삶이 만나는 장소로 만들어야 한다. 사람들의 관계가 더욱 친밀해짐에 따라, 집중해야 할 영역이 두 가지 더 있는데, 그것은 건강한 갈등을 경험하는 것과 그리스도에게 완전히 헌신하도록 사람들을 목양하는 것이다. 공동체에는 그것이 필수적이다. 그리스도의 신부인 교회는 우리가 이렇게 헌신할 만큼 가치 있는 대상이다. 우리는 이보다 낮은 수준의 헌신에 만족해서는 안 된다.

6장. 소그룹은 건강한 갈등을 경험한다

"내가 가진 소망, 꿈, 바람, 필요, 욕구 등과 같은 나의 동기가 당신의 동기와 정면으로 부딪힐 때, 갈등이 생긴다. 그렇다고 내가 추진하는 것을 포기한다면 내 안에 있는 하나님의 음성에 대해 응답하지 못하는 것이 된다. 역시 당신이 추진하는 것을 부정한다면 당신 안에 있는 하나님의 사역을 소홀히 여기는 것이나 다름없다. 믿음의 공동체를 세우겠다는 한 마음으로 나의 필요와 원하는 것을 당신의 것들과 맞추고, 조정하고, 직면하는 것이 우리의 갈 길일 것이다." −데이비드 어그스버거,
『Caring Enough to Confront』 (맞설 만큼 충분히 돌보기)

지난 3년간 나(러스)는 소그룹의 한 구성원과 쉽지 않은 관계를 경험했다. 이는 우리 사이가 좋지 않았다는 완곡한 표현이기도 하다. 우리 둘 다 리더인데다, 윌로크릭 소그룹에서는 서로 '마지막 10%'를 말해 주기로 서약하기 때문에 우리의 만성적인 갈등은 그 정도가 더 심했다. 마지막 10%를 말한다는 표현은 사랑 안에서 진리를 말하되 말하기 어려운 부분까지도 말해 주는 것을 의미하는, 빌

하이벨스 목사의 멋진 표현이다.

우리는 마침내 서로를 아끼는 마음으로 솔직하게 마지막 10%에 대해 이야기했고, 나는 갈등의 본질을 밝혀냈던 그 대화를 결코 잊지 못할 것이다. 우리는 관계를 개선해 보기 위해 모임 시간 전에 잠시 함께 조깅을 하기로 했다. 우리 중 한 사람이 우리가 겪는 갈등의 민감한 영역으로 발을 디뎌 놓았을 때, 상대방은 열린 마음으로 응답했다.

그래서 우리는 서로의 '영적 성장의 모서리'(말하자면 '성품의 결함')에 대해 이야기하게 되었다. 그리고 갈등의 많은 부분이 과거의 죄악에 뿌리를 두고 있었음을 알게 되었다. 즉 우리는 질투와 교만이라는 형태로 서로 맞서고 있었던 것이다. 우리는 몇 가지 영역에서 마지막 10%에 대해 이야기를 나누었다.

45분간 달리면서 나눈 깊은 대화는 우리로 하여금 분명한 진실의 거울 앞에 서게 했다. 그리고 한편으로 우리를 새롭고도 깊이 있는 공동체로 이끌었다. 그 후로 우리는 자신을 돌아봄으로써 두 사람 다 놀라운 성장의 기회를 갖게 되었다. 이제 우리는 당연히 공동체 안에서 함께하게 되었으며, 서로가 사역하는 방식을 통해 성숙하게 되었다. 때로는 파괴적이었던 갈등들도 해결되었다. 즉, 이전에 공동체와 사역을 망쳐 놓던 것이 오히려 건강한 관계를 가져온 것이다. 그러나 우리는 갈등이 소그룹 생활의 한 부분임을 인정해야 했다.

갈등을 피하는 소그룹은 진정한 공동체로 설 수 없다. 사람은 누구나 다른 사람 없이는 존재할 수 없기 때문이다. 데이비드 어그스버거는 다음과 같이 말한다. "갈등은 자연스럽고, 공평하며, 정상적인 것이다. 그렇기 때문에 갈등은 상대에 대한 배려와 '사랑으로 표현되는 진리'로 대한다면 해결될 수 있는 긴장이자 관점의 정직한 차이이다."[1]

사랑으로 표현되는 진리. 에베소서 4장의 메아리와 같지 않은가? 바울은 모든 교회들이 이 점을 바로 알기를 원했기 때문에 이와 같이 가르쳤다. 그는 건강한 갈등을 기독교 공동체의 기본 원칙으로 이해했다.

"오직 사랑 안에서 참된 것을 하여 범사에 그에게까지 자랄찌라 그는 머리니 곧 그리스도라"(엡 4:15).

"그런즉 거짓을 버리고 각각 그 이웃으로 더불어 참된 것을 말하라 이는 우리가 서로 지체가 됨이니라"(엡 4:25).

"무릇 더러운 말은 너희 입 밖에도 내지 말고 오직 덕을 세우는 데 소용되는 대로 선한 말을 하여 듣는 자들에게 은혜를 끼치게 하라"(엡 4:29).

진실한 관계 안에서 진리가 삶과 만날 때, 갈등은 불가피하다. 성경은 쓴 뿌리, 드러내지 못한 감정, 해결되지 않은 분노 등으로 공동체를 무너뜨리지 말라고 하면서, 직접적이고 사랑이 담긴 대화를 통해 긴장과 의견의 불일치 등에 직면하라고 말한다. 사랑 안에서 진리를 말한다는 것은 상대방을 위해 최선을 다한다는 의미이다. 건강한 갈등은 성령께서 우리를 그리스도의 형상으로 빚으시는 도구가 될 수 있다.

"철이 철을 날카롭게 한다"는 유명한 잠언 말씀은 성장이 어렵다는 것을 말해 준다. 그러나 그룹은 종종 건강한 갈등을 통해 성장하기보다 구성원들이 자기도 모르게 관계적이거나 도덕적인, 또는 심지어 신체적인 재앙 속으로 휘말려드는 것을 방치하기도 한다. 내(빌)가 속해 있는 남성 그룹은 서로의 바람직한 행동의 변화 혹은 성경적인 사고를 권면하라고 배웠다. 그리고 구성원 한 사람이 자신이 캘리포니아로 이주하는 것이 하나님의 뜻이라는 것을 알게 되었다. 그의 부인도 이에 동의했다. 그러나 그는 그것이 안정된 직장, 의미 있는 교제권, 그리고 자신과 아내와 아들들이 헌신하고 있는 윌로크릭의 사역을 떠나는 것을 의미했기 때문에 하나님의 인도하심을 따르는 것이 두려웠다.

우리는 다음과 같이 말함으로써 그저 '괜찮은' 소그룹으로서 기능할 수도 있었을 것이다. "켄, 우리는 당신이 하나님의 뜻을 따를 수 있도록 계속 기도하고 있습니다. 물론, 우리는 하나님께서 하실 일을 기대할 것입니다. 그리고 그것이 얼마나 힘든 일인지 압니다. 어쩌면 그것은 당신의 삶을 향한 하나님의 뜻이 아닐지도 모릅니다. 힘내시고, 우리가 할 수 있는 일이 있으면 알려 주십시오." 그러나 우리는 그렇게 말하지 않고, 그가 두려움을 믿음으로 바꾸어 하나님의 부르심을 신뢰하고 순종할 수 있도록 정면으로 도전했다. 그 부르심에 그가 응답한 이후로 일어난 변화들은 그의 안에서, 그리고 그를 통해서 행하신 하나님의 역사에 대한 증거가 되었다.

소그룹 내에서 갈등을 통해 성령님의 목적이 이루어지는 과정은 리더에게 달려 있다. 갈등을 건강하게 해소하도록 격려할 줄 아는 리더라면, 변화가 있는 소그룹으로 이끌어 갈 수 있을 것이다. 소그룹이 주기적인 갈등을 공동체를 세우는 일로 여기고 피하지 않는다면,

그것을 피했을 때 누릴 수 없는 구성원들간의 깊은 친밀함을 누리게 될 것이다.

건강한 갈등을 헤쳐 나가는 것은 학교에 다니는 것과 같다. 각 학습 과정은 다음의 과정으로 계속해서 이어진다. 우선, 당신은 갈등을 다루는 기초 원리들을 배울 것이다. 그 다음, 그룹 안에서 갈등을 다루는 단계로 나아간다. 끝으로, 갈등 후에 어떻게 사랑으로 참된 회복에 이를 수 있는지 배우고 졸업할 것이다.

기초 단계의 갈등 해소: 성경적인 근거

성경은 구성원들이 갈등을 해소해야 하는 두 가지 이유를 제시하고, 왜 리더들이 소그룹으로 하여금 이 과정을 통과하도록 인도해야 하는지 설명한다. 갈등 해소의 두 가지 이유는 회개하지 않거나 고백하지 않은 죄에 직면하고, 무너진 관계를 회복하기 위함이다.

마태복음 18장 15~20절은 다른 사람의 죄악 된 행동에 맞서는 일에 대한 지침을 제시하고 있다. "네 형제가 죄를 범하거든 가서 너와 그 사람과만 상대하여 권고하라 만일 들으면 네가 네 형제를 얻은 것이요 만일 듣지 않거든 한두 사람을 데리고 가서 두세 증인의 입으로 말마다 증참케 하라 만일 그들의 말도 듣지 않거든 교회에 말하고 교회의 말도 듣지 않거든 이방인과 세리와 같이 여기라"(마 18:15~17).

윌로크릭에서 '마태복음 18장을 행하는 것'은 우리 문화의 일부이며, 실제로 행동에 옮겨진다. 어떤 사람이 분명히 죄를 짓고도 회개하지 않거나 혹은 그 죄악 된 행태를 버리지 않는다면, 우리는 사랑의 마음으로, 그러나 단호한 태도로 그 사람을 대면한다. 마태복음 18장 말씀에 따라 처음에는 일대일로 만나서 대면을 시작한다. 그 사람이 거기에 응답하지 않으면, 신뢰할 수 있는 사람들과 함께 만나고, 필요하다면 이 문제를 교회의 리더들에게 알린다. 우리는 그리스도의 몸의 연합과 증거를 보존하기 위해 이런 성경적인 본을 따른다.

우리는 또한 '관계가 무너질 때' 갈등 해소를 시작한다. 마태복음 5장 23, 24절에서 예수님은 청중들에게 하나님께 예배 드리기에 앞서 동료 성도들과의 관계를 먼저 회복하라고 촉구하셨다. 사실 그리스도 안에서 형제 자매들과 사이가 나쁘다면 우리의 예배는 부질없는 것이다. 당신의 예물을 내려놓으라. 관계가 회복된 후에 하나님께 그것을 드리라.

한번은 빌 하이벨스 목사가 이 본문을 설교했는데, 그는 실제로 관계 회복을 위해 사람들이 예배 도중 자리를 뜨는 것을 허용했다. 그리고 우리가 예배당을 돌아다니며 대화가 필요한 사람에게 다가갈 것을 촉구했다. 어떤 사람들은 전화를 했고, 또 어떤 사람들은 본당 입구에서 잠시 만났다. 또 어떤 사람들은 상대에게 다가가서 자리에 앉아 자신의 마음을 털어놓고 용서를 구했다.

갈등 해소는 단순히 설교로 되는 것이 아니다. 윌로크릭의 장로들은 갈등 해결이 마태복음 18장 말씀에 따라 해결되어야 함을 고집한다. 우리는 이곳에서 온갖 종류의 관계 해결을 목격하기 때문에 많은 사람들이 윌로크릭 밖에서도 중재자로 섬기고 있다. 그리스도의 신부를 보호하고 사람들이 성경적인 화해를 할 수 있도록 지혜롭게 돕고 있는 것이다.

중급 단계의 갈등 해소: 그룹 내에서의 화해

갈등 해소는 중요한 문제이다. 왜냐하면 소그룹 중심의 교회를 세우는 데 있어서 관계의 불화는 회개되지 않은 죄보다 더 흔하게 만나게 되는 일이기 때문이다. 교만한 사람들은 서로의 자아를 멍들게 하고, 잔인한 말과 경솔한 행동으로 서로에게 상처를 준다. 우리는 갈등이 관계를 변화시킨다는 것을 확신하지만, 하나님을 영화롭게 하는 건강한 방법으로 관계의 지뢰밭을 뚫고 지나가는 것이 얼마나 어려운 일인지 또한 알고 있다.

나(빌)는 고등학교 1학년 때 어떤 경험을 통해서 소그룹 리더가 갈등 가운데서 취해야 할 역할에 대해 알게 되었다. 그 당시 나는 학교 당국의 눈총을 받는 반항 집단에 속해 있는 친구들과 어울려 지냈다. 우리는 화학 실험실의 시험관들을 마개로 막았고, 영어 수업 때 교실 벽에 팔다리가 절단된 개구리(해부학 시간에 사용한)를 붙여 놓았으며, 임시 교사를 놀려 줄 심산으로 자리 배치를 바꿔놓기도 했다. 사태는 우리가 존을 부추겨 식당에서 폭죽을 터뜨리게 했던 그날 절정에 이르렀다. 우리는 우유 팩 속에 화약을 넣었고, 존은 우리가 시키는 대로 심지에 불을 붙여서 점심식사 테이블 위에 우유 팩을 올려 두었다. 폭죽은 터졌고, 주변에 있던 학생들은 우유 찌꺼기 세례를 받았다. 우리는 박장대소했고, 그것이 그 학기에 가장 재미있었던 사건이었다.

화학 담당이었던 교무 주임은 우리 아홉 명을 교감 선생님 방으로 끌고 갔다. 교감 선생님은 제일 앞에 있던 하워드에게 질문했다. 하워드는 딱 한 가지 실수를 했는데, 그것은 바로 사실을 말해버린 것이었다.

그는 존에게 그 일을 하도록 부추겼다고 실토했다. 교감 선생님은 비서를 불러 말했다. "지금 당장 하워드 어머니에게 전화해!" 하워드는 그 검은색 전화기에서 어머니의 목소리가 잡음을 내며 들리자 안색이 창백해졌다. 그 다음 교감 선생님은 우리를 한 사람씩 불러 그 음모에서 어떤 역할을 맡았었는지 심문했다. 하워드 어머니의 목소리를 듣고 난 우리는 각본에 따라 연습한 대로 한마디씩 털어놓았다. "존이 했어요. 그리고 저는 한마디도 하지 않았어요. 저는 아무것도 모르고 있었는데, 폭죽이 터진 거예요!"

사람들과 대면하고, 하기 어려운 말까지 하면서 사실을 캐내는 교감 선생님과 함께 있는 것은 유쾌한 일이 아니다. 최근에 윌로크릭의 소그룹 리더들은 수련회를 떠나며, 대부분 비전을 제시하는 역할, 목자 역할, 혹은 격려자 역할을 맡고자 했다. 그러나 교감 선생님의 역할에는 모두들 몸을 사렸다. 왜냐하면 우리는 필요할 때조차도 사람들과 맞서기를 좋아하지 않았기 때문이다. 그러나 '교감 선생님의 역할을 하는 것'은 갈등 가운데 리더의 역할을 잘 묘사한 말이다. 왜냐하면 바울이 디모데에게 일렀듯이, 하나님께서는 우리를 "오래 참음과 가르침으로 경책하며 경계하며 권하라"(딤후 4:2)고 부르셨기 때문이다.

새로 시작된 갈등이건, 혹은 오랫동안 묵은 갈등이건 간에 우리는 그에 직면해 화해를 이끌어내야 한다. 그렇지 않으면 파괴적인 말과 상처 난 감정 때문에 그룹의 생명이 위태로워질 것이다. 그러나 갈등에 직면하기 전에 기도하며 감정적으로 준비하는 것이 현명하다. 당신은 그룹의 리더로서 언제 어떻게 갈등을 해결해 나갈지 계획해야 한다. 그 다음 화해를 위한 분명한 안내 지침을 따르라.

기도와 감정적 준비

먼저 분별을 위해 기도하라. 갈등에 관계된 각 사람은 스스로에게 다음과 같이 질문해야 한다. "진짜 갈등이 우리 사이에 존재하는 것인가, 아니면 내 자존심과 자아에 상처를 받아 고통을 겪고 있는 것인가?" 성령께서 상대방이 아무 잘못도 하지 않았다고 확인시키시면 당신은 불필요한 갈등을 피해야 한다. 이제 당신의 할 일은 당신의 반응과 감정을 다스리는 것이다. 나(빌)는 아내가 그런 상황을 대처하는 것을 목격했다. 여성 사역 코치인 아내 게일은 다섯 명의 소그룹 리더들을 보살피고 개발하고 양육하고 있었다. 어느 비밀 회담(리더 모임에 대한 우리식 표현) 중에 한 리더가 게일에게 상처를 받았다고 느꼈다. 게일은 나에게 말했다. "그 리더에게 미안하다고 말해야 할까 봐요." 나는 물었다. "당신이 어떻게 했는데?" 게일은 자신이 사랑으로 던진, 그러나 직선적인 말 때문에 그 자매가 오해한 부분을 설명했다. "당신이 성경적인 기준에서 벗어나거나 그 자매와의 관계적인 측면에서 잘못을 한 적이 있었어요?"라는 나의 질문에 게일은 잠시 생각해 보더니 아니라고 대답했다. "그렇다면 무엇에 대해 사과하려고 하는 거요?"

내 질문은 허를 찔렀다. 사과할 일이 전혀 없었던 것이다. 그 자매가 게일이 의도하지 않은 의미를 대화에 덧붙이기로 선택한 것이었다. "그 사건은 종료되었다"고 설불리 판단해버릴 수는 없었기 때문에, 나는 다음과 같이 충고해 주었다. "그 자매와 이야기하기 전에 이 문제를 가지고 기도해 봐요. 당신이 말한 정황을 미루어 볼 때 내 생각에는 당신이 그 자매의 말을 들어 주고 그녀의 감정을 알아주기만 하면 될 것 같소." 아내는 그 문제를 하나님께로 가져갔고, 그 리더에게도 그렇게 해 달라고 부탁했다. 그들이 다시 대화를 나눴을 때, 그 리더의 감정을 사랑으로 풀어 갈 수 있었고, 둘 사이의 관계도 전보다 더 돈독해졌다. 기도를 통해 성령님이 개입해 두 사람을 숨김없는 대화로 인도하셨으며, 두 자매 모두 자신의 마음과 동기와 행동을 돌아볼 수 있었다.

갈등을 대하기 전에 구성원들은 또한 각자 자신의 말에 대해서도 기도해야 한다. 상대방에게 다가가서 할 말들을 가르쳐 달라고 기도하라. 당신의 핵심을 글로 적어 보라. 그러면 두서 없이 말하지 않을 것이다. 큰 소리로 연습해 보면 당신의 말이 상대방에게 어떻게 들릴지 이해하게 될 것이다.

마지막으로, 상대방의 반응을 들을 수 있는 귀와 상대방의 표현을 알아볼 수 있는 눈을 달라고 기도하라. 일단 우리는 진실과 확신을 말하고 그 반응을 기다리면 된다. 듣는 사람이 화가 났거나, 분개하거나, 혼란스러워하거나, 충격을 받았는가? 그들은 당신이 말한 것을 들었는가, 아니면 그들이 듣고 싶어 하는 것만 들었는가? 당신이 얼마나 경청하는 자세를 갖고, 또한 명확하게 말하느냐에 따라 그 만남의 성패가 좌우될 것이다.

태어나면서부터 타인의 필요와 반응에 민감한 사람은 거의 없다. 그렇기 때문에 당신이 말하기 전에 사람들을 감정적으로 준비시켜야 하는 것이다. 당신은 기꺼이 진실을 말해야 하고, 또 들어야 한다.

러스는 어려운 이야기를 나누기 전에 사람들을 잘 준비시키는 사람이다. 그는 내가 윌로크릭 협의회에서 일하기 전에 교회에서 나의 멘토였다. 그는 한 문제를 놓고 나에게 도전해야 했었다. 그러나 그는 집중포화를 퍼붓지 않고, 다음과 같은 말로 나를 준비시켰다.

"빌, 잠시 후에 자네 부서의 몇 가지 일들에 대해 이야기를 좀 했으면 하네. 일부는 전략과 인사 결정에 대한 거지. 하지만 그 다음에는 어려운 이야기가 될 수도 있는 문제에 대해 자네와 의견을 나누고 싶네. 나는 우리의 사역적 관계에 대해 몇 가지 할 말이 있고, 내가 보기에 자네에게 얼마간의 작업이 필요한 영역들에 있어서 해결점을 찾고 싶어. 나는 우리가 함께 이 문제를 해결할 수 있으리라 확신하네."

그가 어떤 일을 했는지 깨달았는가? 첫째, 그는 불편한 대화를 위해 나를 감정적으로 준비시켰다. 내 허를 찌르는 대신, 내가 겉으로 평정을 유지하도록 했다. 물론 속으로는 이렇게 말하고 있었지만 말이다. '아아아아! 도대체 무슨 문제? 좋아, 진정하자. 듣기 싫은 말을 하겠지. 그러면 명확하게 생각하고 적절하게 대처하자. 좋아, 이제 준비됐어.'

둘째, 그는 우리가 나누게 될 대화가 문제를 해결하기 위함임을 설명해 주고, 나에게 반응할 기회를 제공했다. 그럼으로써 나는 그가 나랑 싸워 이겨서 나를 비참하게 만들려는 것이 아님을 알 수 있었다.

셋째, 그는 우리의 관계가 그에게 중요하다는 것과 우리가 그 문제를 헤쳐 나갈 수 있다고 믿고 있음을 알려 주었다.

이제 정리해 보자. 그날의 대화는 그래도 어렵고 때로는 불편하기 짝이 없었다. 그러나 우리 각자는 준비할 기회를 가졌기 때문에 이 모든 일은 잘 진행되었다. 무엇보다 중요한 것은, 우리가 서로에 대해 많이 알게 되었고, 그것은 우리의 장기적인 관계에 있어서 하나의 전환점이 되었다는 사실이다.

그룹 안에 말씀이 삶에 적용되는 진정한 관계를 세우기 원한다면,

건강한 갈등 해소는 필수적이다. 기도와 감정적 준비라는 기초 작업을 다진 후, 우리는 긍휼한 마음과 존중하는 태도로 대면하고 화해하기 위해 기본 규칙에 대해 합의해야 한다.

그룹 갈등을 다루기 위한 경계 설정

갈등에 직면하기 위해서는 이를 위해 준비하고 기도해야 할 필요가 있다. 그러나 역시 다음과 같은 실제적인 부분들이 궁금할 것이다. 그룹 모임에서 일어나는 갈등은 어떻게 처리할 것인가? 리더는 무엇을 해야 하는가? 그룹에서 갈등을 어떻게 다루어야 하는가? 그렇다면 다음의 기본적인 안내 지침들이 그룹 안의 갈등을 해결하는데 도움이 될 것이다.

규칙 1: 그룹 안에서 발생한 갈등은 그룹 안에서 해결하라

샌디와 마이크는 말 안 듣는 청소년을 부모로서 양육하는 방법에 대해 각자 다른 의견을 가지고 있다. 그리 큰 문제는 아니다. 적어도 샌디가 "만일 당신이 피터를 진정으로 생각한다면, 그의 자동차를 처분해야지요!"라고 말하기 전까지는 말이다. 이런 개인적인 공격은 방어적이고도 해로운 반응을 부를 수 있다. 그룹 안에서 어떤 주제나 교리들에 대해 토론할 때, 개인적인 공격을 하게 되면 상황이 안 좋아지게 된다. 이런 문제가 그룹 안에서 생길 때, 그룹은 어떤 수준에서든 그것을 해결해야 한다.

규칙 2: 리더는 결과가 아닌 과정에 책임이 있다

그룹에는 으레 진행되는 스케줄이 있다. 우리는 성경을 공부하고,

토의하고, 봉사하고, 행사를 계획하며, 모임을 순조롭게 진행하기 원한다. 이러한 계획에 차질이 생기는 것을 원치 않는다. 갈등은 분명히 계획을 망쳐 놓을 것이고, 리더는 당사자들을 빨리 화해시켜서 스케줄대로 프로그램을 계속 진행하고 싶을 것이다. 그러나 영적으로 성숙한 그룹이라면, 갈등은 그 그룹의 프로그램이 될 수 있다.

갈등을 해결하는 결과에 초점을 두기보다("나는 필과 스티븐이 이 일 후로 더 친해지리라 확신해"), 토의 지침을 마련하고 사람들이 상호 책임을 지게 함으로써 과정에 초점을 맞추라. 토론에 배정할 시간을 정하고 구성원들에게 핵심 가치를 지켜 줄 것을 당부하라(그룹의 비전과 목적을 따르는 핵심 가치는 그룹의 서약으로 문서화하는 것이 가장 이상적이다).[2] 구성원들이 서로 존중하고, 사랑 안에서 진실을 이야기하고, 마음을 열어 놓으며, 서로의 말을 진심으로 듣도록 권고하라. 리더로서의 영적 권위를 발휘하여 후속 조치와 상호 책임의 과정을 제시하라. 갈등을 겪고 있는 당사자들에게 당신이 기대하는 것이 무엇이며, 그룹은 이 과정 중에 어떤 일들을 기대하는지, 그리고 연루된 당사자들이 언제 상황 보고를 할 것인지에 대해 논의하라.

규칙 3: 갈등을 확인하라

이상하게 들릴지 모르겠지만, 갈등을 해결하는 과정을 격려해 주어야 한다. 이를테면 다음과 같이 말하는 것이다. "나는 당신이 이 그룹을 깊은 감정까지도 드러낼 수 있는 안전한 곳으로 생각하게 되기를 바랍니다. 사실 대부분의 사람들이 하나님과 자신과 다른 사람들 앞에 대해 솔직하지 않으려 하거든요. 당신의 표현과 생각, 심지어 당신의 묵상에서도 갈등을 해결하고자 하는 당신의 의지를 보여 주고 있습니다. 또한, 함께 이 과정 속에 들어가려는 당신의 헌신은 겸손을 보여 주지요. 우리 중 아무도 자신만 옳고, 나머지 사람들은 잘못되었다고 말하지 않습니다. 당신은 하나님이 원하시는 것, 즉 여기에 있는 각 사람의 영적 성장을 돕고 있는 것입니다."

규칙 4: 갈등은 반드시 즉시 해결되어야만 하는 것은 아니다
감정을 추스르고, 하나님과 다시 친밀한 관계를 회복하고, 감정의 이유와 근원을 찾고, 할 말을 준비하는 데에는 시간이 필요하다. 그룹이 해결되지 않은 긴장 가운데 있다는 것을 인정하고 용납하라. 그로 인해 갈등의 당사자들은 하나님을 찾을 것이고, 삶이 때로는 엉망이 된다는 사실도 깨닫게 될 것이다.

규칙 5: 갈등은 신뢰와 비밀이 보장된 채 진행되어야 한다
일단 격한 감정들을 말로 표현하고 나면, 사람들은 어색해하거나, 자신의 말을 취소하거나 수정하고 싶어 한다. 그들의 마음은 깨지기 쉽고, 그들의 영적 상태는 연약해져 있다. 구성원들에게 비밀 보장 서약을 지키도록 상기시키거나, 필요하다면 권고하라. 그래야만 그들이 갈등을 해결할 수 있다.

해결을 향해 항해하기
다음의 지침은 당신이 구성원들 사이에서 혹은 그룹 전체에서 갈등을 헤쳐 나갈 때를 위한 것이다. 앞서 얘기한 교감 선생님처럼 당신은 말하기 어려운 진실을 캐물어야 할지 모른다. 아니면 당신과 갈등에 처한 형제나 자매와 남은 10%도 숨김없이 이야기할 때인지도 모른다.

지침 1: 곧 시작하라

당신에게는 감정을 가라앉힐 시간이 필요할 수도 있다. 그러나 2주 이상 갈등을 지연시키지는 말라. 가능한 한 빨리 화해하라. 나(빌)는 다른 교회에서 한 직원과 나눴던 감정적인 대화를 기억한다. 그 토론은 성경적이었지만, 점점 과격해지고 있었다. 낙심한 내 동료는 "9개월 전에 자네가 한 말이 나에게 상처가 되었지…." 9개월 전이라니! 나는 그가 또 얼마나 많은 상처들을 쌓아 두었을지 궁금했다. 솔직히, 9개월 동안 나는 아무 문제도 못 느꼈던 것이다. 그러나 그는 그 문제를 꺼내 놓기보다는 9개월 동안 자신의 영혼이 상처받도록 방치했다.

지침 2: 직접 만나라

이메일로는 안 된다! 윌로크릭의 한 리더는 자신의 소그룹에 있는 형제로부터 가시 돋친 이메일을 한 통 받았다. 전화를 걸어 만날 약속을 하는 대신, 그 리더는 이메일로 되받아쳤다. 몇 번인가 서로 이메일을 주고받은 후 그는 깨달았다. '아, 내가 이메일을 사용하지 말았어야 하는데.' 실은 그 주에 일어났던 일을 이 정도의 말로 표현하기는 역부족이다. 그는 훌륭한 리더이며, 감정 표현은 그의 장점이었다. 온라인상의 대화는 기록성은 있겠지만, 감정이나 표정, 목소리의 억양 등은 읽을 수가 없다. 일반 우편 또한 동일한 약점을 가지고 있다.

지침 3: 관계를 확인하라

당신이 그들뿐만 아니라 당신과 그들 사이의 관계도 중요시히기 때문에 이 갈등을 꼼꼼하게 풀려고 노력한다는 점을 상기시켜라. 러스가 업무 수행에 대해 나와 대면한 방법은 당시 우리가 맺고 있던 관계를 계속 세워 나가기를 원한다는 것을 확인시켜 주었다. 그 대면으로부터 수년이 지난 지금 우리는 함께 이 책을 쓰고 있다. 우리가 성경적으로 그 일을 해결하려 애쓴 결과 우정은 더욱 깊어졌고 동역자로서의 관계도 더욱 돈독해졌다.

지침 4: 정죄하지 말고 소견을 말하라

이런 말은 어떤가. "자, 보브, 나는 세 번이나 그 보고서를 부탁했고, 매번 자네는 나에게 '다음날' 그것을 주겠다고 약속했지. 내가 이해하기로는 지금과 같은 상황은 약속 불이행이고 헌신의 부족이야. 그냥 지나칠 수 없는 문제지. 나는 자네가 내 권위를 존중하지 않는 것처럼 느껴지는군. 우리는 이 문제를 지금 해결할 필요가 있네." 이것은 다음과 같은 말을 불쑥 내뱉는 것과는 분명히 다르다. "보브, 자네는 거짓말쟁이야! 이걸 하겠다고 세 번이나 말해 놓고 자네는 하지 않았어." 첫 번째 접근은 단호하고 직접적이지만, 보고 듣고 느끼고 이해한 것에 대한 소견이 담겨 있으며, 두 번째 접근은 정죄이다. 보브를 거짓말쟁이라고 부른 것은 인신 공격이다. 이는 그의 인격을 문제 삼고 그를 수세에 몰아넣는 공격적인 행위이다.

지침 5: 진상을 파악하라

당신의 소견을 피력할 뿐 아니라 반드시 상대방에게 답변할 기회를 주라. 당신은 다음과 같이 말할 수 있다. "제가 보고, 듣고, 느낀 점들은 이러합니다. 자, 당신이 본 것은 무엇입니까? 당신은 이 상황을 어떻게 이해하십니까? 제가 잘못 알고 있는 것이 있습니까?"

지침 6: 해결을 촉진하라

갈등 해소의 요점은 싸우거나, 이기거나, 혹은 누가 더 거룩한가를 증명하는 것이 아니다. 우리가 소중하게 여기는 관계를 회복하는 것이다. 우리는 합의에 도달하고 앞으로 나아가기를 원한다. 그리고 그것은 관계를 위해 각자 다른 의견을 인정하거나 서로의 실수를 용서하기로 마음먹는 것을 포함한다. 두 경우 모두 실수에 대해 다시는 언급하지 않기로 합의한다. 우리는 해결을 위해 밟아야 할 다음 단계들을 취하고, 그 단계들을 함께 계속 밟아 가기로 결정한다. 한때 신뢰가 깨어졌다 하더라도 화해를 위해 부단히 노력한다면, 그 신뢰도 곧 회복될 것이다.

고급 단계의 갈등 해소: 진정한 회복

초급 및 중급 단계의 갈등을 해결했다고 해서 온전한 사랑의 관계를 세우게 되는 것은 아니다. 대부분의 사람들이, 특히 남성들은 "미안해. 내가 잘못했어. 나를 용서해 줘"라고 말하기가 쉽지 않다. 그러나 공동체가 영적으로 성장하기 위한 갈등 해결을 위해서는 그룹 구성원들이 고백과 용서와 화해라는 성경적인 3박자를 갖추어야 한다. 진실을 말하고 난 뒤, 아니면 갈등을 겪고 난 뒤, 관련된 당사자들은 그룹의 결정에 복종해야 한다. 그렇지 않으면 갈등은 서로를 비난하는 상황으로 변질되어 은혜와 진실이 결여된, 이기고 지는 싸움의 논리로 전락하고 만다.

고백

존 오트버그는 그의 저서 『The Life You've Always Wanted』(당신이 항상 원하던 삶)에서 죄 고백에 대한 올바른 이해에 대해 이야기한다. "죄 고백은 당신에게 필요하기 때문에 하나님이 우리에게 시키시는 일이 아니다. 하나님은 마치 어린아이가 마지막 남은 과자를 쥐고 있는 것처럼 당신을 향한 자비를 움켜쥐고 계신 것이 아니다. 우리는 치유받고 변화되기 위해 죄를 고백할 필요가 있다. 죄를 고백하면 두 가지 일이 일어난다. 첫째, 죄에서 자유로워진다. 둘째, 적어도 고백하지 않았을 때보다는 동일한 죄를 반복할 가능성을 줄일 수 있다. 죄에 조금 덜 끌리게 되는 것이다."[3]

소그룹 안에서도 고백을 통해 화해할 수 있다. 우리는 교만, 질투, 경솔한 판단, 사랑 없음으로 사람들에게 상처를 주고 있음을 인정해야 한다. 곰곰이 돌아보고 나누는 진정한 고백은 서로를 향한 방어의 벽을 낮추고 마음을 열어 치유하게 한다. 대화가 진실하고 열려 있는 한편 일정한 선을 지키는 분위기를 유지하는 것이 중요하다. 고백은 구성원들에게 너무 인상적이거나 충격적이어서는 안 된다. 바르지 못한 고백은 신뢰에 상처를 주고 연약한 관계를 파괴한다. 신뢰와 관계의 깊이에 따라 고백의 수위를 결정해야 한다. 그리고 소그룹의 크기에 반비례하여 고백의 수위를 정하라. 10~12명이 속해 있는 소그룹보다는 두세 사람이 모여 있는 자리에서 우리는 쉽게 고백할 수 있다. 그래서 그룹이 보다 깊은 수준의 고백으로 나아가기 위해 안전하고 상호의존적인 분위기를 만들기 전까지는 작고 단순한 고백부터 시작하는 것이 좋다.

개인적인 변화와 그룹의 결속력을 위한 고백 지침을 활용해 보라.

고백을 위한 지침

1. 모든 사람의 참여를 강조하라(시 32:5; 눅 19:8; 약 5:16).
2. '만일', '그러나', '아마도' 와 같은 말들은 피하라. 당신은 어떤 변명이나 비난을 피해야 하겠는가?
3. 행한 것이나 말한 것을 구체적으로 인정하라(스 9:5~15).
4. 사과하라:당신의 죄의 결과로 다른 사람들이 어떻게 느끼겠는가?
5. 결과에 순종하라(눅 15:19, 19:8).
6. 당신의 행동을 바꾸라. 하나님의 도우심을 따라 앞으로 당신이 생각하고, 말하고, 행동하는 것에 어떤 변화를 가져오겠는가? (마 3:8; 행 26:20)
7. 용서를 구하고 기다리라. 상대방이 당신을 용서하기를 꺼리는 이유가 있다면 그것은 무엇일까?

켄 산데(Ken Sande)의 『피스메이커: 교재』에서 발췌

만일 그룹에 상처를 준 일이라면, 그룹 앞에서 잘못을 고백하는 것이 옳다. 예를 들어 성령께서 어떤 형제가 그룹 안에서 다른 사람들에 대해 부정적인 말을 하고 비난한 것을 깨닫게 해 주셨다고 하자. 그는 자신이 잘못을 알고 구성원들에게 자신의 무례함과 독설을 고백하고 용서를 구한다. 이때가 바로 리더가 이 시간을 거룩한 순간으로 만들거나, 아니면 그럴 듯한 말로 얼버무리고 넘어가든지 선택해야 할 시점이다. 이 그룹은 이제 생명과 죽음, 그리고 축복과 저주의 열쇠를 쥐고 있다. 고백을 들어 주고, 용서를 선포하고, 사랑과

배려의 마음으로 그 형제를 받아 줌으로써 이 그룹은 성숙한 공동체로 도약할 수 있다.

흩어져 있는 유대인 신자들을 격려하고 훈계했던 야고보는 공동체 안에서 고백이 갖는 치유의 속성을 강조한다. "믿음의 기도는 병든 자를 구원하리니 주께서 저를 일으키시리라 혹시 죄를 범하였을 찌라도 사하심을 얻으리라 이러므로 너희 죄를 서로 고하며 병 낫기를 위하여 서로 기도하라 의인의 간구는 역사하는 힘이 많으니라"(약 5:15, 16).

야고보가 치유와 고백을 어떻게 연결시키고 있는지 주목하라. 그는 죄가 영적인 동시에 육체적인 결과이며, 육체적인 치유가 죄 고백과 용서에서 시작되기도 한다는 것을 알고 있었다. 그룹의 신뢰할 만한 사람들에게 죄를 고백할 때, 우리는 보다 성숙한 공동체를 세우고, 신뢰를 구축하며, 우리 모두가 연약한 존재로서 서로를 절대적으로 필요로 한다는 것을 깨닫게 된다. 그룹은 자기를 드러내는 사람을 은혜로 감싸 주며, 깨진 심령을 부드러운 사랑으로 안아 주고, 관계의 불화에 진리로 직면하는 장소가 되는 것이다.

용서

고백은 공동체의 문을 연다. 그리고 용서는 우리가 그 공동체 안으로 들어가도록 초대한다. 헨리 나웬은, 용서란 상대방이 하나님이 되지 않아도 된다고 허락하는 것이라고 말했다. 용서하지 않는 것은 다른 사람들의 삶에서 완벽을 요구하는 것과 같다. 용서하기 싫어하는 마음은 온전히 치유될 수 없는 심령이다. 그 마음은 원한, 쓴 뿌리, 분노 등으로 굳어질 것이다.

그러나 만일 공동체가 그의 잘못을 기억하지 않는다면(고전 13:5), 굳이 용서할 필요가 없지 않을까? 단순히 잊어버리는 건 안 될까? 잠언 19장 11절은 다음과 같이 기록하고 있다. "노하기를 더디 하는 것이 사람의 슬기요 허물을 용서하는 것이 자기의 영광이니라." 이 잠언의 지혜는 무시해야 할, 고의가 아닌 잘못에 적용된다. 뒤에 이어지는 19절 말씀에서 저자는 "노하기를 맹렬히 하는 자"에 대해 경고하고 있다. 그러므로 이 경우에는, 그 결과가 심각하지 않고, 큰 불의가 행해지지 않았다는 것을 전제로 한다. 잘못을 직면하고 드러내어 고치는 데 드는 노력은 그로 인해 발생한 피해를 복구하는 데 드는 노력보다 더 크다.

그러나 반복적인 죄로 인해 공동체의 하나 됨이 깨지거나 혹은 깨지려 할 때, 아니면 그룹이 화해할 수 없을 때 고백과 용서는 공동체 안에서 반드시 행해져야 한다. 누군가를 용서한다는 것은 그들이 자신에게 상처를 주었으며, 그들이 알아야 할 것이 있다는 것을 인정하는 것이다. 상처를 무시하는 것은 곧 상대에게 무기가 있다는 것을 부인하는 것이며, 상처를 준 사람에게 파괴적인 양식을 반복하도록 허락하는 것이 된다.[5]

화해

우리의 죄로 우리는 하나님과 원수가 되었다. 그러나 하나님은 십자가 위에서 그리스도의 사역을 통해 우리로 하여금 그와 화목케 하셨다. 그리스도를 영접함으로써 이전에는 하나님께 원수 되었던 우리가 그리스도 안에서 기쁨을 누리게 되었다(로마서 5장을 보라). 화목케 하시는 그리스도의 사역은 사람들 사이의 관계를 치유한다. 에

에베소서 2장 11~22절에서 바울은 우리를 갈라놓은 담을 그리스도께서 어떻게 무너뜨리셨는지를 묘사한다. 믿는 모든 사람들은 이제 한 몸의 지체가 되었다. "너희는 유대인이나 헬라인이나 종이나 자주자나 남자나 여자 없이 다 그리스도 예수 안에서 하나이니라"(갈 3:28).

화목케 하는 사역은 그것에 대한 신학을 정립하는 것보다 훨씬 더 어려운 일이다. 그러나 그리스도는 우리에게 그것을 하라고 명하신다. 고백하고 용서한다고 해서 항상 자연스럽게 관계가 회복되고 성숙한 공동체로 변화하는 것은 아니다. 예를 들어, 이혼한 사람들이 서로 죄를 고백하고 용서할 수는 있지만, 그 관계는 결코 완전하게 화목해질 수는 없다. (학대나 근친 강간, 혹은 간음 등은 완전한 회복이 어렵거나 불가능하지만, 온전한 고백과 용서는 할 수 있다.)

소그룹은 전 공동체가 위험에 처하지 않도록 반드시 구성원들 사이의 화해를 위해 노력해야 한다. 가족 관계처럼 구성원들 사이의 균열은 전체 소그룹에 영향을 미칠 수 있다. 화해는 개인의 상처를 넘어, 그룹의 삶에 대한 헌신과 그룹의 조화를 위한 것이다.

갈등의 뒷면에는 사랑이 있다

나(빌)는 영국의 소그룹 리더들에게 그룹 갈등에 대해 말한 적이 있다. 그때 어떤 목사님이 자신이 방문했던 윌로크릭 그룹에 대한 이야기를 나눌 수 있게 해 달라고 부탁했다. 그분 이야기의 요지는 다음과 같았다.

"어느 부부 그룹 모임을 방문했을 때였습니다. 리더는 각 사람에게 윌로크릭의 정회원이 될 것을 권유하고 있었습니다. 그는 그것이 중요한 헌신이라고 설명했고, 각 사람에게 소책자와 카세트테이프로 구성된 정회원용 교재를 집에 가져가도록 당부했습니다. 그는 새로운 정회원 등록 과정을 소개했고 정회원용 교재에 대해서도 설명해 주었습니다. 모든 사람들이 그 자료를 보고 싶어 했고 그 교재로 모임을 시작하기로 헌신했습니다. 그러면서 그룹의 구성원 모두 그 교재를 함께 시작하자고 제안했지요. 한 형제는 예외였습니다. 그의 아내는 간절히 원했지만, 그는 마음을 닫은 상태였고 등록도 원치 않았어요. 말하자면 지금 진행하고 있던 과정을 미뤄두고 정회원용 교재를 공부한다는 게 못마땅했나 봅니다.

작은 갈등이 계속되었습니다. 그룹의 반은 그의 마음을 이해했지만, 나머지 반은 그가 분열을 조장하고 비협조적인 이유를 용납하지 못했죠. 논란은 거세져 갔습니다. 그런데 놀라운 일이 일어났습니다. 그 리더 부부가 사람들에게 이 논란을 잠시 멈추고 깊이 생각하면서 하나님의 음성에 귀 기울이자고 하는 거예요. 그래서 사람들은 토론을 위한 기본 규칙을 정하고, 자신들이 그 형제를 사랑하고 있음을 그에게 상기시키면서 그를 격려해 주었습니다. 그들은 그가 그룹에서 얼마나 중요한 역할을 하고 있는지 모른다고 말해 주었습니다.

한 사람 한 사람의 마음이 부드러워지기 시작했지요. 사람들은 그의 삶과 감정에 대해 이야기하기 시작했습니다. '당신에게 이 일은 어려운 일인 것 같습니다.' '이 과정을 진행하기 위해서는 당신에게 더 많은 시간이 필요한 것 같아요.' 그의 관점을 이해하기 위해 질문하기도 했습니다. 그리고 그들은 그를 지지하고 존중하기로 결의했습니다. 그들은 자신들의 협의 사항보다 이 형제가 하나님께 더 중요하다는 사실을 깨달았거든요. 그리고는 하고 있던 과정을 계속 진행하기로 동의했지요."

이 그룹은 갈등의 또 다른 측면이 사랑이라는 것을 알게 되었다. 완전히 통제되고 원활하게 굴러 가는 그룹으로 만들고자 하는 욕망은 사랑하라는 계명을 무시하기 쉽다. 자기 멋대로인 생각과 이기적인 말들이 맹수가 먹이를 탐식하듯 공동체의 살을 찢는다. 그러나 모든 덕 중에서도 가장 순수한 덕인 사랑은 공격하려는 야수를 곤경에 몰아넣고 우리 가운데 연약하고 상처받기 쉬운 이들에게는 은혜와 자유를 베푼다.

하나님을 경외하는 관계를 추구하다 보면 건강한 갈등은 불가피하다. 사랑은 우리에게 죄를 대적하고 깨진 관계를 회복하라 명한다. 하나님의 말씀에 순종하고 사랑을 실천하는 공동체는 그런 갈등을 은혜롭게, 또한 지혜롭게 대면할 것이다. 그것은 어려운 일이며, 희생과 결단도 필요할 것이다. 시간이 걸리고 때로 눈물도 흘리게 될 것이다. 그러나 우리는 이것이야말로 가장 많은 열매를 거두는 일임을 확신한다.

이 일은 소그룹 공동체의 네 번째 주요 요소인 균형 잡힌 목양에도 도움이 될 것이다. 다음 과에서 우리는 돌봄과 성장 양쪽 모두를 얻는 법과 그룹이 제자를 삼고 서로를 후원하는 방법에 대해 설명할 것이다.

7장. 소그룹은 균형 잡힌 목양을 제공한다

"영적인 리더들, 양 떼의 목자들, 하나님 백성의 장로들은 모두 어디에 있는가? 왜 한두 명의 리더들이 목회 사역에 지명되어 많은 사람들의 짐을 지고 가는가? 우리의 말에 귀 기울여 주고, 우리 앞에 닥친 문제를 통해 하나님과 더 가까워질 수 있도록 인도해 줄 사람들, 그 일을 자신의 소명으로 받은 사람들은 어디에 있는가? 전 성도가 제사장이라고 하신 말씀은 어디로 사라졌는가?"
―래리 크랩, 『Connecting』(관계)

우리는 제자훈련 소그룹 리더들에게 소그룹 중심의 교회에서 그들이 맡게 될 새로운 역할과 사역, 곧 '목양'의 가치를 납득시키려 노력하던 때를 지금도 기억한다. 그때가 1992년이었는데, 많은 리더들이 여러 해 동안 제자훈련 소그룹을 인도해 온 반면, 우리들 중 대부분은 이제 막 사역자가 된 상황이었다. 우리가 목양의 가치에 대해 이야기하는 것을 듣고 실망한 어느 리더가 그래도 예의를 갖추어 이렇게 말했다.

"지금까지 우리는 제자훈련을 실시해 왔는데요. 이제는 목양만 하라고 하시는 말씀처럼 들리는군요." 다른 리더들도 그의 말에 동의한다는 듯 단호하게 고개를 끄덕였다.

우리는 그들이 무엇을 말하고자 하는지 알 수 있었다. "앞으로의 방향은 어떻게 되지요? 제자훈련입니까, 아니면 목양입니까?" 우리의 답변에 따라 그들이 우리가 제시한 방향을 따르게 될 수도, 혹은 리더십이나 심지어 교회로부터 떨어져 나가게 될 수도 있었다.

답변 대신에 우리는 그 소그룹 리더에게 목양이 무엇이라고 생각하느냐고 질문했다. "목양이란 사람들을 위해 기도해 주고, 그들이 아플 때 도와주며, 그들을 보살피는 그런 일들이지요."

우리는 그에게, "그렇다면 '목양' 만 한다는 것은 큰 문제가 될 수 있겠지요"라고 말했고, 그는 크게 당황했다. 다시 많은 사람들이 고개를 끄덕였다. "만일 당신이 예수님이 하신 방법대로 '목양' 하지 않는다면 말입니다"라고 우리 중 한 사람이 덧붙였다. 지금도 그때 그 침묵의 메아리가 들려오는 듯하다. 사람들은 꼼짝도 하지 않았다. 모든 이들의 시선이 우리에게 고정되었다. 그러나 이번에는 아까와는 분위기가 달랐다. 그들의 눈은 다음과 같이 말하고 있었다. "예수님의 목양에 대해 가르쳐 주십시오." (그래서 우리는 가르치기 시작했다.)

우리와 함께 목양에 대해 성경이 말하고 있는 바를 살펴보면서, 소그룹 리더들은 자신들이 그동안 잘못된 이분법적 사고에 빠져 있었음을 알게 되었다. 목양이 빈약하다고 생각했던 그들은 목양하는 동안에는 그를 훈련하거나 발전시킬 수 없다고 믿고 있었던 것이다. 그들은 기존의 제자훈련 소그룹을 마치 영적인 공수부대처럼 생각하고 있었다. 즉 사명을 완수하기까지는 아침식사도 굶고, 결코 포로를 남겨두지 않으며, 자기 목숨까지도 기꺼이 바치는 그런 정예 부대 말이다. 그리고 새로운 목양 공동체 모델에 대해서는, 진정한 제자훈련을 받을 준비가 덜 된 사람들, 즉 하루 세 끼의 풍족한 식사, 따뜻한 침상과 깨끗한 제복을 갖춘 후방 부대와 같은 사람들을 위한 것으로만 생각하고 있었다.

점차 그들은 성경을 통해서 그리스도의 몸을 목양하는 것에는 돌봄과 제자훈련 둘 다 포함된다는 사실을 알게 되었다. 그들은 나(빌)보다 더 빨리 목양의 의미를 깨달았다. 교회에서 파트타임으로 사역하던 신학생 시절, 나는 한 사건을 통해 목양에 대한 한 가지 깨달음을 얻었다. 어느 날 나는 내가 사역하던 청소년 부서에 속한 두 아이들의 집을 방문했다. 당시 교회의 주일학교 부장이었던 그들의 아버지 톰은 작은 농장을 하나 경영하고 있었다. 아이들은 모두 심부름을 나갔고, 톰은 나에게 일을 좀 도와달라고 부탁했다.

나는 "물론이지요"라고 대답했다. 앞마당에 잔디가 깔린 필라델피아의 낮은 벽돌집에서 자란 나는 스스로 농장 일에 익숙하다고 생각했다. 톰은 "건초더미를 같이 옮깁시다"라고 말했다. 그러나 나는 "저는 건초 일은 못해요. 건초 알레르기가 있는데다, 대학 때 미식축구 하다가 허리를 다쳤거든요"라고 대답할 수밖에 없었다. 160cm를 겨우 넘는 키의 톰이 23kg짜리 건초더미를 들어 올려 자기의 어깨 위에 얹으면서 180cm가 넘는 나를 물끄러미 바라보았다. "좋아요. 그럼 오늘 아침에 내가 하던 소젖 짜는 일을 마저 해 주세요."

나는 소젖을 짜려면 그것들을 만져야 한다는 것을 곧 깨달았다. 영화에서 사람들이 소에게 달려 있는 젖꼭지를 잡아당기는 것을 본적이 있었던 나는 하나님께서 정말로 사람들이 그런 일을 하기를 원하시는지 확신할 수 없다. "저는 신학생이거든요. 그래서 그것들을 만지면 안 될 것 같아요"라고 대답했다. 소젖 짜는 일이 마치 성인용 영화 관람이라도 되는 양 생각하는 나를 톰은 어이없다는 듯 쳐다보았다.

마지막으로 그는 양들을 불러 모으는 일을 도와줄 수 있겠냐고 물었다. 나는 신이 나서 그러마고 대답했다. 양을 부르는 일은 마치 설교를 하는 것처럼 거룩하게 느껴졌다. 우리는 목장 울타리 앞에 서서 25마리의 양들을 쳐다보았다. 그는 나에게 "불러 봐요"라고 말했다. "뭐라고 부르죠?"라고 나는 물었다.

톰이 대답했다. "나는 보통 '얘들아, 이리 와!'라고 말해요." 나는 식은 죽 먹기라고 생각했다. 허리가 시원치 않고 건초 알레르기가 있는 도시 청년도 그런 일쯤은 할 수 있을 것 같았다. 나는 평소에 말하는 크기의 목소리로 양들을 부르기 시작했다. 그러나 톰이 중단시켰다. "당신은 지금 양들로부터 70m나 떨어져 있고 바람을 등지고 있어요. 그리고 양들은 지금 등을 돌리고 있고요. 소리를 질러요! 설교학 시간에 배운 대로 가슴과 복부에서부터 울리는 소리를 사용해 봐요."

그래서 나는 심호흡을 하고 내장의 모든 근육까지 다 동원해서 세상의 모든 부흥사들이 부러워할 만큼 크게 소리를 질렀다. "어이, 이 녀석들아! 이리 오라니까!" 그러나 그 축복받은 피조물들은 꼼짝도 하지 않았다. 심지어 귀 하나 쫑긋하는 녀석도 없었다.

톰은 비웃듯이 말했다. "신학교에서 성경을 배우긴 배웁니까? '내 양은 내 음성을 들으며 나는 저희를 알며 저희는 나를 따르느니라'라는 구절 읽어 본 적 있어요?" 그는 약간만 소리를 높여서 양들을 불렀다. "얘들아, 이리 오렴!" 그 순간 25마리의 양들이 모두 우리 쪽으로 고개를 돌리더니 느릿느릿 걸어왔다. 톰은 이 가르침의 기회를 놓치지 않고 나에게 말했다. "이제 잊지 말아요. 당신은 내 아이들의 목자요."

나는 수줍게 대답했다. "잊지 않을게요." 단 5분 만에 톰은 내가 대학원에서도 배우지 못한 것을 가르쳐 주었다. 당신의 양 떼는 목자인 당신의 음성을 알아야 하고, 당신은 진실로 (그들의 두려움, 소망, 꿈, 도전들까지) 그들을 알아야 할 것이다.

톰의 살아 있는 예화 덕분에 예수님의 말씀이 내 안에 잠겨 뿌리를 내리게 되었다. 이 사건을 계기로 나는 효과적이면서도 하나님께 영광이 되는 목양을 성경을 통해 더 깊이 연구하게 되었다. 나는 목양이란 사람들의 필요를 공급하고(돌봄), 그들을 발전시키는 일(제자훈련) 모두를 의미한다는 것을 깨닫게 되었다. 다음에서 우리는 목양에 관한 성경적인 그림을 살펴볼 것이다. 그 다음에는 소그룹 안에서 목양하고 제자훈련을 하는 것에 관한 실제적 부분들을 제안할 것이다.

하나님이 쓰시는 목자

시편 23편은 목양을 잘 받는 기쁨, 즉 위로, 축복, 안전, 소망에 대해 묘사하고 있다. 우리는 이 시편을 읽을 때 우리 자신의 리더십을 돌아보아야 한다. 우리의 양들은 목자인 우리를 어떻게 묘사할까? 윌로크릭의 핵심 리더 중 한 사람인 프랭크는 시편 23편의 요약판 같은 사람이다. 45개의 그룹과 80명의 리더들로 구성된 부부 소그룹 사역을 섬기고 있는 프랭크는 그의 리더들을 "쉴 만한 물가"와 "의의 길"로 인도하는 사람이다. 다시 말해서 그들이 믿음 안에서 자라며, 그리스도 안에서 더 높은 성숙의 단계로 자라도록 도와주고 있는 것이다. 프랭크의 양육을 받는 리더들 역시 자신의 그룹을 위해 그와 동일한 사역을 한다.

시편 23편은 또한 프랭크가 리더들을 돌보아야 함을 보여 준다. 리더들 중 많은 사람들이 프랭크보다 나이가 많고, 가족들이 병 중에 있거나 가족들을 여읜 경험이 있는 사람들이다. 그래서 그는 훌륭한 목자로서 그들의 '영혼을 소생' 시킨다. 깨지고 상처 입고 연약한 사람들에게는 회복이 필요하다. 프랭크가 할 일은 최전선에 있는 리더들을 돌봄으로써 그들 또한 자신들의 목장에 있는 수백 명의 구성원들을 보살피게 하는 것이다. 그리고 그는 이 일을 잘 해내고 있다.

에스겔서 34장은 목양에 있어서 '하지 말아야 할 것'과 '해야 할 것'이라는 두 가지 그림을 모두 제공한다. 하나님은 자신의 권력을 남용하는 목자들, 즉 "양의 무리는 먹이지 아니하"고 자기만 먹는 이스라엘 목자들과 "강포로" 그들을 다스리는 자들을 심하게 책망하셨다(겔 34:1~10). 권력을 남용하던 이스라엘의 지도자들에게 분노하시고 실망하신 하나님은 그들 대신 스스로 목자이심을 선포하신다. "나 곧 내가 내 양을 찾고 찾되"(겔 34:11). 12~31절에서 선한 목자는 양 떼를 좋은 꼴로 먹이고, 쉴 수 있도록 인도하며, 잃은 양을 찾고, 다친 양의 상처를 싸매 주고, 잘못된 길에서 돌아오게 하고, 병든 양을 돌보아 준다.

에스겔은 돌봄과 제자훈련 양쪽 모두를 포함한 온전한 목양의 역할을 묘사했다. 이런 '직무 설명서'는 소그룹 리더에게 당혹스러운 부담으로 다가올 수도 있을 것이다. 그러나 다행인 것은 윌로크릭의 목자들은 홀로 목양하는 것이 아니라는 점이다. 이 장의 후반부에서 우리는 리더들이 그룹을 목양할 때 상호간의 사역이 어떤 도움이 되는가를 설명할 것이다.

좋은 목자들이 양 떼를 잘 알고 그들을 향해 사랑을 표현하는 것에 대해 그리스도께서는 다음과 같이 설명하신다. "나는 선한 목자라 선한 목자는 양들을 위하여 목숨을 버리거니와… 나는 선한 목자라 내가 내 양을 알고 양도 나를 아는 것이 아버지께서 나를 아시고 내가 아버지를 아는 것 같으니 나는 양을 위하여 목숨을 버리노라"(요 10:11~15).

예수님은 그의 양들을 아셨고, 양들이 자신을 알기를 원하셨다. 그는 십자가에 달리시기 전날 밤 빌립이 "주여 아버지를 우리에게 보여 주옵소서 그리하면 족하겠나이다"(요 14:8)라고 말했을 때 분명히 실망하셨을 것이다. 예수님의 대답은 자신의 신성에 대한 변증 이상이었다. 우리는 거의 그분의 억장이 무너지는 소리를 들을 수 있다. "빌립아 내가 이렇게 오래 너희와 함께 있으되 네가 나를 알지 못하느냐"(요 14:9).

목자는 자신이 돌보아야 하는 양을 위해 희생하는 종이다. 윌로크릭의 소그룹 리더들과 코치들은 다른 집의 잔디를 깎아 주고, 아이들을 보살펴 주며, 교통편을 제공하고, 양 떼의 필요를 채워 주기 위해서라면 언제라도 자기 스케줄을 조정한다. 최근에 리더 한 사람이 구성원들에게 정기적인 전화 심방을 했다. "요즘 잘 지내요?"라고 질문했을 때 전화선 너머로 힘없는 대답이 들려 왔다. "네." "정말 잘 지내는 거예요?" "사실은, 오늘 저녁에 제가 아이를 낳은 지 4주 만에 처음으로 남편과 둘이서 외출을 하려고 했어요. 그런데 아이를 봐 주기로 한 사람이 못 온다는 거예요. 금요일 저녁 6시에 다른 사람을 찾는다는 건 거의 불가능하지요. 그래서 그냥 이러고 있어요."

이런 상황에서 리더는 그들을 위로하고 기도해 주면서, 좋은 저녁 시간을 보내기 바란다고 말해 주는 것만으로도 충분했을 것이다. 게다가 리더 자신에게도 가족이 있었다. 그런데도 그녀는 다음과 같이 답변했다. "30분 내로 그쪽으로 갈게요. 두 분은 외출 준비를 하세요. 제가 몇 시간 아이를 봐 드릴 테니 좋은 시간 보내세요." 이런 리더의 그룹에 결석으로 속을 썩이는 구성원이 있을까? 아마도 없을 것이다. 만일 그녀가 자신의 양 떼를 늘 이런 식으로 돌보아 준다면, 그 양 떼는 무엇보다도 목자와 함께 있기를 간절히 바랄 것이기 때문이다.

리더들이 소그룹을 돌보는 방법을 보면, 그들이 선한 목자 되신 주님을 얼마나 이해하고 사랑하는지 알 수 있다. 베드로는 그리스도를 세 번 부인한 후 고기잡이배로 돌아갔지만, 은혜가 많으신 예수님은 그를 공동체와 목회 리더십으로 다시 부르셨다. 그리고 베드로가 그분의 양 떼를 먹임으로써 예수님에 대한 사랑을 보일 것에 대해 설명하셨다(요 21:15~19). 헨리 나웬은 다음과 같이 썼다.

"예수님은 우리가 자신이 사역하신 모습대로 사역하기를 원하신다. 그분은 베드로가 자기 양의 문제를 알고 그 문제들을 처리해 주는

'전문가'가 아닌, 서로 잘 알고 서로 돌보아 주는, 서로 용서하고 용서받는, 서로 사랑하고 사랑받는 연약한 형제 자매들로서 그분의 양 떼를 먹이고 보살펴 주기를 원하셨다."[1]

예수님의 양 떼를 먹이는 일이 그의 하늘나라 사역 목록의 최상단에 있다는 사실을 주목하라. 사람들이 "나는 '그저' 소그룹을 섬기고 있어"라고 말할 때 우리는 슬퍼진다. 소그룹을 인도한다는 것은 놀라운 사역을 위임받은 것을 의미하기 때문이다. 우리는 빌 하이벨스 목사가 몇 년 동안 우리에게 도전한, 마음에 사무치는 말씀의 메아리를 지금도 기억한다.

"예수님은 베드로의 사역에 대해 다른 것보다 "내 양을 치라"는 말씀을 하셨다. 그는 베드로에게 몇 사람을 모아서 그들을 인생의 학교에서 훈련시키고 양육하고 인도하라고 말씀하신 것이다. 예수님은 작은 양 떼를 돌보기 위해 자기 삶을 사용하셨다. 그리고 만일 그가 오늘날 이곳에 계신다면 무엇보다도 우선 작은 양 떼를 돌보는 데 시간을 들이실 것이다. 그러므로 당신이 만일 소그룹 리더이거나 혹은 리더들을 위한 리더여서 작은 양 떼들을 돌보는 데 시간을 투자하고 있다면, 당신은 예수님의 사역을 하고 있는 것이다. 당신이 하나님 나라에 어떤 영향을 주고 있는지 궁금하다면 양 떼를 돌보는 일이 바로 하나님의 마음과 세계를 향한 그분의 구원 계획을 반영하고 있음을 기억하라."

베드로는 주님께 종의 도를 배웠다. 세월이 지나, 그리스도의 부르심에 순종하여 목자가 된 베드로는 장로들에게 다음과 같이 간곡히 부탁한다.

"너희 중에 있는 하나님의 양 무리를 치되 부득이함으로 하지 말고 오직 하나님의 뜻을 좇아 자원함으로 하며 더러운 이를 위하여 하지 말고 오직 즐거운 뜻으로 하며 맡기운 자들에게 주장하는 자세를 하지 말고 오직 양 무리의 본이 되라"(벧전 5:2, 3).

윌로크릭에서는 장로들도 소그룹, 즉 공동체로 모이며, 이 소그룹은 사역을 수행하기 위해 섬기는 소그룹이다. 그들은 베드로가 가르쳤던 이 말씀을 따라 대화 방법, 갈등에 대한 접근, 결정을 내리는 과정, 그리고 사역자들 혹은 다른 사람들과의 관계를 세워 가는 법을 지킨다.

모든 소그룹 리더들과 마찬가지로, 그들은 본을 보이는 목자들이다. 베드로는 섬기려 하지 않는 사람은 어느 누구도 리더가 되기에는 부적합하다는 것을 알았다. 소그룹 리더가 된다는 것은 영혼들을 찾아나서는 용기가 필요하고, 부지런함과 헌신이 필요하며, 좋은 성품과 땀이 동반되어야 한다. 베드로는 또한 보상에 대해서도 알고 있었다. "그리하면 목자장이 나타나실 때에 시들지 아니하는 영광의 면류관을 얻으리라"(벧전 5:4).

성경 전체를 통해 여러 본문에서 선지자, 제사장, 사사, 왕, 사도, 장로들을 포함한 모든 리더들에게 어떤 형태로든 목양의 책임이 있다고 설명하고 있다. 야곱은 "지금까지 나를 기르신 하나님"(창 48:15)과 "이스라엘의 반석인 목자"(창 49:24)에 대해 언급했다. 그러나 우리는 어떻게 '인간 목자들'에게 (강요하지 않고) '선한 목자' 되신 주님의 본을 따르도록 요구할 수 있겠는가? 다음에서 돌봄과 제자훈련 사이의 균형과, 또한 누가 무엇을 할 것인지에 있어서 균형을 이루는 방법에 대해 설명할 것이다.

목양의 도전: 돌봄과 제자훈련 사이의 균형

목자들이 양을 돌보아야 한다는 것은 성경에서 분명하게 이야기하고 있다. 상처받은 사람들을 돕고 격려하며 그들을 위해 기도해 주어야 한다. 그룹은 공동체 안에서 서로에 대해 책임을 져야 한다. 가족들은 도움이 필요하고, 환자들은 친구가 필요하며, 가난한 사람들은 식량이 필요하다. 이와 마찬가지로 사람들이 주님께 전적으로 헌신하기 위해서는 제자도가 필요하다.

리더들은 자신의 은사와 개성에 따라 제자훈련 혹은 돌봄 중 하나를 선호하며 자신의 장점에 기대는 경향이 있다. 이렇게 되면 위험하다. 어느 하나를 강조하는 것은 하나님이 요구하시는 목양의 기능을 왜곡하기 때문이다. 다음의 도표가 이것을 잘 설명해 주고 있다.

제자훈련	가르침	목양
	교제	양육

돌봄

첫째, '가르침' 그룹은 제자훈련에 중점을 둔다(왼쪽 위). 구성원들은 목표를 정하고, 성경을 암송하고, 핵심 교리들을 공부하며, 성장을 위해 헌신한다. 그러나 그들은 부부 사이의 불화, 심각한 질병, 실업 등으로 고통스러워하는 사람들을 어떻게 돌보아야 할지 모른다.

둘째, '교제' 그룹은 제자훈련과 돌봄 양쪽 모두가 약한 그룹이다

(왼쪽 아래). 구성원들은 서로 친밀감을 느끼고, 함께 하는 활동에 흥미를 가지며, 새 교인들을 환영한다. 그러나 그들은 공동체를 세울 만큼 충분한 관계를 맺지 못한다. 그래서 그들은 거의 혹은 전혀 나아갈 방향을 모른다.

셋째, '양육' 그룹은 돌봄에 중점을 둔다(오른쪽 아래). 구성원들은 사랑과 양육을 받는다고 느끼지만, 영적 성장에 대해서는 거의 도전받지 못한다.

마지막으로, 균형 잡힌 '목양' 그룹은 제자훈련과 돌봄 모두를 강조한다(오른쪽 위).

이것은 '양쪽 모두' 냐, '양자택일' 이냐의 문제이다. 먼저 '돌봄'에 대해 이야기하고 제자훈련의 기능으로 이동하자. 소그룹은 병원과 같은 기능을 한다. 이 병원에서는 응급처치, 재활, 장기 치료, 건강 관리 등의 도움을 받을 수 있다.

응급실: 위기에 대처하기

소그룹의 구성원들은 언제라도 예측하지 못한 위기들을 만날 수 있다. 사고가 나고, 질병에 걸리고, 직업을 잃고, 친구나 가족이 죽음을 맞이하는 등 구성원들은 큰 충격을 받을 수 있다.

호주에서 소그룹 사역을 위한 집회를 인도하면서 나(빌)는 한 놀라운 이야기를 들었다. 한 참석자가 자기가 속한 소그룹 구성원에게 심장마비가 일어났던 날에 대해 이야기해 주었다. "그의 아내는 두 통의 전화를 걸었는데, 하나는 911 응급센터에 한 신고였고, 다른 하나는 소그룹 리더에게 건 전화였습니다." 그녀는 잠시 말을 멈추더니 환한 미소를 지으며 "그리고 그 두 군데 중에 소그룹이 먼저 도착했지요!"라고 말했다.

　이런 일들은 우리 교회에서 수백, 수천 번이나 반복해서 일어나고 있는 일들이다. 위기를 만날 때 가장 먼저 연락하게 되는 사람, 그리고 가장 먼저 도움을 받게 되는 사람은 대개 소그룹 구성원들이다. 그들은 병원을 방문하고, 음식을 만들고, 수해당한 집들을 청소해 주고, 해고당한 근로자들을 위해 기도해 주고, 방전된 자동차 배터리를 충전시켜 주며, 필요한 경우 물질적인 필요도 채워 준다. 어느 특정한 한 사람이 이 모든 봉사를 하는 것이 아니다. 이것은 소그룹 공동체의 특권이다.

　바울은 "너희가 짐을 서로 지라 그리하여 그리스도의 법을 성취하라"(갈 6:2)고 말했다. 우리는 공동체에서 각각 서로의 무거운 짐을 져 줌으로써 그 짐을 가볍게 한다. 물론 바울이 조금 뒤에 "각각 자기의 짐을 질 것임이니라"(갈 6:5)라고 말한 것 때문에 약간 혼란스러울 수도 있다. 그러나 2절에 나온 "짐(burden)"은 무거운 바위와 같은 것이고, 5절에서 말하는 "짐(load)"은 작은 가방과 같은 가벼운 것을 의미한다. 바울은 바위와 같이 무거운 짐은 서로 도와서 함께 지고, 가벼운 가방은 각자가 메고 가야 한다고 말하는 것이다.

　리더가 그룹을 치유의 병원으로 세워 갈 때, 구성원들은 돌아가면서 짐을 질 것이다. 리더 혼자서 구성원들의 모든 고통을 다 감당할 필요는 없다. 긴급한 상황으로 인해 구성원들은 자연스럽게 서로를 돌보라는 소그룹의 목표를 이루게 된다. 소그룹에 속하지 않은 교인들도 다른 교인들의 위기, 즉 집에 불이 났다든지, 가족을 여의었다든지 하는 위기에 어떤 식으로든 반응을 할 것이다. 그러나 작은 공동체 내에서 누군가로부터 받는 돌봄은 그 사람에게 아마도 가장 중요한 영향을 줄 것이다. 그 도움은 또한 일상적으로 알고 지내던 사람들로부터 받는 돌봄보다 훨씬 더 오래갈 것이다.

재활: 회복을 위한 도움

소그룹은 위기가 끝난 후에도 지속적으로 돌보는 데 아주 적합하다. 부부 그룹의 구성원인 스티브는 자기 아버지가 병으로 죽어 가던 4개월 동안 아버지의 곁을 지켰다. 그의 아내와 아이들은 스티브의 아버지를 만나기 위해 640km 이상 떨어진 지역을 거의 매주 방문했다. 마지막 주에 그는 그의 아버지를 그리스도께로 인도하고자 했다. 그러나 그의 아버지는 복음에 반응하지 않았다.

많은 사람들이 장례식에 참석했고, 또한 많은 사람들이 그 후에도 한두 주 동안 스티브의 집을 방문했다. 그러나 스티브와 가까운 사이는 아니어서 계속적인 교제는 없었다. 그들은 스티브의 아버지가 돌아가신 후 첫 성탄절과 부활절에 그를 방문하지 않았다. 그들은 스티브 아버지의 생일이 언제인지 몰랐고, 스티브의 어린 자녀들이 "할아버지 어디 계셔?"라고 물었을 때 그곳에 없었다. 스티브의 지인들과 먼 친척들은 스티브가 아버지의 죽음으로 고통을 겪고 있다는 사실을 까맣게 몰랐다. 이것은 그들의 잘못이 아니다. 다만 현실이 그랬다. 어려운 때에 대부분의 사람들이 그를 도왔지만, 스티브의 소그룹은 그에게 더 많은 도움을 줄 수 있었다.

상담가, 치료 전문가, 의사들이 도움이 되기도 하지만, 소그룹은 비극을 당한 사람들이 회복하도록 꾸준히 돌보아 줄 수 있다. 스티브 아버지의 죽음 이후 몇 달 동안 그의 소그룹 구성원들은 계속 그를 위해 기도하면서 집이나 직장으로 찾아가 그를 만났고, 만날 때마다 그를 위로했다. 그룹 모임 때마다 그들은 그의 필요를 채우는 데 일정한 시간을 사용했다.

장기간의 돌봄: 평생 후원

윌로크릭의 한 소그룹은 만성적인 정신적, 육체적 고통을 지닌 사람들로 가득하다. 한 사람은 간암이고, 다른 사람은 뇌종양으로 남편을 잃었고, 세 번째 사람은 우울증을 앓고 있으며, 또 한 사람은 그의 장성한 딸이 시카고에서 잔인하게 살해되었다. 고통 가운데 있는 이들 사이에는 어떤 동반자 의식이 형성된다. 당신이 AA(Alcoholic Anonymous:알코올 의존증 환자들의 단주 모임)나 슬픔을 당한 이들을 격려하는 그룹 모임에 참석해 보면 이 사실을 알게 될 것이다.

많은 이들이 소그룹을 통해 어려운 상황을 극복한 후에도 평생 친구로 남는다. 그들이 깊은 유대를 형성하고 공동체를 세워 나가는 이유는 아마도 기쁨이나 성공보다 고통이나 실패 속에서 공동체를 발견하기가 더 쉽기 때문일 것이다. 이에 대해 파커 팔머는 다음과 같이 설명한다.

"우리 자신의 정상적인 부분들, 곧 우리가 정상이라고 생각하는 부분들이 우리를 다른 사람들과 분리시킬 수 있다. 그것은 연합이 아닌 구별을 가져온다. 이런 부분들로 인해 우리가 교만해지는 것은 그것들이 우리를 인간의 공통된 운명과 결합시키기 때문이 아니라, 우리를 다르게 만들기 때문이다. 우리의 성공과 영광이 공동체적인 것이 아니라, 우리의 죄와 실패가 공동체적인 것이다. 어려움을 통해 우리는 인간의 한계를 깨닫는다. 그리고 한계를 공유하는 모든 존재에 대한 연민을 배우기 시작한다."[2]

'한계를 공유한다는 것.' 우리 모두는 서로 다른 한계를 가지고 있다. 사람들은 누구나 돌봄을 필요로 하지만, 소그룹마다 죽을 때까지 장애에서 벗어나지 못하는 사람도 한둘씩 있게 마련이다. 이유야 어찌됐든 그들은 정서적, 신체적 상처에서 완전히 회복하지 못한다. 『다가오는 교회 혁명 이렇게 대비하라』에서 칼 조지는 이런 사람들을 '특별한 돌봄이 필요한 사람들'로 규정한다.

혼자서 오랫동안 남을 돌볼 수 있을 만큼 풍족한 사람은 아무도 없다. 그러나 모두의 도움으로 소그룹은 특별한 돌봄이 요구되는 사람들에게 격려와 기도와 사랑을 평생 공급할 수 있다. 각각의 작은 공동체는 도움이 필요한 사람과 사랑으로 연합하면서 그의 짐을 분담하고 그의 고통을 줄여 줄 수 있을 것이다.

예루살렘교회에서 헬라어를 하는 유대인 과부들이 매일의 음식 구제에서 빠진 일이 있었다. 사실 이 여인들은 특별한 돌봄과 도움이 필요했다. 이에 열두 사도들은 그 과부들의 장단기적 필요를 충족시키기 위해 "성령과 지혜가 충만"한 일곱 사람을 뽑아 구제 사역 팀을 만들었다(행 6:3). 그들의 도움으로 사도들은 설교와 기도에 전념할 수 있었다.

건강을 돌봄: 협력

"목양에 대해 말씀하실 때 예수님은 우리가 큰 순한 양 떼를 혼자서 돌보는 용감한 목자가 되라고 말씀하지 않으셨다. 그분은 여러 경로를 통해, 사역이란 공동체적이고 상호적인 경험임을 분명히 하셨다. …실제로, 함께 사역할 때 우리 자신의 이름이 아니라 우리를 보내신 주 예수 그리스도의 이름으로 나아간다는 사실을 더 쉽게 깨닫게 된다."[3]

-헨리 나웬

나웬처럼 우리 중 많은 사람들이 사역은 홀로 하는 것이라고 배웠다. 교인들은 우리가 슈퍼맨과 같은 목회자가 되기를 기대했다(덧붙여 말하자면, 슈퍼맨도 결코 혼자 일하지 않았다. 지미 올슨이나 로이스 레인의 도움이 없었다면 그는 크립토나이트 속에 갇혀서 죽어 갔을 것이다). 안타깝게도 교회는 예수님보다는 오히려 슈퍼맨과 같은 사역 모델을 추구하는 경향이 있다. 즉, 용감하고, 신학 교육을 잘 받고, 모든 것을 잘 아는, 그래서 혼자서 사역할 수 있는 그런 사람을 기대하는 것이다.

"유아실 봉사자보다 더 빠르고, 봉사 위원회보다 더 능력 있고, 양동이 하나로 금새 침례탕을 채울 수 있다면 그는 슈퍼 목사이다. 교육, 설교, 심방, 상담, 기도, 또 다른 심방, 제직회, 야외 예배 설교, 또다시 심방, 성가대까지…. 이 모든 것을 위해 우리는 그에게 사례금을 지급한다. 경외감에 휩싸인 채 서서 우리는 교회의 제단에 '관제와 같이 부음이 된' 그를 지켜본다. 목사님, 힘내세요. 목사님은 우리의 영웅입니다. 목사님 말고는 아무도 못합니다!"

소그룹에서도 동일한 실수가 있을 수 있다. 사람들은 종종 리더가 자신의 모든 요구를 채워 주기를 기대한다. 즉 말씀을 가르치고, 구성원들을 개인적으로 제자훈련 하고, 모두에게 전화하고, 아픈 이들을 위해 기도하고, 절망에 빠진 구성원들을 상담하며, 매 모임마다 멋지게 인도할 것을 기대하는 것이다. "여기 슈퍼 리더가 오십니다! 그녀를 보십시오! 그녀는 쉬지 않고 중보기도 하고, 각종 회의를 두 달 전부터 준비하고, 날마다 구성원들을 심방하며, 향후 4년간의 소그룹 모임에 대한 계획을 세워 놨답니다!" 소그룹 리더인 마르다는 뿌듯하다. 소그룹 구성원들은 그녀를 사랑한다. 그러나 불행히도 그녀는 6개월 이상 사역하지 못한다.

그렇다. 물론 소그룹에는 제자훈련과 돌봄이 필요하다. 그러나 리더 혼자 그 두 가지 기능을 모두 온전히 해낼 수는 없다. 그것이 바로 리더들이 둘 중에 한쪽을 소홀히 하게 되는 이유일 것이다. 구성원들 간의 협력이야말로 소그룹이 돌봄과 제자훈련 모두를 경험하는 유일한 방법이다.

하나님은 결코 선택된 소수를 통해 다수에게 사역하길 원치 않으신다. 하나님께서는 한 공동체가 사역을 분담하는 방법을 계획하셨다. 그래서 모두가 참여하고 그 누구도 소홀히 여겨지지 않도록 말이다. 길버트 빌지키언은 하나님의 계획에 대한 한 예로 창조 이야기를 인용한다.

"천지 창조 이야기에서 우리는 사역의 본질에 관해 적어도 세 가지 교훈을 얻는다. 첫째, 하나님이 창조하신 피조물들로 공동체를 형성하는 데에는 많은 수고가 요구된다. 공동체는 저절로 생겨나지 않는다는 것이다. 둘째, 공동체 구성원들은 하나님 아래에서 서로를 섬기는 종이다. 그들 모두는 라틴어에서 파생된 '종'이라는 의미의 '사역자'이다. 셋째, 공동체의 일은 그 구성원들의 전적인 참여를 요구한다. 그 누구도 공동체적 과업 달성을 위해 자신의 능력을 발휘하는 일에서 배제되거나 면제되지 않는다."

이제 소그룹에서 어떻게 구성원들이 서로를 제자훈련 하기 위해 함께 사역하는지 살펴보자.

제자훈련: 계획적인 모델

최근의 한 뉴스에서는 육군 탱크를 훔쳐서 몰고 가는 한 공무원을 경찰이 추적하는 장면을 보도했다. 그는 시속 70~80㎞로 도심을 질주하면서 자동차들을 깔아뭉개고, 행인들을 공포의 도가니에 몰아넣었다. 건물을 부수고, 교통 표지판을 망가뜨렸다. 마침내, 그는 고속도로를 가로지르다가 중앙분리대에 걸려 꼼짝 못하게 되고 말았다. 경찰은 탱크를 포위하고 용의자를 체포했다. 경찰은 그를 붙잡기 위해 최선을 다했다. 왜냐하면 너무나 위태롭고 긴박한 상황이었기 때문이다.

만일 우리가 그처럼 절박하게 예수 그리스도를 따른다면 어떻게 될까? 만일 우리가 예수님이 원하시는 삶에 대해 좀더 진지해진다면 어떻게 될까? 사람들은 예수 그리스도의 삶을 본받는 리더들, 그리스도를 닮은 모습으로 다른 이들에게 다가가는 리더들을 절실히 필요로 한다.

바울은 "내가 그리스도를 본받는 자 된 것같이 너희는 나를 본받는 자 되라"(고전 11:1)고 권면한다. 그는 데살로니가 교회 성도들에게 자신은 실라와 디모데와 더불어 "오직 스스로 너희에게 본을 주어 우리를 본받게 하려"(살후 3:9) 장막을 만들며 자비량하고 있음을 알렸다. 무척 흥미로운 이야기이다. 리더는 다른 이들에게 가야 할 길을 보여 주지만, 그들을 위해 그 길을 대신 가 주는 것은 아니다. 그 길을 가는 책임은 우리 각자에게 맡겨져 있다. 그러나 리더들은 다른 사람들에게 길을 보여 주기 위해 그리스도의 삶을 본받아야 한다.

이미 성숙한 그리스도인 몇 사람을 감독해야 하는 나(러스)는 그리스도를 본받는 일에 어마어마한 힘과 에너지를 집중해야 한다. 이들을 목양하는 일은 나의 신앙 생활에 가장 큰 도전이며, 풍요로움을 더해 준다. 만일 그들이 영적으로 성숙해야 할 영역에서 내가 본을 보이지 못한다면, 나는 분명 그들을 제대로 섬기지 못하고 있는 것이다. 만일 그들이 나의 성품 속에서 하나님이 행하시는 일을 목격하지 못한다면, 나는 제자훈련을 통해 그들에게 영적 변혁을 일으키기 위해 최선을 다하지 못하고 있는 것이다.

무디 성경학교의 교장인 조셉 스토웰은 언젠가 나에게 이렇게 말했다. "하나의 삶을 변화시키기 위해서는, 하나의 변화 중인 삶이 필요합니다." 당신의 삶을 변화시키는 것이 어떻게 다른 사람의 삶을 변화시킬 수 있는가를 이해할 때, 비로소 당신은 온전한 목자가 될 수 있을 것이다. 보다 나은 목자가 되는 가장 좋은 방법 중 하나는 그리스도와 함께 더 많은 시간을 보내는 것이다. 하나님이 성령님을 통해 당신의 삶을 변화시킬 수 있도록 언제나 당신 자신을 그분께 열어놓으라.

제자훈련: 계획적인 목양

우리는 '삶의 변화'에 대해 반복해서 강조하면서 리더들과 함께 많은 시간을 보내곤 했다. 그런 다음, '영적 훈련'이나 '영적 변혁'에 대해 말함으로써 우리의 목표를 명확히 하려 애썼다. 바울은 교회를 위한 수고에 대해 "너희 속에 그리스도의 형상이 이루기까지"

(빌 4:19)라고 말했다.

윌로크릭의 사명 선언문에 나와 있듯이 우리는 '비신자들을 온전히 헌신된 그리스도의 제자들로 바꾸는 것'을 목표로 한다. 결국, 사람들이 그리스도를 닮아 간다는 것(그리스도께 완전히 헌신하게 된다는 것)의 의미를 더 잘 이해할 수 있도록, 우리는 하나의 기준을 개발해냈다. 이러한 제자훈련의 틀을 '5G'라고 부른다. 누구라도 이 다섯 가지 항목을 통해 자신의 영적 성장을 측정하는 데 도움을 얻을 수 있을 것이다.

은혜(Grace)

우리는 사람들이 구원의 은혜를 경험하고 그 온전한 분량을 이해함으로써, 그것을 다른 사람들에게도 베풀기를 원한다. 은혜는 거룩하신 하나님 앞에서 죄와 싸우며, 그리스도께서 우리를 위해 이루신 대속의 사역을 받아들이는 것을 의미한다.

그룹 구성원들이 하나님의 은혜가 얼마나 놀라운 것인지를 진실로 이해할 때, 그들의 마음은 아직 그것을 경험하지 못한 이들을 향한 사랑으로 가득 차게 된다.

성장(Growth)

각 그룹은 구성원들이 성숙할 수 있도록 그들을 그리스도의 임재 가운데로 이끌고, 그분의 형상을 닮아 가게 돕는 실천과 관계들, 그리고 경험들에 집중해야 한다. 영적 훈련은 그것이 개인적인 것이든 그룹 안에서 이루어지는 것이든 간에 보다 위대한 영적 성장과 능력으로 나아가도록 하는 도화선이 될 것이다.

그룹(Groups)

우리가 여기서 말하고 싶은 것은 함께 드리는 예배를 통해 경험되는, 소그룹과 보다 큰 규모의 그룹 안에 있는 공동체의 가치이다. 그리스도에게 온전히 연결되기 위해, 또한 서로가 서로에게 온전히 연결되기 위해 사람들은 앞서 언급한 두 가지 그룹에 모두 동참할 필요가 있다. 교회 안에서 많은 소그룹 구성원들이 함께 앉아 강의를 들으며 서로 섬기는 모습을 보는 것은 참 기쁜 일이다. 그들은 자신의 소그룹에 헌신하듯 그렇게 더 큰 규모의 공동체에도 헌신하고 있다.

은사(Gifts)

우리가 그리스도의 제자로서 삶 속에서 성령님의 사역에 대해 반응하고, 점점 성장해 감에 따라 그리스도의 몸에 선한 영향력을 끼치기 시작한다. 바울은 이런 종류의 섬김의 도에 대해 고린도전서 12장에서 자세히 논했다. 하나님은 자기를 따르는 자들이 각자의 은사를 사용해서 하나님의 나라를 섬기고 교회 밖 사람들에게 사역하는 것을 기뻐하신다.

선한 청지기 정신(Good Stewardship)

사실 우리는 우리의 소유뿐 아니라 우리의 전 존재(우리의 시간, 달란트, 재물, 심지어 우리의 생명까지)를 나누어 주기까지 성장해야 한다. 바울은 데살로니가전서 2장 8절에서 이렇게 말했다. "우리가 이같이 너희를 사모하여 하나님의 복음으로만 아니라 우리 목숨까지 너희에게 주기를 즐겨함은 너희가 우리의 사랑하는 자 됨이니라." 선한 청지기 정신을 실천하는 그룹의 구성원들은 각자의 삶 속에 주신 그리스도의 축복을 기억하고 그것을 다른 이들과 함께 나누는 데 열정적이다. 그들은 교회뿐 아니라, 그들을 필요로 하는 곳이면 어디서든(지역 사회나 나라, 그리고 해외에서) 그들이 할 수 있는 한 도움을 베푼다.

우리 교회는 정회원이 되기 위한 과정을 이 '5G'에 맞춰서 진행해 왔다. 그래서 누구라도 정회원으로 등록을 하려면, 각 'G'를 성경에 따라 공부하고 그것에 헌신하는 과정을 거쳐야 한다. 리더들은 소그룹 구성원들이 다섯 가지 G 모두에 헌신하고 정식으로 교회의 정회원이 되도록 격려한다. 정회원이 되기 위해 훈련을 받는 구성원들이 소그룹 안에 점점 늘어나다 보면, 훈련 과정은 상호적이 된다. 리더가 그 과정을 인도하지만, 각 사람이 성장하기로 헌신할 때 모든 사람이 서로를 격려해 주는 것이다. 공동체를 기반으로 하는 변화는 그룹 전체의 노력으로 이루어진다.

우리는 사람들이 교회에 들어온 후에 지속적으로 성장할 수 있도록 '목양 계획서'를 사용한다(『삶을 변화시키는 소그룹 인도법』을 참고하라). 목양 계획서는 리더들이 각 구성원의 '5G' 상황을 조사하는 데 도움이 된다. 리더들은 구성원들이 관계를 맺고, 영적 필요를 분별하며, 성장 계획을 세우도록 도와준다. 또한 '5G'는 각 그룹이 분기별로 영적 성장에 대해 논의하고 평가하는 데 도움이 된다.

윌로크릭뿐 아니라 빌과 내가 가르치고 컨설팅해 주는 다른 교회들에서도 이 계획서를 사용하고 있다. 한번은 내가 어느 교회에서 사람들에게 짝을 지어서, 이 계획서를 사용해 각자의 영적 생활에 대해 나눠 보라고 했다. 나는 두 남성이 열띤 대화를 나누는 것을 보고 그들에게 이런 시간을 어떻게 생각하는지 물었다. 한 사람이 말했다. "우리 둘은 3년 동안이나 함께 사역 리더로 섬겨 왔는데, 지난 3년 동안 이 친구에 대해 알게 된 것보다 여기서 6, 7분 동안 알게 된 것이 더 많습니다!" 질문을 통해 일어나는 일이란 참 놀랍다.

모든 사람이 '목양 계획서'를 사용하지는 않는다. 어떤 리더들은 머릿속으로만 목양 계획을 세우고 그것을 직관적으로 적용한다. 그러나 무엇을 어떻게 사용하든 간에 '5G'와 목양 계획은 소그룹 구성원들이 성장하도록 그들을 자극하는 눈금이나 틀이 되어 줄 것이다. 우리가 개발하여 사용하고 있는 방법들을 활용하든지, 또는 다른 누군가의 방법을 변형하여 사용하든지, 아니면 당신 자신의 것을 만들어내든지 간에, 영적 목표를 세워 양육하는 것은 이루 말할 수 없이 귀중하다는 사실을 발견하게 될 것이다.

그러나 분명히 하자. 전체가 동의한 명확한 영적 목표 없이는 어떤 목자도 진정한 의미의 제자훈련을 할 수 없다. 은근 슬쩍 넘어가지 말라. 영적 성장에 대한 불완전한 설명이나 성경 구절의 지루한 반복은 당신이 원하는 영적 성장을 끌어낼 수 없을 것이다. 그러나 만약 당신이 계획을 세우고, 리더들이 그것을 사용하도록 훈련하는 힘겨운 작업을 거친다면, 당신은 제자 삼는 리더들과 함께 사역하게 될 것이다. 당신은 자신이 흘린 땀에 대해 기뻐할 것이며, 리더들 또한 그럴 것이다.

균형 잡기

고도로 분화된 그룹이든지 일반적인 소그룹이든지 간에 당신은 모든 구성원을 보살피고 제자 삼아야 할 것이다. 이 균형 잡힌 목양은 그룹 구성원들이 당신의 유능한 리더십 아래서 함께 사역하기로 기꺼이 동의할 때 가능하다.

일단 사람들이 그리스도 안에서 성장하고 그분의 몸 된 교회에 대한 자신의 책임을 이해하기 시작하면, 돌봄의 물결은 한 구성원에게서 다른 구성원에게 흘러가기 시작할 것이다. 그룹이 어느 한 구성원의 필요에 집중하느라 제자리에 머물게 된다면, 리더들은 구성원들이 영적 성장을 향해 나아가도록 부드럽게, 그러나 솔직하게 요구해야 한다. 마찬가지로, 그룹이 훈련에만 지나치게 초점을 둠으로써 다른 필요들을 간과할 때는, 리더들이 돌봄의 과정을 재정립해 주어야 한다.

소그룹 안에서 공동체를 실천하는 것은 진실한 관계에서 출발한다. 서로를 알아 가고, 사랑받으며, 섬김과 축하와 권면을 받을 때, 구성원들은 변화되기 시작한다. 리더들이 특별한 순간(하나님의 임재와 능력의 증거들)을 만들어내기 위해 질문을 던지고 모임 계획을 세울 때, 말씀이 삶에 적용되는 것이다. 이렇게 공동체가 발전하고 하나님의 진리가 죄인들의 삶과 만나면, 당연히 갈등이 발생한다. 현명한 리더라면 성숙해 가고 있는 그룹이 그러한 갈등을 통해 각자, 그리고 함께 그리스도를 더욱 닮아 가도록 도울 것이다. 결국, 리더들이 제자훈련과 목양에 힘쓴다면, 구성원들은 함께 하는 사역을 개발해 나가게 될 것이다.

공동체를 세우는 일은 사랑의 실천이다. 궁극적으로 공동체는 우리가 우리 자신의 삶을 서로에게 주는 것을 의미한다. 그 이상도, 그 이하도 아니다.

"정말로 문제가 되는 것은 '우리가 서로에게 무엇을 줄 수 있는가'가 아니라, '우리가 서로에게 어떤 사람이 되어 줄 것인가' 라네. 이웃을 위해 고장 난 것을 수리해 주는 것, 친구에게 도움이 될 만한 충고를 해 주는 것, 동료에게 현명한 상담자가 되어 주는 것, 병자를 고쳐 주는 것, 이웃에게 복음을 전하는 것은 분명 훌륭한 일이네. 그러나 이 모든 것보다 더 훌륭한 선물이 있지. 그것은 우리가 하는 모든 일들을 통해서 빛나게 되는 우리 자신의 삶이라네. 나이를 먹어 가면서 나는 내가 주어야 할 가장 위대한 선물은 내 삶의 기쁨과 내적인 평안, 그리고 내가 느끼는 행복이라는 것을 점점 더 깨닫고 있네. 내가 나 자신에게 '누가 나를 가장 잘 도와주지?' 라고 물을 때 나는 '자신의 삶을 나와 함께 나누려는 사람' 이라고 대답할 수밖에 없다네."[5]

소그룹을 기반으로 세워진 교회는 더 넓은 공동체에 이를 수 있을 것이다. 이것은 자기 백성을 향하신 하나님의 뜻이고, 리더로서 우리가 가진 특권이며, 우리 자신을 내줄 만한 가치가 있는 일이다. 한 번에 한 생명씩.

제3부 | **제3부 소그룹 리더 개발**

제3부 : 소그룹 리더 개발

나(빌)는 한 소그룹 컨퍼런스에서 강의를 하다가, 휴식 시간에 10분 간격으로 두 가지 슬픈 이야기를 들었다. 소그룹 사역을 하는 두 명의 목회자가 비슷한 경험을 나누었다. 2년 전 그들은 교회에서 소그룹 사역을 시작했다. 그들이 소그룹에 대한 비전을 제시했을 때 사람들은 아주 좋아했다. 첫 해에 두 교회에서 각각 24개 정도의 소그룹이 각각 시작되었다. 모든 성도에게 소그룹에 참여하도록 격려했고, 사역은 급성장했다. 그러나 1년 후 그 교회들에는 세 개의 소그룹만이 남아 있었다. 그들은 스스로에게 물었다. "뭐가 잘못된 걸까?" "회복할 수 있을까?" "소그룹 사역이 정말 효과가 있을까?"

그들의 이야기를 들으면서 나는 마음이 무거워졌다. 그리고 다음과 같은 몇 가지 질문을 던짐으로써 그들이 실패한 원인을 밝혀냈다.

- 리더를 세우는 데 얼마나 시간을 투자했는가?
- 리더들을 훈련시키고 후원했는가?
- 그들에게 동기를 부여하고 격려하기 위해 어떤 행사들을 준비했

는가?
- 선배 리더들이 신입 리더들에게 효과적인 소그룹 리더십의 본을 보였는가?
- 어떤 훈련 자료들을 사용했는가?

이와 같은 질문들을 통해 드러난 사실은 그들이 소그룹을 시작하고자 하는 간절한 열망 때문에 다른 중요한 과정들을 지나쳐버렸다는 것이었다. 그들은 소그룹의 기초가 되는 리더십 구조조차 만들지 않은 채 소그룹을 시작했다. 소그룹 사역에서 서두르는 것은 사역을 망치는 지름길이 된다. 한꺼번에 20개의 소그룹을 시작해서 6개월 후에 하나도 남지 않는 것보다, 평생 동안 영적 재생산을 하며 살아갈 잘 훈련된 새 리더들과 함께 몇 개의 튼실한 소그룹을 세우는 것이 더 낫다.

리더를 효과적으로 개발하는 데 헌신하지 않는 한, 소그룹 사역은 성공할 수 없다. 제3부에서 우리는 소그룹 리더를 발굴하고 모집하는 방법(8장), 효과적인 섬김을 위해 그들을 훈련시키는 방법(9장), 그리고 그들을 지도하고 후원함으로 그들이 지속적으로 섬길 수 있게 하는 방법(10장)에 초점을 둘 것이다. 교회가 이런 목적들을 성취할 때, 진정으로 스스로를 재창조했다고 할 수 있다.

8장. 소그룹 리더 모집

> "교회는 세상의 희망이다. 그리고 교회의 미래는 리더들의 손에 달려 있다."
> −빌 하이벨스

소그룹 사역은 리더들의 수준에 따라 성장하거나 혹은 퇴보한다. 비전이 있고 사랑을 베풀 줄 아는 리더는 자신의 소그룹이 영적으로 성장하도록 이끌며, 구성원들이 서로를 돌아보며 성령의 능력으로 섬기도록 인도한다. 경건한 리더는 진정한 관계를 맺어 가도록 돕고, 진리와 삶이 만나는 소그룹을 세울 것이다. 어떻게 하면 이런 훌륭한 리더들을 찾아낼 수 있을까?

윌로크릭의 보브와 마리는 수많은 그룹들을 인도해 왔다. 그들과 5분만 같이 있어 보라. 그러면 당신은 왜 사람들이 그들을 따르고, 그들의 섬김의 리더십에 복종하게 되는지 이해하게 될 것이다. 그들은 영적으로 방황하는 사람들에게 도전하고, 죄에서 떠나지 못하는 사람들을 꾸짖고, 미래에 리더가 될 사람들이 자신이 가진 리더십의 은사와 잠재력을 발휘하도록 도전한다.

여러 해 동안, 그들은 코치로 섬겨 왔다. 코치란 우리 윌로크릭의 용어로서, 다른 교회에서는 소그룹 리더들을 위한 목자에 해당한다. 가장 흥미로운 것은 보브와 마리가 70대의 노년인 지금까지도 계속해서 양 떼에게 본이 되고 있다는 점이다. 우리는 그들이 생명을 위협하는 질병과 건강의 어려움, 가정 안에서의 아픔과 개인적인 영적 전쟁들을 뚫고 나가는 것을 지켜봐 왔다. 시련의 한가운데서도 그들은 하나님과 함께 걷고 하나님의 성품을 닮으려 노력한다. 이 때문에 사람들이 마리와 보브를 따르는 것이다.

소그룹 사역의 미래는 리더들의 어깨에 달려 있다. 어느 교회라도 (우리 교회를 포함해서) 보브나 마리와 같은 리더 수백 명을 원할 것이다. 이것은 바로 리더십 군단을 세우는 일이 소그룹 사역에서 최고의 우선순위가 되어야 한다는 것을 의미한다. 그 첫 번째 단계가 소그룹 리더를 발굴하고 모집하는 것이다.

소그룹 리더 발굴하기

처음 소그룹 사역을 시작할 때는 리더들을 발굴하는 것이 마치 잘 익은 열매가 달린 나무를 흔드는 일처럼 쉽다. 당신의 교회에는 아마도 다른 사역을 통해 검증된 다수의 노련한 인재들이 있을 것이다. 당신은 그들에게 소그룹에 대한 비전을 제시하고, 소그룹 리더로서의 새로운 역할에 대해 깊이 생각하도록 주의를 환기시키면 된다.

그러나 시간이 지날수록 리더들을 찾기가 하늘의 별따기처럼 어려워진다. 검증된 리더들에게 동기를 부여하는 것 이상이 필요한 것이다. 당신은 새로운 리더들을 양육해야 한다. 첫째, 원하는 바를 확실히 하라. 소그룹에 맞는 리더십을 가진 사람들은 몇 가지 핵심적인 특징들을 공통적으로 가지고 있다. 둘째, '타고난 리더', 즉 자신만만하고 외향적인 사람들만 찾기보다는, 앞서 언급한 핵심적인 특징들을 가진 사람들을 찾는 데 초점을 두라.

그들이 어떤 사람인지를 보라

애정과 평판과 기대는 소그룹 리더십에 필수적인 특징들이다. 어떤 것에 가장 큰 애정을 쏟느냐는 무척 중요하다. 평판, 즉 다른 사람들이 그 사람에 대해 이야기하는 것 역시 중요하다. 또한 소그룹 리더십에 적합한 사람은 섬김에 대한 교회의 기대에 부응할 것이다.

애정

마거릿 구엔더는 그녀의 저서 『Practice of Prayer』(기도의 실행)에서 애정을 다음과 같이 정의한다.

"어거스틴이 말했듯(ordo amorie), 우리가 사랑하는 것에는 순서가 있다. 우리는 무엇을 가장 소중히 여기는가? 우리는 무엇을 가장 원하는가? 무엇이 우리 존재의 핵심에 감추어진 보화인가? 우리의 영성은 우리가 무엇을 믿는다고 고백하느냐가 아니라, 우리가 사랑하는 것들을 어떤 순서로 배열하느냐에 달려 있다."[1]

리더십이 있는 사람들은 하나님, 사람, 진리, 그리고 교회를 사랑한다. 리더가 소그룹에 줄 수 있는 가장 위대한 선물은 그리스도와의 관계와 더욱 그분처럼 되려는 열정이다. 소그룹 리더는 양 떼에게 본이 되기 위해 그리스도를 닮아 가려 노력한다. 그러나 그보다 더 중요한 것은 하나님에 대한 그의 사랑이 그들을 깊은 신앙 생활로 인도한다는 사실이다.

내성적이든 외향적이든 간에, 모든 리더는 사람을 향한 기본적인 사랑을 가지고 있어야 한다. 리더는 신자와 비신자를 막론하고 사람 자체를 사랑하지 않고는 진정한 관계를 맺을 수 없다. 하나님께는 모든 사람이 다 중요하다는 사실을 아는 사람, 하나님을 찾는 사람들에게 특별히 관심을 갖는 사람을 소그룹 리더로 발굴하라.

리더들은 성경이 가르치는 진리를 사모한다. 그들은 말씀 속에 흠뻑 젖어들고, 그 뜻을 숙고하고, 그 가르침을 깊이 묵상하고, 그 명령을 실행하려 애쓰는 사람들이다. 진리에 대한 이런 사모함이 없는 리더는 소그룹 구성원들이 그리스도를 닮아 가도록 도울 수 없을 것이다.

빌 하이벨스 목사는 "지역 교회가 제대로만 사역하면 지역 교회만한 곳이 없다"고 말했다. 탁월한 소그룹 리더들은 그리스도의 신부인 교회를 하나님이 우리에게 주신 사명을 성취할 수 있는 유일한 도구로 본다. 그들은 소그룹 사역을 하나의 핵심 사역으로 본다. 왜냐하면 건강한 교회는 조그만 믿음의 공동체들(소그룹들)로 구성되기 때문이다. 가능성 있는 리더는 지역 교회를 우선순위에 둔다. 그리고 교회의 사역과 봉사에 최대한 참여한다.

하나님, 사람, 진리, 그리고 교회를 향한 이와 같은 애정은 그의 마음이 하나님의 마음과 동일 선상에 있다는 증거이기도 하다. 이

네 가지 사랑은 열정적인 리더를 만들 수 있는 '퍼티'(putty:마음대로 모양을 바꿀 수 있는 물건-역자 주)와 같다. 이런 것들로 인해 당신은 가능성 있는 리더들, 혹은 잠재적인 리더들을 파악할 수 있을 것이다.

평판

평판은 그 사람이 리더십을 위해 준비되어 있는지에 대한 정보가 된다. 반드시 그 잠재적인 리더와 가까이 지내는 사람들을 만나 보라. 그들이 그 사람의 성품, 신뢰성, 그리고 다른 사람들과 관계를 맺는 방식들에 대해 어떻게 생각하는지 자세히 알아보라. 사람들에게 그의 잠재적 리더십을 평가해 달라고 부탁하라. 그들은 그가 리더로 성장할 수 있다고 확신하는가? 왜 그렇게 생각하는가? 그는 효과적인 방법으로 다른 사람들이나 교회를 섬겨 왔는가?

유능한 고용주라면 입사 지원자가 믿을 만한 사람인지 알아볼 것이다. 교회에서도 마찬가지이다. 만일 그 리더 후보자가 잘 알려져 있거나 오랫동안 교회에 있었다면 그에 대한 정보를 얻기가 쉬울 것이다. 그러나 때때로 당신은 그 후보자에게 가까운 친구들이나 교회 사람들 중에서 참조인을 세우도록 요청해야 할 것이다.

이 과정은 철저히 짚고 넘어가야 할 단계이다. 한번은 우리 사역자 한 사람이 세 명의 참조인이 있는 리더 후보자 한 사람을 면담한 적이 있었다. 면담자는 그의 참조인 중 두 사람이 윌로크릭의 사역자였기 때문에, 당연히 그 후보자를 보증하는 사람들일 것이라고 예상하고 나머지 한 명에게만 전화를 걸었다. 그 후보자를 리더로 세운 후 그 면담자는 앞서 언급한 두 명의 참조인들 중 한 명에게 전화를 받았다. 그는 이렇게 말했다. "마이크를 리더로 세우셨다고 들었습니다. 저에게 미리 전화를 주셨으면 좋았을 텐데…. 그는 리더로 세워지기 전에 다뤄져야 할 성품의 문제가 좀 있습니다." 리더에게 적임을 맡기는 것보다 그를 물러나게 하는 것이 더 힘든 일이다. 부디, 리더를 세우기 전에 충분히 검토하라.

기대

자신에게 주어진 섬김에 대한 기대치를 확실히 이해하고 그 기대에 부응하는 사람들을 리더 후보자로 선택하라. 특별히 교회의 정회원으로 헌신하고, 영적 권위를 존중하며, 평생 배우는 자로 살려는 사람들을 찾도록 하라.

윌로크릭은 적극적으로 사역에 참여하는 정회원들 중에서 잠재적인 리더를 발굴한다. 이것은 제자훈련과 함께 선별 심사 과정으로서의 기능을 한다. 윌로크릭의 정회원 등록 과정과 승인 과정에서는 성도들의 영적 상태와 성장하고자 하는 열정을 자세히 체크한다. 우리는 리더들이 하나님과 교회를 사랑하는 가운데 자라 가고 있는 사람이기를 기대하기 때문에, 그들이 교회에 등록할 만큼 헌신되어 있어야 한다는 것은 당연한 것이다.

소그룹 리더의 길을 가겠다고 동의한 사람은 장로들이나 경험 있는 평신도 지도자의 영적 권위 아래 복종하게 된다. 리더는 자신이 공동의 목표와 영적 성장을 향해 나아가도록 붙들어 줄 사람들에게 순종함으로써 굳건한 중심을 지킬 수 있다. 영적 권위에 순종하지 않으려 하는 사람에게는 절대로 영적 권위를 주지 말라.

누군가 이렇게 말했다. "학습은 충족되지 못한 기대의 결과이다."

한 소그룹을 이끄는 것은 충족되지 못한 기대로 가득 찬, 끊임없고 힘든 모험이다. 여러 기술 가운데서도 리더는 사람들과 관계를 맺고, 갈등을 조정하고, 하나님의 말씀을 이해하고, 비전을 전달하고, 곤고한 사람들을 돌아보고, 미래의 리더들을 길러내는 능력을 키워야만 한다. 그러므로 일생에 걸친 학습이 필수적이다. 당신은 자신의 연약한 부분과 채워야 할 필요가 있는 부분을 훈련하도록 노력해야 한다.

어디에서 찾을 것인가?

당신은 리더들을 어디에서 찾는가? 이 질문에는 함정이 있다. 우리는 '리더'를 찾기보다 '사람'을 찾으라고 조언하고 싶다. 언제나 리더보다는 보통 사람들의 수가 더 많다. 어떤 리더들은 매우 혼란스러운 환경을 뚫고 나타나기도 한다.

내(빌)가 아내와 함께 부부 소그룹을 인도하고 있을 때였다. 한 부부가 새로 가입했다. 부인은 온순하고 수다스러웠으며 사람들과 쉽게 사귀었다. 그러나 남편(스탠이라고 하자)은 조용한 사람이었다. 처음 몇 달 동안 그는 가끔씩 말을 했는데, 그것도 짧게 말했다. 그는 성실했으나 수줍음이 많았다. 그가 어느 날 주위 사람들의 시선이 두려워서 소그룹 안에서 빨리 관계 맺기가 어렵다고 고백했다. "정수기 앞에 서서 동료와 대화할 때였어요. 갑자기 많은 사람들의 시선이 느껴졌지요. 저는 겁에 질렸어요. 소그룹에서도 말할 때 사람들의 주목을 받는 게 너무 싫어요"라고 그는 말했다.

나는 스탠의 말을 듣고 '이 사람은 소그룹 리더로 서긴 어렵겠군'이라고 생각했다. 몇 달 후 우리 소그룹 구성원들 중 몇 명이 '프로

미스키퍼스(Promise Keepers)' 라는 남성들을 위한 집회에 참석한 후에, 아버지와 남편으로서의 책임 있는 역할을 지켜 나가는 남성 소그룹을 시작하기로 결정했다. 우리는 가족과 함께하는 시간을 방해하지 않으려고 매주 화요일마다 출근 전에 만나서 한 시간 동안 기도하고, 성경 공부하고, 서로 세워 주는 시간을 갖기로 했다. 스탠과 나도 그 그룹에 있었다. 그런데 우리에게는 리더가 없었다. 아내 게일과 함께 이미 부부 소그룹을 인도하고 있던 나는 이 소그룹을 인도할 마음이 없었다. 나는 "누가 이 소그룹을 인도하시겠습니까?" 라고 물었다. 이제 막 집회에서 돌아온, 지혜롭고 강인하며 용기 있는 형제들이 단호하게 말했다. "저는 안 돼요." 나는 누군가 기꺼이 이 그룹의 리더로 자원할 때까지 매주 돌아가면서 리더를 하자고 제안했다.

스탠이 인도할 차례가 되었을 때, 우리는 깜짝 놀랐다. 그는 세 시간 동안 준비해 와서, 30분간의 토의를 진행했다. 그의 진행은 진정한 소그룹 인도법이라 할 수 있었다. 그의 질문들은 많은 생각을 끌어냈고, 그의 피드백은 격려를 주었으며, 사람들의 삶에 대한 그의 통찰은 깊이가 있었다. 그는 심오하면서도 실천을 이끌어내는 생동감 있는 토론으로 우리를 인도했다. 예를 들어, 그는 다음과 같이 논평했다. "댄, 말씀 잘 들었습니다. 하지만 저는 당신이 진정으로 털어놓고 싶은 좀더 깊은 얘기가 있지 않을까 궁금합니다. 왠지 무엇인가 말하기를 주저하고 있는 것 같은 느낌입니다." 또한 그는 우리 모두에게 하던 일을 멈추고, 직장에서 위기를 겪고 있는 한 사람을 위해 손을 얹고 기도하자고 하기도 했다.

나는 모임 후에 그에게 전화를 걸어 모임을 인도하는 것이 어떠

했는지 물었고, 그는 "나쁘지 않네요"라고 대답했다. 그 모임은 지난 몇 달 동안 우리가 가졌던 모임 중에 최고의 소그룹 모임이었다. 그 다음 주 화요일 스탠은 만장일치로 리더가 되었다. 어쩌면 나는 스탠을 절대 리더로 선택하지 않았을지 모른다. 그러나 내가 스탠에게서 보지 못했던 것을 하나님은 보셨다. 편안한 관계 속에서 모임을 인도할 기회가 주어지자, 스탠은 매우 잘해냈던 것이다.

자, 당신은 어디에서 리더들을 발견하는가? 그들은 때로 아주 가까운 곳에 있다. 소그룹, 주일학교, 위원회, 봉사 활동, 그리고 교회의 다양한 행사 가운데서 그들을 발견할 수 있다. 그러나 처음에는 그들을 알아보지 못할지 모른다. 관계와 사역과 시간이 어우러진 상황 속에서 리더들을 찾아낼 수 있게 해 달라고 하나님께 간구하라. 리더 물색을 중단하고 사람을 개발하기 시작하라.

소그룹 리더 모집하기

많은 목사들이 '광고하는 일'에는 익숙하지만 '모집하는 일'에는 그렇지 못하다. 소그룹 리더를 모집한다는 것은 잠재적 리더들을 개인적으로 만나고, 그들을 새로운 종류의 삶으로 초청하는 것을 의미한다.

기독교는 떠남에 관한 신앙이라고 사람들은 말한다. 하나님이 아브라함을 새 땅으로 불러내셨을 때에 그는 자신의 집을 떠났다. 남자와 여자는 자기의 혈육을 떠나서 배우자와 결합한다. 예수 그리스도께서는 이 세상의 일들을 뒤로하고 십자가를 지라고 우리를 부르셨다. 마찬가지로, 소그룹 리더를 모집하는 것은 사람들에게 현재의 일을 뒤로하고 리더십 개발에 시간을 들이라고 요청하는 것이다.

요청하기

모두가 바쁘게 살아가는 요즘, 리더로 자원하라는 광고에 반응할 사람은 거의 없을 것이다. 이것이 바로 당신이 그들을 비전을 향해 불러내야 하는 이유이다. 만약 당신의 교회가 소명의 본질과 섬김의 가치를 이해하는 리더들이 인도하는 소그룹들로 가득하기를 원한다면, 당신은 특별히 '요청' 할 필요가 있을 것이다. 이 과정은 광고하는 것, 비전을 제시하는 것, 초청하는 것, 그리고 도전하는 것을 다 포함한다. 사람들은 저마다 다른 단계에서 반응을 보일 것이다. 이 일에 더 집중할수록, 더 개인적으로 접촉할수록, 더 많은 리더들을 모집하게 될 것이다.

공개적인 광고는 사람들을 소그룹 리더십으로 불러내는 첫 번째 과정이다. 이 자리에서 리더들은 소그룹 사역과 리더십의 개념을 설명한다. 이들은 편지나 소책자를 통해 이 일을 하기도 한다. 일부는 이 단계에서 부르심에 응답할 것이다. 그러나 대부분은 그 광고를 헌신을 향한 개인적인 부르심이 아니라 단순한 정보로 받아들일 것이다.

다음 단계는 교회 리더십을 위한 비전을 제시하는 것이다. 한 리더가 열정적으로 새로운 사역을 위한 비전을 설명하고 어떻게 리더들이 교회와 세상을 변화시킬 수 있는지 설명한다. 만약 모든 사람들이 제대로 목양만 된다면 교회가 어떻게 될지에 대한 비전을 제시하는 것이다. 이 비전 제시 단계에서 고무된 사람들은 응답 카드나 혹은 서명란에 기입함으로써 더 깊은 관심을 표하게 된다.

초청의 단계는 사람들을 다음 단계로 건너가게 하는 다리와 같다. 앞서 당신은 소그룹 사역을 공개적으로 광고하고 비전에 대해 설명했다. 이제는 개인적으로 사람들을 초청하여 동참하도록 만들 시간이다. 개인적으로 초청하는 것은 편지를 쓰는 것보다 더 힘이 있다. 왜냐하면 교회의 미래를 함께 이끌어 가자고 개인적으로 초청할 때, 사람들은 당신의 마음을 느끼며 동기 부여될 수 있기 때문이다. 개인적인 초청은 그 속성상 많은 사람들을 감동시켜서 리더십이라는 바다를 탐험하도록 만든다.

그러나 탁월한 리더들을 발굴하기 위해서는 일대일로 만나서 도전해야 할 때가 많다. 일반적으로 그들은 광고나 비전 제시, 심지어는 개인적인 초청에도 반응하지 않는다. 종종 이들은 직장이나 공동체에 깊이 헌신하고 있다. 이미 사회에서 리더로 인정받은 사람들인 것이다. 그들의 주의를 끌어서, 이 사역이 그들의 목숨을 걸 만한 가치가 있다는 것을 깨닫게 하는 것이 필요하다.

이러한 '요청' 4단계는 각 단계가 모두 중요하다. 이 4단계를 잘 활용한다면, 보다 효과적으로 사람들을 소그룹 사역으로 불러낼 수 있다. 광고나 비전 제시 단계에서 멈추지 말라. 이 단계에서는 리더들이 감명을 받거나 동기 부여되기 쉽지 않다.

망설이는 리더들이 최고의 리더가 되기도 한다

요청의 4단계를 다 이행한 후에도, 어떤 사람들은 여전히 주저할 것이다. 그들은 어쩌면 서투른 리더십에 대한 경험 때문에 두려워하고 있을 것이다. 혹은 어떤 사람이 그들을 리더로 세워 놓고는 그들에게 권한을 주기보다는 그들을 '이용'했는지도 모른다. 이러저러한 요인들 때문에 아마도 소위 '망설이는 리더' 증후군이 생겼을 것이다.

이런 사람들은 모세처럼 자신이 리더로 적합하지 않다고 느끼고 있거나, 혹은 리더십의 본질을 이해하지 못하고 있다. 모세처럼 자신이 리더가 될 수 없는 수많은 이유들을 늘어놓는다. "저 말입니까? 농담이시겠지요! 누가 저를 따르겠습니까? 만약 제가 실패하면요? 저는 그럴 능력도 기술도 없는 사람입니다. 정말로 이 일을 수행할 사람이 저밖에 없다고 확신하세요?"

모세. 엄청나게 망설였던 위대한 리더 중 한 사람이었던 그는 출애굽기 3, 4장에서 온갖 구실을 다 늘어놓았다. 그러나 하나님은 이 모든 이유들에 대해 각각 그분의 임재, 능력, 그리고 장래에 대한 준비를 약속하심으로써 문제를 해결해 주셨다. 하나님은 모세에게 다가가서서 요청하셨다. 그것은 작은 요청이 아니었다. 그래서 모세는 두려웠다. 많은 잠재적 소그룹 리더들이 소그룹을 인도하라고 요청받을 때, 이스라엘을 인도하라는 하나님의 초청을 받은 모세와 비슷한 반응을 보이곤 한다. "농담이시겠죠!"

모세는 자신이 말을 잘 못하기 때문에 리더로서 부적합하다고 생각했다. 이와 마찬가지로 어떤 잠재적인 리더들은 성경을 가르치는 것이나 고통 중에 있는 사람을 돌보는 것, 기도나 경건 생활 등에 관련해서 스스로 자격이 없다고 느낀다. 그들은 담임목사나 혹은 유능한 평신도 지도자들에 자신을 비교하기 때문에, 자신의 리더십을 신뢰하지 못하는 것이다.

어떻게 하면 그들이 하나님의 도움으로 소그룹을 인도할 수 있음을 확신시켜 줄 수 있을까? 분명, 하나님이 직접적인 계시를 통해 모세를 부르신 것은 독특한 상황이었다. 이 구절의 주제가 리더 모집에 대한 것은 아니지만, 망설이는 리더들에게 어떻게 접근할 것인가에 대한 통찰을 제공한다. 몇 가지를 비교해 보자. 하나님이 요청하시는 방법을 살펴보면, 하나님은 모세와 먼저 교제하시고, 필요성을 설명하신 다음에 모세가 그 필요를 감당하도록 후원과 자원, 그리고 동역자 등을 약속하셨다.

망설이는 잠재적 리더들과 좋은 관계를 맺을수록, 그들을 리더로 요청하기가 더 쉬워진다. 그들은 당신의 의도와 마음과 성품을 알고 있으며, 또한 당신이 사역하면서 결정을 내리거나 사람들과 함께 일하는 모습들을 지켜봐 왔다. 하나님은 모세와 교제하심으로써 이스라엘을 위한 위대한 계획을 계시하실 수 있었다. 광고를 통해 리더들을 모으는 것은 단순히 교회가 프로그램 참여나 모임 참석을 권유하는 것과 다를 바 없이 느껴질 수도 있다. 그러나 친구나 가까운 지체가 그리스도의 몸 안에서 어떤 필요를 설명한다면, 그것은 사역에 참여하라는 하나의 초청이 될 수 있다.

"내가 애굽에 있는 내 백성의 고통을 정녕히 보았다"고 하나님이 모세에게 말씀하셨다(출 3:7). 하나님은 상황이 매우 급박하다고 설명하셨다. 우리 역시, 왜 우리 교회에 사람들을 영적으로 변화시킬 목자가 필요한지 열정적으로, 그리고 정확하게 설명해야만 한다. 어떻게, 그리고 왜 현재의 구조가 사람을 개발하고 돌보는 데 실패하고 있는지를 정확히 이야기하라. 이렇게 설명하라. "우리는 당신 없이는 하나님이 우리 교회에 주신 목적을 성취할 수 없다고 생각합니다."

"내가 너와 함께할 것이다"라고 하나님은 말씀하신다. 하나님의 임재와 능력에 대한 확신보다 사역에 더 격려가 되는 것은 없다. 리더는 외로울 수 있다. 당신은 성경을 통해 모세가 이렇게 말하는 것을 들었을 것이다. "제가 혼자 이 일을 감당할 수 있을까요? 어떻게 하면 당신이 저에게 요청하신 것을 제가 이룰 수 있을까요?" 하나님은 이 대화의 초두에서부터 모세와 함께하실 것을 확신시키셨다. 우리는 하나님이 잠재적인 리더들과 함께하실 것이며, 우리 역시 그렇게 할 것임을 그들에게 확신시켜야 한다. 우리는 "상황이 어떻게 돌아가는지 우리에게 알려다오!"라고 외치면서, 그들의 손에 풀 베는 칼 하나를 쥐어 주고 밀림 속으로 들여보내는 것이 아니다.

하나님은 모세에게 지팡이 하나와 기적을 행할 능력을 주셨다. 이처럼 망설이는 리더들에게는 그들의 사역을 완수하기 위해 필요한 자원들(커리큘럼, 훈련, 리더십 개발 과정)이 이미 준비되어 있다는 사실을 알려 주어야 할 것이다.

아론이라는 동역자를 허락하심으로써, 하나님은 리더가 되기를 주저하는 모세를 격려하셨다. 바울은 브리스길라와 아굴라 같은 동역자들과 자주 여행을 했다. 예수님에게는 제자들이 있었다. 다윗에게는 요나단이 있었다. 모든 소그룹에는 한 명 이상의 동역자가 필요한데, 우리는 그를 '수습 리더(apprentice)'라고 부른다. 리더들은 결코 혼자 소그룹을 인도하지 않는다. 공동체를 세우기에 앞서, 분명히 '리더십 공동체'를 먼저 세워야 한다.

망설이는 리더들이 종종 최고의 리더들이 되곤 한다. 당신에게 "아니오"라고 말하는 사람들이 당신의 차기 모세나 차기 에스더가 될지도 모른다. 당신이 그들 안에서 발견하는 것을 그들 스스로는 보지 못할 수도 있다. 그렇기 때문에 당신은 그들에게 비전을 제시하고, 당신이 그들을 도우리라는 점을 상기시키며, 그들이 절대적으로 필요한 존재이고 리더로서의 능력을 가지고 있음을 확신시켜 주어야 한다. 하나님의 능력과 임재가 그들이 부족하다고 느끼는 부분을 채워 줄 것임을 늘 주지시키라. 너무 성급하게 서두르지 말라. 결코 조종하거나 강요하지 말고, 반드시 도전하라.

만약 소그룹에서 다른 이들을 목양할 수 있는 사람을 발견했다면, 우리는 그에게 앞으로 나아가도록 요구하고 도전해야만 한다. 그러나 궁극적으로는, 그가 개인적으로 자신의 삶 속에서 하나님의 부르심을 깨달아야 한다. 애원하거나, 강압적으로 리더의 자리에 앉혀서는 안 된다. 다만 지속적으로 그들에게 요청하고, 하나님이 그들의 삶 속에 역사하시도록 계속 기도해야 할 것이다. 그리고 마침내 그들이 하나님의 부르심을 깨닫게 될 때, 그들은 우리의 초청에 응답하여 위대한 모험에 합류할 것이다.

리더를 자원하는 사람들에 대한 평가

많은 잠재적인 리더들이 망설인다. 그러나 또 어떤 사람들은 당신의 요청을 기다리고 있다. 그들은 "저를 부르지 않으실 줄 알았어요"라고 반응한다. 리더가 되기를 간절히 바라는 사람들을 평가할 때, 리더가 되려는 동기가 소그룹 인도에 필요한 기술보다 더 중요하다는 점을 기억하라. 후보자를 리더로 세우기 전에 확실하게 면담하는 것이, 리더로 세운 후에 잘못된 것을 발견해 잘라내는 것보다 훨씬 쉽다. 리더가 되기를 소원하는 사람들과 면담할 때에는 다음 사항들을 명심하라.

열정적인 사람들 중에는 일단 소그룹을 만들어 놓고 당신에게 와서 이렇게 묻는 경우가 있을 것이다. "이제 무엇을 해야 하죠?" 이런 재주꾼들은 대체로 괜찮은 리더감이라고 볼 수 있다. 또한 다른 사역에서 리더십을 사용할 기회를 갖지 못했던 사람들 중에 소그룹 리더에 대한 설명을 듣고 참여하고 싶은 열정이 타오르게 되는 경우가 있다. 만약 그 열정이 건전하고, 그 잠재적인 리더가 영적으로 건강하다고 입증되며, 리더로서 준비가 되었다면, 이제 소그룹 리더로 세워질 일만 남은 것이다.

그러나 사람들을 목양하기보다 자신의 문제를 해결하기 위해 리더가 되기를 간절히 원한다면 문제가 발생한다. 그들은 자신에게 간절히 '필요하기' 때문에 소그룹 리더가 되기를 '원할지도' 모른다. 그럴 때 소그룹은 리더의 목적을 성취하기 위한, 그리고 관심을 끌기 위한 하나의 발판이 된다. 리더가 되기를 간절히 원하는 사람들 중에 다음과 같은 세 가지 유형을 특히 조심하라. 1) 자신을 가르치는 사람이라고 생각하는 사람들, 2) 자신을 상담자라고 생각하는 사람들, 3) 구조를 좋아하는 사람들. 이런 사람들도 어쩌면 좋은 리더가 될 수는 있지만, 그들을 면담하고 모집할 때는 주의 깊게 살펴야 한다.

'가르치는 유형'은 가르치는 것이 그들의 재능이고 욕구이기 때문에 가르치는 경향이 있다. 단순히 가르치기만 하는 소그룹 리더는 소그룹을 설교 강단으로 사용할 수도 있다. 그러나 만약 이런 잠재적인 리더가 사람들의 필요에 민감하고 경청에도 은사가 있다면, 그는 진리와 삶이 만나는 소그룹을 인도하는 데 있어서 가르침과 목양을 균형 있게 이룰 수 있을 것이다. 그가 인도하는 모임에 참여한 적이 있는 사람들에게 물어보라. "토론을 잘 인도합니까?" "사람들의 말을 잘 경청합니까?" "사람들이 생각하거나 느끼는 것에 무관심하고 대화를 일방적으로 지배하려는 경향이 있지는 않습니까?"

'상담자 유형'은 사람들의 삶이 변화되는 것을 보기 원하는 강한 욕구를 가지고 있다. 이것은 좋은 특성이다. 그러나 자칫 소그룹에 있는 모든 사람들을 문제 있는 사람으로 치부할 가능성이 있다. 이런 유형의 사람에게는 소그룹에 있는 모든 사람과 치료 상담 관계에 들어가지 않도록 지도하라. 오히려 그는 사람들이 서로 후원하는 상호 돌봄의 환경을 만드는 데 힘써야 할 것이다. 가끔 소그룹 안에서 치료를 위해 강도 높은 일대일 상호 관계를 시도해 볼 수도 있겠지만, 대부분 이런 장기적인 문제는 그 분야의 전문가에게 맡기는 것이 좋다.

우리는 소그룹 리더들이 상담자의 역할을 하도록 훈련시키지 않는다. 그들의 주된 할 일은 공동체 안에서 목양과 상호 성장을 이끌어 가는 것이다. 리더가 한두 명의 구성원들에게만 특별한 관심을 두어 상담자의 역할을 한다면, 소그룹은 역동성을 잃어버리게 된다.

리더가 되기를 열망하는 사람들 중에는 남을 다스리고 통제하기를 좋아하는 사람들도 있을 수 있다. 그런 사람들이 슬그머니 소그룹 리더가 되면, 그 소그룹은 지나치게 조직화되며, 구성원들에게 무리한 것을 강요하는 경향을 보인다. 이런 리더는 소그룹 구성원들의 생각과 감정에 대해 그들의 입장에서 접근하기보다 합의를 강요하려 한다. 통제하는 리더들은 반대자들에 대해 참지 못한다. 그들은 자기 의견에 동의하지 않는 구성원들에게 죄책감을 심어 주려고 노력한다. "글쎄요, 제가 이 모임을 위해 준비해 온 모든 수고가 창밖으로 버려지는 것 같네요." 혹은 비웃듯이 다른 사람의 의견을 무시한다. "대체 누가 당신처럼 그렇게 생각하겠습니까?"

리더가 되기를 원하는 사람들과 충분한 시간을 보내라. 열정, 가르침, 상담, 그리고 조직력에 관한 은사가 리더에게 필요한 다른 재능들과 균형을 이루는지 분별하라. 만약 이런 부분이 점검되지 않는다면, 리더의 불균형적인 성향으로 인해 소그룹 공동체가 파괴될 수도 있다.

자, 소그룹 리더들을 발굴하고 모집했다면, 이제는 그들을 준비시키고 지원하라. 당신은 훈련과 지도로써, 그리고 리더들을 감동시킬 만한 작은 이벤트들을 계획함으로써 그들을 지원할 수 있다.

9장. 소그룹 리더 훈련

"해가 중천에 뜨기 시작하면, 두 사람은 운동장으로 가서 폭염 가운데 몇 시간이고 연습을 한다. …그의 마이너리그 팀 동료들(대부분 그보다 기술적으로 월등하다)은 아직 잠들어 있거나 모텔 수영장 주변에 앉아 시간을 보내고 있을 것이다. 그러나 그는 자기 방으로 돌아가지 않는다. 그(마이클 조던, 미국프로농구(NBA) 최고의 스타로 은퇴하던 해 곧바로 프로야구 시카고 삭스팀의 마이너리그인 버밍햄 배런스에 입단, 제2의 스포츠 인생을 시작하기로 했음-편집자주)는 그 무더위 가운데서도 타격 코치 마이크 바넷에게 좀더 연습하면 안 되겠냐고 부탁한다." —보브 그린, 《시카고 트리뷴》

이 기사를 읽은 사람들이 지금 당장 밖으로 나가 마라톤을 한다고 상상해 보자. 아마도 그들 대부분은 42.195㎞를 완주하지 못할 것이다. 아무리 열심히 노력한다고 해도 말이다. 하지만 만약 그들이 내년 이맘때쯤 마라톤을 하겠다고 작정한다면, 오늘부터 훈련을 시작할 수 있을 것이다. 존 오트버그는 윌로크릭에서 종종 이런 이야기를 한다. "훈련은 우리가 노력해도 성취할 수 없는 일을 성취하게

해 주는 과정이다." 뚜렷한 목적을 가지고 아무리 열심히 노력한다 할지라도, 훈련 없이는 성공할 수 없다. 영적 훈련에 정통한 사람들은 훈련이 열쇠라고 강조한다. 여기서 말하는 훈련은 품성 계발, 사역의 지경 확장, 그리고 양육 등을 포함하는 '개발' 과는 다르다. 그리고 개발은 5G(7장 참조)를 통해 이루어지는 장기적인 목양 과정인 반면, 훈련은 보다 집중적으로 이루어진다. 소그룹 리더 훈련에서 반드시 고려해야 할 세 가지 주된 요소가 있는데, 그것은 훈련의 목표와 전달, 훈련의 길잡이, 그리고 훈련의 대상자이다.

분명한 사역 목표와 창조적인 전달 과정

소그룹 리더는 자신의 역할을 이해하지 않고는 효과적인 리더가 될 수 없다. 다음은 소그룹 리더의 개략적인 사역 내용이다.

	모임 중에	모임과 모임 사이에
초청: 기존의 혹은 구성원이 될 가능성이 있는 사람들을 공동체로 초청한다.	그룹 내에서 친밀하고 투명하며 진실한 관계를 세운다.	현재의 소그룹 구성원들과 관계를 발전시키고 새로운 사람들을 초청한다.
개발: 각 사람이 영적으로나 리더십에 있어 성장할 수 있도록 이끌어 준다.	소그룹을 말씀과 삶이 만나는 곳으로 만든다.	구성원들을 목양하고, 수습 리더들을 개발한다.
섬김: 사역의 목표를 함께 완성한다.	전략적인 섬김의 기회들을 계획하고 준비한다.	소그룹 외부에서 개인적으로 섬기거나 함께 섬긴다.

여러 훈련 방법을 함께 사용한다면, 이런 각각의 기술들이 리더를 훈련하는 데 가장 효과적인 것이 될 것이다. 교실에서의 훈련, 수습 리더 훈련, 그리고 현장 실습 훈련을 창조적으로 실시해 보라.

교실에서의 훈련

대부분 교회들은 교실에서 가르치는 훈련에 의지한다. 왜냐하면 방 하나에 사람들을 모아놓고 강단에 서서 리더십에 관해 강의하는 것이 가장 쉬운 방법이기 때문이다. 그러나 이것은 교육이지 훈련이 아니다. 교실에서의 교육을 훈련으로 바꾸려면, 배운 내용을 소그룹에서 실습할 기회가 필요하다. 우리는 다음과 같은 공식(formula), 즉 가르침, 시범, 실습, 평가로 많은 효과를 거두어 왔다. 그들에게 기술을 가르치고, 그 기술이 적용되는 방법을 보여 주고(역할극이나 비디오 자료를 이용해서), 그들이 앉은 테이블에서 실습하도록 하고, 그 후 그 자리에 있는 누군가에게 평가해 달라고 요청하게 한다. 이것은 소그룹 리더들이 배운 기술을 실험하고, 자신들의 실습에 대해 즉시 피드백을 받을 수 있는 안전한 환경을 제공한다. 경청하는 법, 토론 인도법, 좋은 질문 만드는 법, 갈등 다루는 법 등은 교실에서 진행하기에 좋은 훈련들이다. 물론, 실제 소그룹에서와는 다를 수 있겠지만, 교실에서의 실습을 통해 사람들은 적어도 자신의 소그룹 안에서 어떤 일들을 만나게 될지에 대해 예측은 해 볼 수 있다.

수습 리더 훈련

교실 안에서의 훈련이 내용 중심인 반면, 수습 리더 훈련은 관계 중심이다. 이 훈련에서는 수습 리더가 소그룹 리더의 활동을 관찰하는 것이 허용된다. 이것은 윌로크릭에서 가장 자주 사용하는 방법이며, 이에 대해서는 『삶을 변화시키는 소그룹 인도법』에 더 자세히 나와 있다. 기본적으로 한 리더가 수습 리더 한 명을 선택해서 소그룹 리더십의 본을 보이기 시작한다. 수습 리더와 리더는 리더십에 대한 주제와 소그룹 인도 방법에 대해 의견을 나눌 수 있다. 수습 리더가 점진적으로 소그룹 인도에 대해 보다 많은 책임을 맡게 되면, 리더는 그 모습을 지켜보면서 조언해 준다. 또한 리더는 자신의 수습 리더가 모임을 인도하는 것을 지켜보고 수습 리더의 성품과 영적 성장을 평가할 수 있다.

현장 실습 훈련

현장 실습은 리더들이 소그룹을 직접 인도함으로써 배우는 것을 의미한다. 리더들은 소그룹을 인도하면서 많은 부분들을 훈련받게 된다. 그들은 그룹 안에서 새로운 방법을 실험하고 새로운 기술들을 적용해 보기도 한다. 가끔 코치(소그룹 리더들을 목양하는 사람)는 소그룹을 방문해서 자신의 의견을 들려 주고 그들을 격려해 준다. 현장 실습은 리더가 자신의 리더십에 대해 깊이 생각할 수 있고, 구성원들과 코치들, 그리고 다른 사람들에게 조언을 들을 수 있는 훌륭한 훈련 방법이다.

훈련 지침

나(빌)는 대학을 졸업하고 뉴욕에 있는 어느 회사의 영업부에 취직을 했다. 내가 맡게 된 구역에는 허름하고 다 쓰러져 가는 작은 식품

점들이 있었는데, 영업부 동료들이 고맙게도 '한번 시작해 보라고' 내준 구역이었다. 그 중 몇몇 가게들은 브루클린과 퀸즈에서 가장 영업하기 어려운 지역들(베드포드 스타이브샌트, 이스트 뉴욕, 플랫부시 애비뉴)에 있었다.

이들 지역은 가난에 찌들고, 거리는 온통 낙서로 뒤덮였으며, 재개발이 반드시 필요한 곳이었다. 어떤 거리는 마치 전쟁터를 방불케 했는데, 폐허가 된 건물들, 버려진 자동차들, 쓰레기들로 사방이 다 흐트러진 모습이었다. 대학교 캠퍼스에서 보던 담쟁이 넝쿨로 뒤덮인 건물들이나 멋진 풍경과는 너무도 거리가 멀었다(나는 학위는 프린스턴에서 땄지만, 교육은 뉴욕에서 받았다고 말하고 싶다). 영업부 동료들이 왜 이 지역을 나에게 그렇게 선뜻 양보했는지 이해가 되었다.

화이트 플레인이라는 교외에 있는 사무실에서 일일 오리엔테이션이 있었다. 첫 주에는 나의 매니저가 나와 함께 전화 업무를 하고, 내가 담당할 가게 50곳을 방문하면서 영업 기술을 보여 줄 것이라고 했다. 그는 나를 위해 '길을 닦고', 내가 그 지역에 적응할 수 있도록 도와주며, 어떻게 영업을 마무리하는지 보여 준다. 그 다음 나의 차례가 되면, 그는 나를 코치해 주며, 나의 영업 과정을 평가해 주는 것이다.

상당히 힘들었던 두 차례의 영업을 마무리하고 세 번째 가게에 도착했을 때 매니저가 말했다. "자, 이제 자네 차례야. 열심히 해 봐." 나는 그가 농담하는 것이 아님을 곧 깨달았다. "제가요? 제가 뭐라고 말을 하죠?"

그는 미소를 지었다. 그것은 마치 롤러코스터를 타려는 사람에게

"걱정하지 마. 그렇게 높지는 않아"라고 말하면서 짓는 미소 같았다. 그는 나에게 영업 책자를 건네 주었고, 격려의 말 몇 마디를 건넸다. 그리고 나를 가게 문 앞으로 안내했다. "자네가 들어갔다 나온 후에 이야기하지"라고 말했다.

헤드라이트 앞에 선 사슴처럼 나는 그 자리에 선 채 얼어붙었다. 그는 나와 함께 들어가 주지 않았다. 나는 어색하게 가게 안으로 들어가면서, 이것이 내가 4년을 대학에서 보낸 이유임을 상기하며 나의 운명을 받아들였다.

고난의 시간을 거치고, 나는 어깨를 축 늘어뜨린 채 그 가게를 빠져나왔다. "일이 성사됐어?" 그는 물었다. "아니오"라고 나는 중얼거렸다. "거기서 뭘 배웠나?" 그때 나는 정신이 퍼뜩 들었다. 이것은 영업 실적의 문제가 아니라, 배움에 대한 동기 부여의 문제였다.

나는 처음 두 가게에서 매니저가 영업하는 모습에 거의 주의를 기울이지 않았다. 내가 직접 영업 일선에서 뛰기까지는 적어도 일주일은 걸릴 것이라고 예상했기 때문이다. 그러나 이제 나는 확실히 그에게 주의를 집중하게 되었다.

그래서 그가 "내가 다음 두 번의 영업을 하고, 그 다음은 또 자네 차례야"라고 말했을 때, 나는 그가 하는 동작 하나하나에 주목하며, 가게를 이동하는 사이 온갖 질문들을 던졌다. 나는 옛 중국 속담을 그대로 이행하고 있었다. "학생이 준비되어야, 선생이 나타난다."

그런 경험을 통해서 나는 효과적으로 짜여진 훈련이 어떤 것인지 배우기 시작했다. 6개월 후 회사는 나를 신시내티에 있는 영업 훈련 학교로 보냈다. 왜냐하면 그때까지 나는 배운 내용을 숙지하고, '참호 속에서' 이미 충분한 경험을 했기 때문이다. 그래서 내게 어떤 능력이 필요한지, 그 능력이 가장 필요한 영역이 어디인지 알게 되었다. 그리고 그것을 얻기에 충분할 만큼의 동기 부여도 되어 있었다.

소그룹 리더들의 훈련도 과정만 보면 큰 차이가 없다. 선생과 학생 사이의 모델링, 실습, 상호 피드백 등이 훈련의 필수 구성 요소이다. 예수님도 누가복음 9장에서 열두 제자를 파송하실 때나 누가복음 10장에서 70인을 보내실 때, 먼저 그 사역에 대한 본을 보이신 후에 그들로 하여금 직접 경험하도록 하셨다. 그런 다음 그들에게서 보고를 들으셨다.

그분은 가르침, 시범, 체험, 그리고 토론을 통합시키셨다. 그분의 '교실'은 사역의 장에서 습득된 지식을 함께 나누며, 기술 시범을 보이며 실습하는 장소였다. 그곳은 진리를 가르치기 위한 장소였다. 그리고 리더십 훈련을 위한 실습 장소는 각자가 처한 새로운 사역의 상황이었다. 우리의 접근 방법 역시 이와 다를 바 없다.

여기, 특별히 리더들을 교실에서 훈련시킬 때 고려해야 할 일곱 가지 안내 지침이 있다.

실제적이고 즉각적인 필요를 다루라
소그룹 리더들이 습득한 기술을 자기 소그룹에 바로 적용할 수 있을 때 훈련은 정말로 흥미진진해진다. 훈련 중인 리더를 '나중에 필요할지도 모를' 기술들로 성가시게 하지 말라. 당신이 가르치는 기술이 왜 지금 그들에게 도움이 되는지를 설명하라. 리더십의 현실적인 장애물들을 다룸으로써, 리더들의 필요를 충족시켜 주어야 한다.

성경 말씀으로 뒷받침하라

우리가 리더들을 하나님 말씀의 진리로 먹이고 감동시키지 않는다면, 이 훈련은 직장에서 실시하는 훈련과 다를 바가 없을 것이다. 대부분의 소그룹 인도 기술들은 관계에 대한 것인데, 성경 말씀은 인간관계를 개발하는 법, 갈등을 다루는 법, 목양하는 법, 사람들을 영적 훈련으로 세우는 법, 인격적으로 지도하는 법 등에 대해 값진 조언을 제시한다.

체험을 통해 훈련하라

체험 훈련은 가장 기억에 남고 재미가 있다. 사람들이 함께 기술들을 실습하고 서로에게서 배울 때, 그들의 신뢰감이 자라나며 우정도 더욱 돈독해진다.

체험을 통한 학습에서 각 사람은 정보 이상의 것을 얻게 된다. 그들은 배움의 공동체를 발전시킨다.

예를 들어, 당신이 소그룹에서 기도 인도법에 대해 사람들을 훈련시킬 때, 그들이 실제로 기도를 인도할 수 있도록 해야 한다. 함께 기도하는 것은 기도에 대한 직접적인 경험을 제공할 뿐 아니라, 리더들 사이에 보다 강한 공동체 의식을 구축할 것이다.

감동을 주고 동기를 부여하라

훈련은 결코 지루해서는 안 된다. 비전을 심어 주고 이야기를 들려 주라. 사람들에게 그들이 지금 무엇을, 왜 하고 있으며, 그것이 하나님 나라에서 얼마나 중요한지를 상기시키라. 리더들이 각자의 성공담을 나눌 수 있게 하라.

그들의 열심을 인정해 주라. 창의적인 자료, 소품, 활동 등을 통해 훈련 환경에 기쁨과 재미가 넘치게 하라.

도구와 자료들을 제공하라
리더들은 새로운 기술을 배우면 기뻐한다. 그리고 다음 소그룹 모임에서 이 기술을 활용하는 데 도움이 될 만한 도구나 자료까지 받으면 더욱 기뻐한다.

리더들이 소그룹에서 활용할 수 있도록 모임 시작을 위한 아이디어, 가르칠 때 활용할 수 있는 팁, 창의적인 연습 문제, 수련회에 대한 아이디어, 기도에 대한 아이디어, 기타 유인물 등을 훈련 때 제공하라.

이런 자료들을 단순하고 사용하기에 편리하도록 만든다면, 리더들은 다음번 훈련 모임에 더욱 적극적으로 참여할 것이다.

집중하라
결코 한 번에 두 개 이상의 기술을 가르치지 말라. 열두 가지 기술로 리더들을 사로잡는 것보다 간단하고 집중할 수 있고 실제적이며 흥미로운 훈련 하나를 가르치는 것이 낫다. 훈련 과정으로는 20~40분 정도가 가장 좋다.

가끔은 반나절 훈련이나 종일 훈련 프로그램을 준비하고 싶을 때도 있을 것이다. 그러나 계속적인 훈련을 위해, 리더들의 시간을 지나치게 많이 소비하지 않는 짤막한 과정이 가장 좋다. 그들이 한 소그룹을 인도하고 사람들을 목양하는 데 이미 헌신하고 있다는 사실을 기억하라.

과도한 훈련을 삼가라

우리는 칼 조지가 우리에게 가르쳤던 한 원리를 따르려고 노력했다. 그 원리는 당신이 리더들을 더 많이 감독할수록 초기 훈련 기간을 더 줄일 수 있다는 점이다.

만일 당신이 감독하지 않고 한 리더에게 소그룹을 인도하게 할 계획이라면, 당신은 그 리더에게 소그룹을 맡기기 전에 광범위한 훈련을 시켜야만 할 것이다.

우리는 적절한 수준의 초기 훈련과 더불어, 그 다음 사역의 전 기간에 걸쳐 그들을 감독하는 방안을 채택했다. 우리는 이렇게 감독하는 것을 '코칭'이라 부른다(그 역할에 대해서는 다음 장에서 상세하게 설명할 것이다).

청중을 훈련하기

리더들을 훈련시킬 때, 모든 사람을 초보 학습자로 간주하지는 말라. 어떤 사람들은 초보자인 반면에, 또 어떤 사람들은 다니던 교회나 사역지에서 리더로 섬기다가 당신의 교회로 옮겨 온 사람들일 것이다. 바울이 천막을 만드는 브리스길라와 아굴라를 만났을 때, 그들은 초신자였다. 그러나 디모데는 바울을 만나기 전 이미 자신의 어머니와 외할머니에게 가르침을 받았고, 교회 사람들에게 크게 추천받는 사람이었다.

당신의 현장에서도 마찬가지이다. 당신은 리더들이 세 부류, 즉 초보자, 중급자, 숙련자로 나뉜다는 것을 알게 될 것이다. 따라서 이들에게는 각 부류에 맞게 차별화된 훈련이 필요하다.

초보 리더

우리는 초보 리더들을 사랑한다. 당신이 그들에게 리더의 자격이 있다고 인정해 줄 때조차도 대부분의 초보 리더들은 자신이 리더로서 이끌 수 있으리라고 확신하지 못한다. 우리가 이미 앞에서 언급한, 이런 망설이는 리더들에게는 용기를 주고, 실패할 수 있는 자유를 허용하며, 소그룹 리더로서의 탐험을 시작하는 데 필요한 기술들을 전수해 주어야 한다. 초보 리더들과 사역할 때, 다음과 같은 영역에 강조점을 두라.

- 리더 및 목자의 역할
- 사람들을 그룹에 초대하기
- 토론 인도
- 기도 모임 인도
- 편안한 분위기 조성
- 팀 세우기
- 비전 제시
- 서약 만들기

이와 같이 소그룹의 기본적인 영역들을 훈련함으로써 새내기 리더들은 자신감을 갖게 될 것이다. 우리는 위에 언급한 기술들을 소그룹 상황에서, 즉 '실제' 그룹이나 훈련 교실에서 실습해 보라고 추천한다. 새내기 리더들은 시범을 보고 싶어 하는 사람들이므로, 강의는 간단하고 요점 위주여야 한다.

토론의 분위기를 이끌어내는 질문을 만드는 방법에 대한 다음의 간단한 표가 도움이 될 것이다.

구성
5, 6명으로 이루어진 그룹들을 형성한다.
각 그룹을 위한 리더를 선정한다.

가르침
'질문의 기술.' 좋은 질문은 다음과 같다
- 닫힌 질문보다는 열린 질문이 좋다
- 의견이나 경험을 묻는 질문이 좋다

시범
청중 중에 몇몇 사람을 선택해서, 열린 질문으로 5분 정도 그들과 면담하라. 마지막에 닫힌 질문을 하나 던짐으로써 다른 사람들이 그 답변이 얼마나 짧은지 보게 하라. 닫힌 질문은 토론을 만들어내지 못하고, 답변이나 사실을 찾는다. 다음은 그에 대한 예문이다.

열린 질문
- 어떻게 이 교회를 처음 알게 되었습니까?
- 당신은 어떤 일을 좋아합니까? 그것에 대해 좀더 말씀해 주십시오.
- 아버지가 됨으로써 얻게 되는 가장 큰 보상은 무엇입니까?
- 고등학교 시절의 경험을 이야기해 주세요. 그 시절을 떠올리면 어떤 기분이 드는지 나눠 주세요.

닫힌 질문
- 교회까지 오는 데 시간이 얼마나 걸립니까?
- 오늘 점심으로 무엇을 먹었나요?

연습
각 소그룹에서 리더를 지명하여 그로 하여금 누군가에게 열린 질문을 던져 보도록 하라. 각 그룹에 속한 다른 사람들에게는 답변자의 말을 이해하기 위한 질문을 하도록 요청하라. "좀더 말씀해 주시겠습니까?", "이것은 마치 … 같네요", "당신이 말씀하시는 것에 대해 제가 이해한 것은 …

입니다" 등과 같은 표현을 사용하도록 권장하라. 이런 말들은 좀더 많은 토론을 이끌어낸다. 이것이 약간 부자연스럽게 느껴질 수도 있을 것이다. 그러나 이것은 논지를 분명히 하고, 사람들이 질문을 하도록 만들 뿐 아니라, 주의 깊게 듣도록 하는 데 도움이 될 것이다.

피드백(반응)
3~5분간의 토론 후에 각 테이블의 구성원들에게 그들이 관찰한 바를 보고하게 하라. 리더가 어떻게 했는가? 구성원들은 어떻게 느꼈는가? 무엇에 변화를 줄 수 있겠는가?

다른 질문들을 가지고 두세 번 더 연습해 보고, 다른 사람을 그 소그룹의 리더로 세워 보라. 재미있게 이끌어 보라.

마지막 단계에서는 각 소그룹에서 발표자를 한 명씩 선정, 어떤 중요한 학습 요점들이나 질문들을 발표하게 하라(기억하라. 가장 이상적인 것은 성경 구절에서 뽑은 열린 질문들을 사용해서 '실제' 소그룹 안에서 실행해 보는 것이다. 나중에 이 모임 후에 당신이 질문했던 이유를 설명하면서 훈련 중인 새 리더와 함께 보고하라).

이런 종류의 간단한 연습으로 리더들은 배우는 동안 자신감을 얻게 될 것이며, 이러한 연습은 편안한 환경에서 이루어져야 한다. '새' 리더들은 이미 경험이 풍부한 그리스도인이거나 숙련된 일꾼일 수도 있다. 그러나 그들은 진정한 공동체에 초점을 두는 소그룹을 인도하는 데는 초보이다. 그들은 분명 긴장하겠지만, 격려를 담은 피드백과 더불어 간단한 훈련을 통해 순조로운 출발을 할 수 있을 것이다.

중급 리더
기본적인 소그룹 리더십의 경험을 넘어서서 발전하고 있거나, 혹은 팀이나 소그룹을 인도할 수 있는 다른 형태의 리더십을 발휘한 경험이 있는 리더가 있다면, 아마 좀더 고급 기술을 훈련받아야 할 것이다. 이런 리더들은 소그룹을 인도하는 기초적인 기술은 이해하고 있지만, 그것을 완전히 습득하지는 못한 상태이다. 이들을 훈련시킬 때 당신이 고려해야 할 몇 가지 훈련 영역이 있다.

- 계획적인 목양
- 갈등 해결
- 도전적인 구성원들과 같이 사역하기
- 진실을 말하기
- 소그룹 재생산하기
- 수습 리더 발굴하기
- 성경 공부 기술
- 영적 훈련

리더들이 자신들의 경험을 나누고 문제를 해결하는, 4~6명의 리더 모임(huddle)에서 이러한 훈련이 이루어질 수 있다. 또한 이 리더들을 위해 고급 기술들을 가르치는 수업과 일대일 멘토링을 준비해야 할 것이다. 조지아 주의 로스웰 시에 있는 펠로우십바이블교회의 게리 프랭클린은 새 리더들과 기존의 리더들을 훈련시키기 위해 이러한 리더 모임을 효과적으로 활용한 바 있다. 코치와 소그룹 리더들은 하나의 리더 그룹을 이루어 함께 훈련을 받는다. 이런 방식을 통해 코치는 자신이 맡은 리더들의 필요를 알 수 있으며, 함께 배우면서 리더십 공동체를 세워 갈 수 있다. 그것은 또한 리더들이 장기적인 리더십 계발과 후원에 필요한 관계를 맺을 수 있게 돕는다. 우리는 이 후원에 대해, 특별히 코치의 역할에 대해 다음 장에서 더 자세히 언급할 것이다.

숙련된 리더

일단 당신이 숙련된 리더를 확보하게 되면, 그의 훈련은 기초적인 그룹 역동(group dynamics)보다는 고급 리더십 기술에 초점을 맞춰야 할 것이다. 더욱이 숙련된 리더는 당신을 돕는 보조 훈련자로, 혹은 다른 리더들의 코치로서 훈련받는 리더들을 도울 수도 있을 것이다. 따라서 숙련된 리더들에게는 리더십 훈련보다 리더십 계발이 필요하다. 리더들의 필요와 성장 속도에 따라 차이가 있겠지만, 중점을 두어야 할 몇 가지 훈련 영역들이 있다.

- 다른 사람들을 변화로 인도하기
- 리더들이 성장하도록 코치하기
- 섬김의 기회를 계획하고 팀 인도하기
- 대화와 가르침의 기술
- 위기 상황에서의 목양
- 그룹 전도
- 성찬 집례

우리는 리더들이 기술과 성품에서 성숙해 갈수록, 적절한 실습을 할 수 있도록 그들을 다른 숙련된 리더들과 함께 모이게 하는 것이 절실하다는 것을 깨달았다. 수련회, 리더 모임, 그리고 숙련된 교회 리더들과의 만남 등을 통해 그들은 질문할 기회를 갖고, 새로운 수준에서 도전을 받게 되었다. 우리 둘 다 그들의 영역을 확장시키고,

그들의 사역의 지경을 넓히며, 그들의 성품을 세울 목적으로 숙련된 리더들의 모임을 인도해 왔다.

커다란 비극 중 하나는 리더가 정체 상태에 있도록 방치하는 것이다. 만일 숙련된 리더들이 새로운 수준에서 도전을 받지 않으면, 그리고 만일 그들이 다른 리더들의 리더로서의 경험과 관계들을 접하게 해 주지 않는다면, 당신은 그들을 일터와 지역 사회, 그리고 스포츠 세계에 빼앗길 것이다. 이것은 우리가 그런 영역들에서는 리더가 될 필요가 없다는 말이 아니다. 우리가 의미하는 것은 교회가 최고의 역량 있는 리더들에게 활동할 장소를 제공해야 한다는 것이다. 만일 우리가 그렇게 하지 않으면 다른 사람들이 그렇게 할 것이기 때문이다. 그러면 하나님 나라에 손해를 끼치게 된다.

리더들을 위한 훈련과 개발 전략을 세울 때, 초보 리더, 중급 리더, 그리고 숙련된 리더 각각을 위한 방법과 기술들을 고려하라. 만약 당신이 다음에 무엇을 해야 할지 확신이 서지 않는다면 그들에게 물어보라. 가능성 있는 리더들은 대부분 자기가 성장하기 위해 무엇이 필요한지 이미 잘 알고 있다. 그러므로 당신의 교회에서 최고의 사람들을 찾아서 그들에게 투자하라. 왜냐하면 소그룹 사역은 리더의 자질과 성숙도에 비례하여 효과를 발휘하기 때문이다. 그들을 적절하게 훈련시키는 것도 필수적이지만, 사역 전 기간에 걸쳐 그들을 후원하는 것 역시 반드시 필요하다.

위대한 운동선수들은 자신의 경쟁력을 유지하기 위해 사람들(코치, 가족, 친구)을 연결해 주고 경험들(특별 전지훈련, 취미 생활, 다른 선수들과 함께 시간을 보내는 것)을 제공하는 등의 후원이 필요하다. 교회가 최소한 하나님의 사람, 즉 소그룹 목자들의 영성 계발을 책임지는 사람들로 넘쳐나야 되지 않겠는가? 그렇다면 리더들이 성실하고도 기술적으로 경주를 완주하기 위해 필요한 것이 무엇인지 곰곰이 생각해 보자.

10장. 리더에 대한 코칭 및 후원

"내 삶의 코치는 다른 사람들이 아무것도 없다고 생각하는 곳에서 약속을 발견할 것이다. 내 삶의 코치는 내가 마치 상종가의 주식인 것처럼 나에게 투자할 것이다. 내 삶의 코치는 내가 미처 깨닫지 못했던 잠재력을 찾아내 한 바구니 가득 금을 캐낼 것이다. …나에게 그런 코치가 있다면 나는 투사가 될 것이다. 당신도 그렇지 않은가? 양치질하는 방법으로부터 인생을 설계하는 것에 이르기까지 자세히 지도해 주고, 내가 얼마나 더 잘할 수 있을지, 지금의 모습보다 나아진다면 얼마나 많은 유익을 낳게 될지 등에 대해 알려 주는 코치가 있다면 당신의 삶은 지금보다 수천 배 더 나아지지 않겠는가?
―메리 슈미히, 《시카고 트리뷴》

당신이 소그룹 리더에게 줄 수 있는 가장 좋은 자원은 사람이다. 나(빌)는 다른 교회에서 소그룹 담당 목사가 되었을 때 곧바로 리더들 면담부터 했다. 대부분의 리더들이 나에게 이렇게 말했다. "나는 마치 바다 위에 홀로 떠 있는 섬처럼 외롭습니다. 교역자들에게 먼저 연락하지 않으면 그들이 내게 먼저 다가오는 법은 없습니다." 이 교회는 모든 사람에게 돌봄이 필요하다는 칼 조지의 '돌봄의 범위' 원리(3장 참조)를 깨닫지 못하고 있었다. 이 원리는 소그룹의 리더들뿐만 아니라 소그룹 리더들을 목양하는 코치들에게도 적용된다.

리더들이 소외감을 느끼는 이 교회에서 나는 소그룹 리더들을 최대 45명까지 돌보았다. 그들 리더 그룹에서 나는 두 부류의 사람들에게 관심을 가졌다. 하나는 내가 정말 좋아하는 사람들이었고, 또 하나는 나를 가장 힘들게 하는 사람들이었다. 그 중간 지대에 있던 사람들에게는 신경 쓸 수가 없었다. 그것은 내가 돌봄의 범위를 지키지 않았기 때문이다. 윌로크릭에서 소그룹 리더는 열 명까지 소그룹 구성원들을 보살필 수 있지만, 코치 한 사람이 돌보는 사람은 소그룹 리더 다섯 명으로 제한하고 있다.

코치의 돌봄의 범위

당신이 코치의 역할, 사역 환경, 교회 구조 안에서 코치의 위치, 그리고 리더들 간의 관계를 이해한다면 왜 돌봄의 범위가 더 작아야 하는지를 잘 알 것이다. 리더와 코치들을 사역 기간 내내 뒷받침해 주기 위해, 교회는 기도하고, 행사를 기획하고, 후원 시스템을 마련해야 할 것이다.

코치의 역할

소그룹 리더들은 목양, 후원, 기도, 새로운 아이디어, 그리고 때로는 전화 한 통까지도 코치의 도움을 필요로 한다. 아래 도표는 코치의 사역을 요약한 것이다.

	리더 모임	소그룹 심방	일대일 만남
리더십 계발 ■ 비전 제시 ■ 기술 ■ 수습 리더	인도하기	지지하기	보살피기
목양 ■ 영적으로 ■ 관계적으로 ■ 개인적으로	그리고	그리고	그리고
사역 후원과 확장 ■ 기도 ■ 지지 ■ 자료 제공	시범 보이기	관찰하기	개발하기

왼쪽 칸은 코치의 역할을 설명한다. 코치는 자신이 맡은 리더들을 계속적으로 훈련하고, 그들의 성장을 돕고, 각 그룹 내에서 잠재적인 리더들을 발굴한다. 코치는 리더들도 평범한 사람이라는 것을 잊지 않는다. 즉, 코치는 리더들이 무엇을 하기 때문에 그들을 사랑하는 것이 아니라 그들의 있는 그대로를 사랑한다는 것을 보임으로써 그들을 돌보는 것이다. 코치는 커리큘럼이나 훈련 혹은 기도 후원과 같은 필요를 채워 줌으로써 리더들의 사역을 후원한다(코치의 역할과 책임, 사역 방법에 관한 전체적인 설명을 원한다면 윌로크릭 협의회에 <윌로크릭 코치 핸드북>을 신청하라).

코치 사역의 장

앞의 표 상단에는 코치가 리더들과 함께 사역하는 세 가지 주요 환경(리더 모임, 소그룹 심방, 일대일 만남)이 나와 있다.

리더 모임

코치는 여기서 소그룹 리더들 모두 혹은 일부와 모임을 갖는다. 보통 한 시간에서 한 시간 반 정도 걸리는 이 모임에서 코치는 소그룹을 인도하고 리더십을 발휘하는 시범을 보인다. 그는 리더들이 보다 효과적으로 사역하도록, 공동체를 세우고, 아이디어를 나누고, 그룹에 대한 정보를 수집하도록 도와주며, 비전을 심어 주는 사람이다.

소그룹 심방

코치는 리더들을 격려하고 분위기를 관찰하기 위해 소그룹 모임에 방문한다. 그는 소그룹에서 다음과 같은 격려의 말을 던진다. "여러분이 그리스도 안에서 성장하기 위해 서로 격려하는 이 현장에 함께하게 되어 정말 영광입니다." 그리고 그는 소그룹 구성원들에게 그들을 돌보아 줄 목자가 있다는 사실이 얼마나 감사한 일인가를 상기시켜 준다.

코치가 소그룹을 심방할 때, 우리는 'LEAD' [인도(Lead), 환경(Environment), 수습 리더(Apprentice), 역동(Dynamic)]를 통해 분위기를 파악하라고 요청한다. 우선, 코치는 리더를 격려하고 관찰해야 한다. 코치는 리더들이 준비를 잘해서 모임을 효과적으로 이끄는지, 필요한 자료가 있는지 점검하고 구성원들에게 관심을 보인다. 기본적으로 코치는 리더들을 섬기고 후원할 방법들을 찾으려 애쓴다.

둘째, 코치는 소그룹 환경이 삶의 변화에 도움이 되는지의 여부를 냉정하게 판단해야 한다. 모임 공간은 충분한가? 모임 중에 '열린 의자' 개념을 활용하거나 그에 대해 토의하는가? 사람들이 감정과 의견을 무시당하거나 판단받지 않고 표현할 수 있는 편안한 분위기를 느끼는가?

셋째, 각 리더에게 수습 리더가 있는지, 그 수습 리더가 모임에 참여하고 있는지 여부를 반드시 확인해야 한다. 코치는 리더들에게 수습 리더를 발굴하는 방법과, 그 수습 리더들이 소그룹을 인도할 준비가 되었는지를 평가하는 방법에 대해 조언해 준다.

마지막으로, 코치는 소그룹 구성원들이 서로 대하는 모습과 갈등을 다루는 법을 관찰함으로써 그룹의 역동성을 읽어야 한다. 코치는 리더의 질문에 구성원들이 답변하는 것을 통해서, 혹은 실제로 말씀과 삶이 만나는 토론에 참여함으로써 알 수 있다.

일대일 만남

코치는 많은 시간을 리더들과 일대일로 만나며 보내게 된다. 그들은 이 시간에 소그룹 리더들의 필요를 돌아보고, 그들이 영적 성숙의 다음 단계로 넘어가도록 이끈다.

우리는 그들을 단지 리더로뿐만 아니라 평범한 사람으로 바라보고 관심을 갖는다. 코치는 리더들과 함께 그리스도를 따르는 데서 오는 어려움들에 대해서뿐만 아니라, 그들의 가정 생활, 직장에서의 관계, 그리고 개인의 목표에 대해서도 이야기를 나눈다.

5G 목양 계획서를 사용하면 코치와 리더들이 서로 성장과 관계를 깊게 하기 위한 다음 단계를 계획하는 데 도움이 될 것이다.

코칭 구도 세우기

코치의 역할과 기능에 맞는 구도를 새로 만드는 것이 이 핵심 리더들을 교회의 구조 속으로 통합하는 것보다 효과적이다. 펜실베이니아 주 랭커스터에 있는 워십센터교회 부목사인 돈 네프(Don Neff)는 다음과 같이 말한다. "코칭 구조를 세우는 것은 소그룹 사역에서 가장 어려운 작업 중 하나이다."

워십센터교회에는 60명의 코치와 152개의 소그룹이 있으며, 주말 예배 출석 인원이 약 2,650명 정도이다. 전 교인의 75%가 소그룹에 소속되어 있으며, 한국의 구역 모델을 따르고 있다.

네프는 다음과 같이 말했다. "이렇게까지 급격한 변화는 생각지도 못했습니다. 우리는 드러나지 않게 소그룹들을 세워 나갔고, 하나님의 도우심으로 어느 정도의 성공을 거둘 수 있었지요." 워십센터교회의 소그룹 사역도 한국의 구역 모델처럼 지역별로 이루어진다. 이 교회는 구역을 위해 기도하고, 필요를 찾아서 채우고, 소그룹이 번식하도록 리더를 찾아 세우는 기본적인 원리들을 도입하려고 노력했다.

네트는 다음과 같이 말했다. "우리는 기존의 소그룹들을 모아놓고, 비전을 나누었습니다. 곧 사람들은 그 비전을 받아들였고, 변화의 필요성을 깨달았습니다. 성장은 느렸지만 분명했습니다. 오래된 소그룹들로부터 새로운 소그룹들이 탄생하는 과정에서 겪는 자연스러운 과정이었죠. 대부분의 소그룹은 우리 응접실에서 시작되었고, 코치들도 그곳에서 태어났습니다."

그 교회에서 '지역장'(section leader)을 맡고 있는 60명의 코치 중에는 부부가 함께 섬기는 경우가 많아서, 실제로는 39개의 코치 팀이 있는 셈이다. 각각의 코치 혹은 코치 팀은 3~6명의 구역장(소그룹 리더)들을 목양하고, 소그룹 사역을 도와주며, 교회가 제공하는 목회적 돌봄의 접촉점이 되어 그들을 돌본다.

사람들을 코치로 세우려면 반드시 비전을 제시해야 한다. 네프는 말한다. "그것은 전략적인 과정입니다. 우리는 그들을 불러서 말합니다. '우리는 당신이 리더로 활동하는 것을 지켜봐 왔으며, 당신이 리더의 사역을 정말 잘 해냈다고 생각합니다.' 우리는 그들에게 비전을 보여 주고, 그들이 하나님과 개인적으로 동행하며 성장하도록 돕습니다."

네프는 보통 코치들에게 두 개의 소그룹을 맡기면서, 동시에 그들이 얼마 동안은 소그룹 리더 역할도 계속하게 한다. 그는 다음과 같이 언급한다. "그렇게 전환해 나가는 것이 효과적입니다. 그리고 코치들 역시 그러한 과정을 통해 성장할 수 있습니다. 좋은 리더가 항상 좋은 코치가 되는 것은 아닙니다. 천천히 진행하다 보면 그것을 알 수 있지요." 코치는 여섯 시간의 훈련을 받고, 자기가 맡은 소그룹 리더들과 매달 모임을 갖는다. 교구장은 코치들을 보살피는 파트타임 교역자들이 맡는다.

다섯 명의 교구장(district leaders)이 윌로크릭 협의회에서 주최하는 소그룹 컨퍼런스에 참석했을 때를 떠올리며 네프는 다음과 같이 말했다. "그들은 변화되었으며 강한 충격을 받고 돌아왔습니다. 우리는 그 당시 따를 만한 모델이 없었습니다. 우리는 한국의 구역 모델을 적극적으로 따랐지만, 일부 문화적인 부분들은 적용할 수 없었습니다. 그렇지만 한국의 구역 모델은 우리가 다음 단계로 발전하는 데 도움이 되었습니다."

코치와 리더의 관계

코치는 무엇보다도 리더들을 사랑해야 한다. 사랑은 기독교에서 첫째 되는 덕목이다. 그리고 리더들에 대한 코치의 사랑은 표현되어야 한다. 사랑받는다고 느끼는 리더는 오랫동안 사역에 임할 수 있을 것이다. 사랑받는다고 느끼는 리더는 코치의 지적이나 훈련에 잘 따를 것이다. 사랑받는다고 느끼는 리더는 더 많은 사역을 감당할 수 있을 것이다. 왜냐하면 그 모든 일에 책임감을 느끼고 받아들일 수 있기 때문이다. 그러므로 코칭의 핵심은 사랑이다.

사람들은 종종 우리에게 질문한다. "윌로크릭에서는 어떻게 리더들을 그 많은 행사들에 다 참석하게 합니까? 그들은 소그룹을 인도하고, 각종 예배에 참석하며, 게다가 훈련 프로그램이나 수련회 등에도 참석합니다. 어떻게 그 모든 것들을 다 하게 합니까?" 우리는 그들이 그렇게 주님의 일에 충성하기까지 그들을 사랑한다. 그것이 유일하고 진정한 방법이다. 당신이 그들의 '일' 보다 그들 자신에게 더 관심이 있다는 것을 리더가 느끼게 될 때, 비로소 더 많은 일이 주님의 뜻 안에서 이루어질 수 있다.

누군가에게 리더 자리에서 물러날 것을 요구하는 것 역시 사랑으로 이루어지는 일 중 하나이다. 이것은 결코 즐거운 일은 아니지만, 유익한 일이 될 수 있다. 그것이 도덕성 때문이든 혹은 제대로 사역을 해낼 수 없기 때문이든, 리더를 그만두게 하는 것은 분명 고통스러운 과정이다. 그러나 그리스도의 몸 된 교회의 건강을 위해 이 일은 반드시 실행되어야 한다. 분명히 기억해야 할 것은, 리더들은 다른 사람들이 성장하도록 목양하는 영적 권위를 부여받은 사람들이라는 점이다.

만일 우리가 문제 있는 리더들을 그대로 방치한다면, 우리는 그들이 그리스도의 몸에 해를 입히도록 방관하는 것이다. 윌로크릭은 소그룹 내에서 갈등을 다루는 것(6장 참조)만큼 이 과정에 큰 무게를 두고 있다.

어떤 사람에게 리더를 그만두게 할 때, 코치는 결코 단독적으로 행동을 취해서는 안 된다. 교역자나 장로들이 반드시 개입되어야 한다. 그만두게 되는 리더에게는 은혜와 사랑으로 대하고, 회복과 후원에 대한 약속과 더불어 새로 섬기게 될 사역을 위한 훈련을 제공해 주어야 한다. 의사소통을 할 때는 직접적이고, 분명하며, 공손한 태도를 취하라. 만약 그 리더가 자신의 잘못을 인정하고 이 기회를 통해 무엇인가를 배운다면, 당신은 한 형제(자매)를 얻은 것이다.

장기간의 사역을 위해 리더 후원하기

리더는 소그룹 교회를 세워 나가는 데 핵심적인 역할을 한다. 그들은 구성원들이 진실한 관계를 맺을 수 있도록 이끌어 주며, 사람들이 진리를 깨달아 변화하도록 돕는다. 또한 구성원들 사이에서 갈등을 건강하게 해결하도록 돕는 역할을 하며, 서로 돌보며 성장하도록 사람들을 목양할 것이다. 리더 없는 사역은 갈라지며 초점을 잃고 만다. 리더들은 교회의 가치와 비전을 품고 성도들에게 꾸준히 공통된 메시지를 전달한다.

그러므로 할 수 있는 모든 방법으로 리더들을 후원하라. 그러면 그들은 오랫동안 책임감 있게 사역에 임할 것이다. 리더를 가장 잘 후원할 수 있는 방법은 사람, 즉 코치라는 것을 이미 설명했다. 그러나 우리는 또한 기도와 행사, 그리고 후원 시스템을 통해서도 그들의 사역을 후원할 수 있다.

기도를 통한 후원

 요한복음 17장에서 예수님은 아버지께 그의 미래의 리더들을 '악으로부터' 보호해 달라고 기도했다. 예수님은 공동체를 세우는 것이 영적인 싸움임을 알고 계셨다. 소그룹 교회를 세우는 것은 하나님 나라의 확장과 성숙이라는 최전방에서 적과 교전을 벌이는 일이다. 그래서 예수님은 그의 리더들을 위해 기도하셨고, 우리 역시 그렇게 해야 한다. 윌로크릭에서는 코치와 교역자들이 리더들을 위해 기도할 뿐 아니라, 중보기도 팀에서 교회의 리더들을 위한 구체적인 기도 제목을 놓고 시간과 정성을 쏟아 기도한다. 우리는 중보기도가 리더들에게 힘을 주며 그들을 보호해 줄 것이라고 믿기 때문이다. 우리가 알지 못하는 사이, 우리는 수많은 영적 전투에서 이미 승리했을 것이다. 기도는 리더들을 후원하고 보호하며, 그들이 앞으로 가게 될 사역의 길을 잘 닦아놓는다. 기도는 리더들이 하나님의 뜻에 맞게 사역하게 한다. 그러므로 그들은 자신을 향한 하나님의 목적을 이해하며, 순종하는 마음과 확신 가운데 그 목적을 따라 살아가게 되는 것이다.

 내(빌)가 윌로크릭에서 부부 모임을 인도하고 있었을 때, 한 코치가 자신이 맡은 지역에서 놀라운 성장을 경험했다. 그 코치가 이끄는 리더 모임은 두 명에서 시작되어 여덟 명까지 성장했는데, 그것은 다른 모임들보다 상당히 인원이 많은 편이었다. 각 소그룹에는 수습 리더가 있었고, 그 코치는 또 다른 수습 코치를 훈련하고 있었다. 나는 어느 날 그를 교회로 불러 질문했다. "이 많은 리더들을 양육하게 된 비결이 무엇입니까? 보통은 이 정도 크기로 성장하려면 꽤 많은 시간이 걸리거든요."

그의 답변은 간결하고도 솔직했다. 그는 "기도입니다"라고 답변했다. "나는 나의 영의 눈을 열어 주셔서, 능력 있는 리더들이나 잠재적인 리더들을 보게 해 달라고 기도합니다. 그 다음에 그들에게 접근해서 함께 사역하기 시작합니다."

"그래요. 하지만 저는 당신의 '전략'이 궁금합니다"라고 재차 질문했다. 그의 눈에는 내가 영적인 난쟁이처럼 보였을 것이다. 왜냐하면 그의 두 번째 답변도 첫 번째 답변과 똑같았기 때문이다. "기도입니다. 그것이 나의 전략이지요." 나에게는 기도가 리더십의 최우선 전략이 아니었지만, 그에게는 그러했음이 분명하다. 그는 리더십을 이해하고 있었다. 리더십을 계발하는 것은 영적 전투이며, 그는 싸우는 방법을 아는 사람이었다. 그는 새 리더들을 위해 기도하고 있었고, 기존 리더들을 위해서도 기도하고 있었다. 그는 꾸준한 기도 없이는 수적으로나, 영적으로 아무런 성장도 일어나지 않는다는 것을 알고 있었다.

행사를 통한 후원

당신은 1년 내내 당신이 격려하고, 후원하고, 가르치고, 먹이고, 비전을 새롭게 할 리더들을 모아야 한다. 윌로크릭에서는 리더십 후원 행사들을 다양하게 갖는다. 왜냐하면 각 사역의 시기마다 각기 다른 면에 초점을 맞추어야 하기 때문이다. 우리는 리더들을 후원하기 위해 다음과 같은 몇 가지 행사들을 활용한다.

소그룹 리더 수련회

윌로크릭에서 이것은 '놓칠 수 없는' 행사이다. 우리는 현재 소그룹 중심의 교회이기 때문에 교회의 리더십 구조 전체가 교역자, 코치, 소그룹 리더, 장로, 그리고 제직회원으로 이루어져 있다. 이 수련회는 우선적으로 모든 사람에게 감동을 주기 위해 기획되는 행사이며, 여기서 우리는 다음 사역 기간을 위한 비전을 명확히 밝힌다. 이 연례 수련회는 즐겁고 활기 넘치는 프로그램, 즉 축제 예배, 강의, 공동체를 세우는 시간 등으로 진행된다.

우리는 그간의 성과를 축하하고, 리더들을 격려하며, 말씀을 배우고, 서로 세워 주고, 교제하는 데 수련회 전체의 80%를 할애한다. 이것은 수련회에서 '영양을 공급하는' 부분이다. 우리는 리더들에게 영양을 공급함으로써 비로소 그들을 공동의 사역 목표를 향해 이끌 수 있게 된다. 빌 하이벨스 목사나 러스 로빈슨이 리더십에 대해 종종 던지는 도전을 통해 우리 모두는 우리 사역의 초점을 공동의 방향에 맞추게 된다. 결국 우리는 단지 각자의 의제(agenda)를 가진 흩어진 소그룹들로 된 하나의 연합체를 이끌고 있는 것이 아니라 하나의 교회를 세우고 있는 것이다.

우리는 종종 이 수련회를 교회 밖에서 시행하는데, 이로써 사람들은 교회와 가족, 그리고 일에 대한 부담으로부터 벗어나 큰 즐거움을 누리곤 한다. 그러나 수련회 장소를 빌리기 위해 비용이 들고, 리더들이 하루나 이틀 집을 떠나기 때문에 자녀들을 누군가에게 맡겨야 한다는 부담이 있다.

최근에 우리는 윌로크릭에서 이 소그룹 리더 수련회를 가졌는데, 비용도 덜 들고 친숙한 시설과 장비를 사용할 수 있어 좋았다. 또한 보다 많은 리더들이 참여할 수 있었다. 그러나 교회에서 갖는 수련회의 단점은 리더들이 가정일로 방해받기가 비교적 쉬워서 일부 순서를 놓칠 수 있다는 점이다. 그러므로 리더들이 놓치고 싶지 않을 정도의 좋은 내용들과, 체험을 통해 배우는 순서들을 제공하는 것이 우리의 책임이다.

리더십 공동체

많은 교회들이 월별, 혹은 분기별로 리더 모임을 갖는다. 이러한 리더십 공동체 모임은 코치가 자신이 돌보는 소그룹 리더들과 함께 모이는 시간을 포함하기도 한다. 1년 내내 훈련 프로그램이 진행되지만, 리더십 공동체 모임에서는 특별히 비전, 사역 방향, 서로를 세워 주는 일과 아이디어를 나누는 일 등에 초점을 둔다.

파크커뮤니티교회는 리더 모임을 가질 때에도 교회가 위치해 있는 지역 사회의 특징을 고려한다. 파크커뮤니티교회가 위치해 있는 시카고 중심부에는 주로 전문직을 가진 젊은 도시인들이 거주하고 있다. 그들은 교회에 거리감을 느끼며, 고립감을 느끼고 있는 사람들이다.

소그룹 사역을 맡고 있는 케빈 필립은 말한다. "도시는 이상한 곳입니다. 미혼자건 기혼자건 서로 거리감을 느낍니다. 그리고 우리 교회는 바로 그런 도시 가운데 있는 교회입니다. 도시인들은 공동체를 갈망하며 부르짖습니다. 가족들과 떨어져 첫 직장 생활을 이곳에서 시작한 미혼자들도 있습니다. 그들은 관계에 목말라 있습니다. 심지어 가족과 함께 산다 해도 사람들과 깊이 교제할 기회가 없는 경우가 많습니다."

파크커뮤니티교회에는 약 65개의 소그룹이 있는데, 500여 명의 사람들이 소그룹에 연결되어 있다. 우리가 필립과 만났을 때, 그 교회의 모든 소그룹들은 교회에서 만든 갈라디아서 성경 공부 교재를 진행하고 있었다. 필립은 말한다. "우리는 교재를 만들 때, 질문과 그룹 연습 문제를 넣습니다. 사람들이 무엇을 공부해야 할지 몰라 고민하기 때문입니다. 우리 교회에는 선택할 수 있는 또 하나의 교재가 생겼고, 모두들 그것을 좋아합니다. 소그룹 구성원들은 모두 이 교재에 대해 신뢰하고 있습니다."

필립은 매달 진행되는 리더십 훈련을 설명하면서, 그런 모임이 '사역의 질을 높이는 데' 도움이 된다고 말한다. 이 모임에서는 기도, 예배, 진실을 말하기, 그리고 격려 등의 순서가 포함된다.

코치 모임

때로는 코치들끼리 모이는 시간을 갖는 것도 유익하다. 우리는 리더들의 목자로서 코칭 사역이 갖는 중요성을 강조하기 위한 수련회를 매년 갖는다. 이제 윌로크릭은 너무 커져서, 남성 사역, 여성 사역, 어린이 사역 등 하부 사역별로 코치 모임을 갖고 있다. 코치들은 간식을 먹으면서 모이기도 하고, 교역자들과 사역 리더들로부터 훈련을 받고, 기도하고, 자료를 교환하며, 문제를 해결하는 등의 시간을 갖는다.

축하 행사

소그룹 중심의 교회가 되었을 때, 우리는 각 사역이 마무리되는 시점에서 그동안 하나님이 소그룹을 통해 하신 일들을 축하하는 것이 유익하다는 사실을 알게 되었다. 이 축하 행사에서는 간증, 예배, 감사의 표현 등의 순서가 진행된다. 이전에는 이런 행사를 교회 전체가 가졌지만(사람들은 그렇게 하는 것을 더 좋아할 것이다), 이제는 교회가 너무 커져서 대부분은 사역별로 행사를 치른다. 어떻든, 하나님이 하신 일을 송축하고, 교회에서 소그룹 사역이 끼친 영향을 확인하는 것은 분명 가치 있는 일이다.

특별 컨퍼런스

리더들에게는 외부 인사들로부터 비전에 대해 들을 수 있는 기회도 필요하다. 여기에는 외부 강사를 수련회에 초청하는 방법과, 비전과 가치를 나눌 수 있는 곳으로 리더들을 데려가는 방법이 있다. 미시건 주 트로이 시에 있는 페이스루터교회는 이 두 번째 방법으로 좋은 효과를 거두었다.

페이스루터교회는 개척 이후 35년 동안 몇몇 리더가 소그룹을 시작하려고 노력했었다. 매번 열 개 정도의 소그룹이 시작되었지만, 1년도 채 못 가 해산되곤 했다. 팀 케이드가 1999년 그 교회의 부목사로 부임했을 때도 단 두 개의 소그룹만 남아 있었다. 그는 말한다. "소수의 사람들이 소그룹의 당위성을 이야기했고, 사람들을 모아놓고는 소그룹을 시작하자고 말했습니다. 어떤 사람들은 친교 모임을 시작했으며, 또 다른 사람들은 그와는 완전히 반대로 신학교 수준의 진지한 성경 공부 모임을 시작했습니다. 그 후 리더들은 아무런 도움이나 연락도 받지 못했습니다. 그러다가 6개월에서 1년이 지나서 교역자가 진행 상황을 파악하려고 리더들에게 연락해 보면 이미 그 모임들은 사라져버린 뒤였습니다."

그래서 케이드는 훈련 프로그램을 준비하고 그 과정을 통해 소그룹 인도법을 가르쳤다. 그는 말했다. "조금 다른 것이라면, 나는 사람들에게 소망을 갖는다는 사실입니다. 나는 하나님이 그들을 통해 하실 일들을 봅니다. 심지어 그들이 그것을 깨닫기 전에도 말입니다."

1999년 10월 페이스루터교회는 열일곱 개의 새로운 소그룹을 시작했다. 케이드에 따르면 그 다음 해에 윌로크릭의 소그룹 컨퍼런스에 참가함으로써 그들의 소그룹 사역은 큰 전환점을 맞이했다고 한다. 그는 그 컨퍼런스에 리더 몇 명과 함께 참석하고 싶었지만, 그들이 소그룹을 배우기 위해 과연 사흘씩이나 직장에서 휴가를 낼 수 있을지 의문이었다. "나는 우리 교회에서 다섯 명이 이 컨퍼런스에 참가할 수 있다면 기뻐서 흥분했을 겁니다"라고 그는 말했다. 그러나 하나님께서는 다섯 명이 아니라 스물한 명의 마음을 감동시켜 그 컨퍼런스에 참석하게 만드셨다. 이들은 교회의 여러 사역을 담당하고 있는 평신도 사역자들이었는데, 이 핵심 그룹은 그 컨퍼런스를 통해 "주님은 하나님의 공동체가 우리 교회에 실현되는 것을 보시려고 우리를 준비시키고 계신다"는 것을 깨닫게 되었다.

2000년 말, 페이스루터교회에는 마흔 개의 장년 소그룹과 여덟 개의 청소년 소그룹이 진행되고 있었다. 그리고 키즈 커넥션이라고 부르는 어린이 사역에는 스물다섯 개의 소그룹이 있었다. 2,400명이 모인 주말 집회에서 케이드는 이렇게 말했다. "수많은 사람들이 아직 교제권 밖에 있습니다. 그러나 대부분의 소그룹들이 정원이 이미 찬 상태이고, 서른다섯 명이 대기자 명단에 올라와 있습니다."

사람들을 격려하기 위해, 케이드는 딱 1년만 소그룹을 인도해 보라고 제안했다. "나는 그들에게 이야기합니다. '이런 모습의 교회를 세워 간다면 어떻겠습니까? 정말 가슴 뛰는 일 아닙니까?' 나는 고무줄의 비유를 사용해서 그들에게 질문합니다. '하나님께서 당신을 늘이도록 허락하시겠습니까?' 라고 말이죠. 고무줄은 늘어날 수 있을 때에만 고무줄의 역할을 할 수 있으니까요." 이 교회는 사람들이 소그룹과 리더십에 더 많은 관심을 갖도록 하기 위해 소그룹 박람회와 가을 축제를 여는데, 이 행사들을 통해 사람들이 소그룹에 연결된다. 케이드는 또한 코칭 구조도 만들고 있다.

이런 비전 제시와 훈련이 성장으로 이어진 것에 대해 케이드는 다음과 같이 이야기한다. "우리가 소그룹 사역을 시작하게 된 것은 소그룹 컨퍼런스 덕분입니다. 거기에서 들은 소그룹 사역의 비전은 우리를 감동시켰을 뿐만 아니라, 그 컨퍼런스에서 우리는 배운 것을 실천하는 데 필요한 기술들까지 습득하게 되었습니다." 리더들에게 비전과 소망을 회복시킬 수 있는 행사의 능력을 결코 소홀히 생각하지 말라!

구조를 통한 후원

소그룹 사역이 성장하고 번식하게 되면, 그 성장을 관리하고 필요한 곳에 사역자와 자료들을 제공하기 위한 구조가 필요할 것이다. 5~10개 정도의 소그룹이라면 이 과정은 비교적 간단하다. 그러나 일단 소그룹이 30개를 넘게 되면, 리더들, 소그룹들, 코치들, 그리고 소그룹에 들어오고 나가는 구성원들의 흐름을 추적할 기본적인 데이터베이스의 필요성을 실감하게 될 것이다. 윌로크릭에서 소그룹 사역이 발전해 나가면서, 우리는 각 단계별로 필요한 도구들을 개발했다.

초기에는 각 모임 후에 소그룹 보고서를 제출하도록 했다. 소그룹 사역은 우리에게 새로운 것이었고 우리는 각 소그룹 안에서 어떤 일이 일어나는지 제대로 알기 원했기 때문에 이런 과정은 한 시즌

동안 효과가 있었다. 곧 이것은 월 보고서로 바뀌었고, 나중에는 분기별 사역 보고로 전환되었다.『삶을 변화시키는 소그룹 인도법』에는 이런 초기 시절의 견본 보고서들이 실려 있다.

사역의 기회에 대해 리더들과 코치들과 커뮤니케이션할 수 있는 대화 통로도 마련해야 할 것이다. 우리는 이를 위해 소식지, 주보에 끼우는 전단지, 그리고 분기별 녹음 테이프 등을 활용했다. 현재 우리는 다른 여러 방법을 동원해 대화 체계를 실험 중에 있다. 목표는 사람들이 자연스럽게 정보를 전달받는 것이다. 꼭 필요한 것만 골라서 간결하고도 창조적으로 전달하도록 하라.

소그룹 중심의 교회를 세우기 위해 리더들을 효과적으로 배치하는 것은 많은 기도와 노력을 요하는 진지한 작업이다. 그러나 안심하라. 그들이 사역할 수 있도록 훈련함으로써 만인 제사장설을 인정하는 것은 충분한 투자 가치가 있는 일이다. 리더들을 발굴하고 모집해서 코치하고 후원하는 법을 안다면 세상을 변화시킬 수 있을 것이다. 헌신된 목자들로 구성된 한 군대가 세상으로 침투할 것이기 때문이다. 자신이 마땅히 해야 할 일이 무엇인지를 이해하고, 하나님께서 자신을 사역으로 부르셨음을 믿으며, 지금 당신에게 훈련과 후원을 받고 있는 바로 그 사람들 말이다.

제4부 | 소그룹 중심의 교회 인도하기

제4부: 소그룹 중심의 교회 인도하기

그레그 호킨스(Greg Hawkins)는 윌로크릭 교회의 행정 목사이다. 스탠퍼드 대학에서 경영학 석사(MBA)를 마친 그는 매켄지 회사에서 국제 컨설팅 담당이라는 출세가도를 떠나, 윌로크릭이 소그룹 중심의 교회로 막 전환하려고 할 때 윌로크릭의 인턴 교역자로 들어왔다. 그레그는 시스템에 관해서는 천재였기 때문에, 우리 소그룹 사역에 그가 남긴 흔적은 아직도 명백하다.

그레그의 지문은 항상 사람들 눈에 띈다. 왜냐하면 텍사스 출신이며 장신인 그는 말할 때마다 손을 힘차게 움직이기 때문이다. 그가 요리, 미술, 신학, 과학, 그의 가족, 혹은 교회나 교회 리더들에 대한 자신의 열정을 묘사할 때 우리는 마치 즉흥 공연을 보는 느낌이다. 그에게 가까이 앉아 있어 보라. 그러면 당신은 그의 시범 설명 때문에 부상의 위험을 감수해야 할 것이다.

그레그의 두 손이 서로 다른 방향으로 뻗어나가고, 그 긴 손가락들로 고무줄의 양쪽 끝을 잡고 끊어지기 일보 직전까지 늘이고 있는 모습을 한번 상상해 보라. 우리는 그가 비전(위쪽의 손)과 현실(아래

쪽의 손) 사이의 차이를 설명할 때 그런 이미지가 실제화된 것을 처음으로 목격했다. 그의 커다란 두 손 사이로 팽팽히 늘어난 고무줄은 비전과 현실의 차이로 인한 긴장을 나타낸다. 그 간격이 크면 클수록 긴장은 더 커진다.

소그룹 중심의 교회를 세우는 것은 긴장으로 가득 찬 모험이다. 한편으로는, 거기에는 믿기 어려울 만큼 놀라운 비전이 필요하다. 하나님은 교회가 하나 됨의 관계로 가득 채워지기를 상상하고 기대하신다. 그분은 우리가 하나 됨의 능력이 있고 심지어 그것을 위해 계획되었음을 아신다. 그리고 우리가 공동체에 투자하는 모든 시간을 통해 얻는 유익도 알고 계신다. 하나님은 자신의 교회가 하나 됨의 무늬를 그 삶에 짜 넣기를 기대하신다. 하나님이 생각하시는 것은 리더들이 사람들의 필요에 주의를 기울이고, 알맞은 보살핌의 범주를 고안하고, 죄로 물든 사람들을 작은 공동체를 통해 보살피고 그들에게 삶을 변화시키는 우정을 제공하는 것이다.

반면에, 현실이 존재한다. 그 비전은 어느 평범한 소그룹 사람들의 삶 속에서 실행될 때, 그리고 그것이 전 교회적으로 퍼져서 작은 공동체(소그룹) 안에서 삶을 경험하기 시작할 때만이 유용하다. 소그룹의 네트워크가 이루어지기 전까지는, 즉 진정한 관계가 존재하고, 진리와 삶이 만나고, 갈등이 해소되고, 목양이 일어나는 등 이 모든 일이 일어나기 전까지는 비전과 현실 사이의 간격이 긴장만 유발시킬 것이다. 만일 당신이 효과적인 리더십으로 이 새로운 네트워크를 지원하지 않는다면, 이러한 압박은 점점 증가할 것이다.

우리 대부분은 긴장을 싫어하고 될 수 있으면 그것을 피하려고 한다. 그러나 하나님의 비전과 우리의 현실 사이에서 정신을 바짝

차려야 한다. 교회 리더들은 그런 조직상의 중압감을 결코 회피할 수만은 없다. 구약의 왕들, 그 당시의 하나님의 목자들은 양떼를 보살피기 위해 부름을 받았고, 초대 교회의 사도들은 필요를 채우기 위해 조직화되었다. 성경은 비전과 현실 사이의 긴장을 다루든지, 혹은 손해를 보면서 실패하든지 간에 사람들에게 리더십을 위임하는 많은 예들을 보여 주고 있다.

물론 타고난 리더들은 긴장이 때로는 사람들을 돕는 기회가 되기도 한다는 사실을 알고 있다. 대부분의 리더들에게 간격을 지적해 주라. 그러면 그들은 그 간격을 해결하려고 열심히 반응할 것이다. 그들은 현상 유지에 만족하지 않는다. 일단 비전이 분명해지면, 그들은 비전과 현실 사이의 간격을 없애기 위해 계속해서 노력하기 시작한다.

4부에서 우리는 이 간격을 좁히는 방법을 설명하려 한다. 당신이 만일 소그룹을 통해 공동체를 표현하고자 하면, 당신의 교회가 변화되어야 할 부분에 대해 그려 보는 데 도움이 된다. 만일 당신이 이런 주제들을 다루지 않으면, 소그룹으로의 전환 시도는 또 하나의 교회 프로그램으로 전락할 것이다. 그리스도께서 기대하시는 하나 됨, 즉 죽음을 목전에 두고 기도하셨던 그 연합을 제공하는 공동체를 만드는 것에 대해 분명한 비전을 유지한다는 것이 얼마나 어려운 일인지 우리는 알고 있다. 우리는 1992년에 소그룹 중심으로 전환하기 시작했고, 아직도 우리 비전의 어떤 부분들을 실현시키고자 노력 중이다. 그러나 우리는 소그룹의 뼈대 위에 당신의 교회가 살이 붙기 위해 필요한 변화의 청사진을 제시할 수 있다.

첫째, 당신의 교회는 전환기 동안 다섯 가지 핵심 결정들을 인식하고 행동으로 옮겨야 한다(11장). 어떤 결정은 비교적 소소한 변화를 일으키는 데 그치지만, 또 어떤 결정은 조직 기반의 일부를 다시 세울 것을 요구한다. 만일 당신이 이 결정들 중 어느 하나라도 무시하면, 당신의 고무줄은 툭 하고 끊어져버릴 것이다.

둘째, 당신은 소그룹 중심의 교회를 세우기 위한 전략을 선택해야 한다(12장). 당신은 아마도 셀(cell)이나 메타 교회(metachurch) 전략 같은 성장하는 소그룹을 위한 일부 사역 모델들에 대해 이미 알고 있을 것이다. 우리는 당신이 소그룹 중심의 교회를 세우기 위해 어떤 모델을 선택하든지 간에 변화 전략에 필요한 여섯 가지 핵심 원리들에 중점을 둘 것이다.

끝으로, 우리는 당신의 교회가 소그룹 기반 구조를 어떻게 전개해 나갈지 그 방법을 살펴보게 될 것이다(13장). 어떤 교회들은 소그룹의 가치를 목격하기 시작하겠지만, 보다 큰 하나 됨의 비전을 품지 못하거나 혹은 소그룹이 제대로 활성화되는 방법을 잘 알지 못할 것이다. 또 어떤 교회들은 이미 변화의 여정을 시작했지만, 보다 나은 전환 계획이 필요하다. 우리는 그들이 소그룹을 '공식적으로' 출범시키기 전에, 대부분의 교회들이 경험하는 예측 가능한 현상들을 설명할 것이다. 소그룹이 사람과 교회 모두에 연관되어 있기 때문에, 실제 과정은 우리가 때로 선호하는 것처럼 그렇게 단순하지 않다는 것을 우리 이야기를 통해 보게 될 것이다! 그러나 우리가 제시하는 일반적인 원리들은 당신이 소그룹 중심의 교회로 교인들을 움직여 가는 데 도움이 될 것이다.

11장. 결정하라

"세상 기준으로라면 엄청난 도덕적 문제를 가지고 있는 리더들은 극히 소수일 것이다. 그러나 리더들은 날마다 힘겨운 현실과 싸우고, 갈등을 지혜롭게 헤쳐 나가며, 명확한 기준을 지켜야 할 것이다."

-노엘 티시(Noel Tichy), 『리더십 엔진』

윌로크릭은 소그룹 중심의 교회가 되어 가는 과정에서 겪은 어려움들을 많은 사람들과 나누어 왔다. 자, 이제 실제로 들어가 보자. 우리(러스와 빌)는 치명적이지는 않았지만 많은 실수를 범했다. 당신은 우리의 실수들로부터 배우게 될 것이다.

다행히 윌로크릭의 선임 리더들은 출발부터 현명한 결정을 내렸다. 소그룹 중심의 교회가 되기 위해 우리가 던졌던 다섯 가지 핵심 질문은 다음과 같다.

· 우리가 소그룹 중심의 교회가 될 수 있을까?

- 누가 선봉 리더가 될 것인가?
- 장기적으로 볼 때 어떠한 구조로 나아가야 할 것인가?
- 어떻게 충분한 리더들을 개발할 것인가?
- 어디서부터 출발할 것인가?

이 질문들은 사역의 방향을 결정해야 할 때마다 갈림길이 되었다. 그리고 우리는 대부분 바른 길을 택했다. 당신의 교회도 다섯 개의 갈림길에 직면하게 될 것이다. 생각 없이 지나치기 쉬운 갈림길이지만, 당신의 결정(혹은 무관심)은 사역에 오랫동안 영향을 끼치게 될 것이다.

소그룹 중심의 교회가 되라

소그룹 중심으로 전환하기로 결정하는 것은 쉽지 않은 일이었다. 왜냐하면 소그룹 형식의 제자훈련 프로그램이 '예상대로' 부흥하고 있었기 때문이다. 교역자들과 평신도 사역자들은 그곳에 뜻과 정성과 온 마음을 투자했다. 나(러스)와 내 아내 린 역시 제자훈련 소그룹을 이끌고 있었다. 우리가 인도한 소그룹에서는 놀라운 열매들이 맺혔다. 우리 그룹 외에도 교회에는 여성, 미혼자, 전도, 그리고 그 외에도 많은 주제를 가지고 사역하는 부서들이 있었다. 그러나 너무 많은 사람들이 우리의 사역에 정체성이 없음을 느끼고 있었다. 지속적인 관계를 맺을 수 있는 통로가 없었으므로, 성도들은 성경적인 공동체를 체험할 수 없었다.

우리는 첫 번째 갈림길에 서 있었다. 윌로크릭은 소그룹이 있는 교회(a church with small groups)로 남을 수도 있었다. 이것은 은혜로운 예배로 인해 출석 교인이 늘어나고, 특별한 필요들을 위해서만 교회가 사역하는 것을 의미했다. 성도들은 좀더 수준 있는 제자훈련 소그룹에 참석해서 『복음 확신 시리즈』라는 2년짜리 교재를 마치고 나면 소그룹을 인도할 수 있었다. 지불할 대가는 이미 정해져 있었고, 우리는 그 결과도 익히 알고 있었다.

아니면 윌로크릭은 소그룹 중심의 교회(a church of small groups)가 될 수도 있었다. 장래성은 밝아 보였지만 그 대가는 크고 막대했다. 최소한 선임 리더들은 모든 분야에서 급격한 구조 조정이 일어날 것을 예상할 수 있었다. 그러나 윌로크릭의 리더들은 자신들의 명예를 걸고 이것을 '실행에 옮겼다.' 그들은 결정을 내렸고, 결국 그것을 해냈다.

펜실베이니아 주의 베들레헴제일장로교회는 변화를 선택했고, 변화의 과정을 통과하는 데는 시간이 필요하다는 것을 알았다. 베들레헴제일장로교회는 이미 1960년대부터 소그룹이 있는 교회(a church with groups)였다. 그러나 그들은 정회원 등록 과정을 새로 마련했고, 정회원이 되려는 사람들은 'TG's'라고 불리는 교회의 다섯 가지 핵심 가치를 공부하기 위해 8주 과정에 들어가게 되었다. 그 다섯 가지는 은혜 체험(Touched by Grace), 소그룹 훈련(Trained in Groups), 은사 개발(Tuned to Gifts), 고난의 시험(Tested with Grief), 선을 향한 단련(Tempered for Goodness) 등이다. 이 과정을 마친 사람들 중 90%는 코이노니아 그룹(Koinonia groups)에서 리더들과 함께 1년을 보내게 된다. 3,300명의 교인들 중 4분의 1이 소그룹에 속해 있다. 절반 정도는 사역 팀에 속해 있고, 일부는 양쪽 모두에 참여한다.

『왜 소그룹으로 모여야 하는가』의 저자이며, 풀러 신학교의 교수였던 게리스 아이스노글 목사는 다음과 같이 말했다. "우리는 우리가 하는 모든 일을 통해 제자들을 발굴해야 합니다. 우리의 사명 선언문은 '하나님을 찾는 이들을 예수님의 종들로 변화시키는 것' 입니다." 그는 그가 섬기는 베들레헴제일장로교회가 소그룹 '중심의' 교회에 절반쯤 도달했다고 자평했다.

1993년 베들레헴제일장로교회는 건축 대상을 수상한 예배당을 짓고, 어린이 사역을 소그룹으로 재정비했다. 이 새 예배당은 여섯 개 구획(neighborhood)으로 나뉘며, 각각의 구획은 또다시 방음 칸막이로 구분된 네 개의 방으로 나뉘어, 소그룹 모임과 대그룹 모임을 모두 가능케 하는 구조이다. 아이스노글은 말한다. "우리는 그것을 '건축술의 코이노니아' 라 부릅니다. 성도들은 그곳에서 서로를 가족처럼 느끼고 있습니다. 안내 팀과 같은 사역 그룹들이 '팀' 이라는 용어의 온전한 의미를 이해하기 시작했습니다. 우리는 이런 그룹들 안에도 기도와 성경 공부와 서로를 세워 주는 은혜가 있기를 바랍니다."

베들레헴제일장로교회는 최근에 리더들을 발굴하기 위해 그레그 오그던의 3인조 방법을 사용하기 시작했다(오그던의 책 『제자도의 핵심』에 설명되어 있다). 한 멘토가 두 제자를 목양하고, 이 두 제자 역시 서로를 격려하며 훈련한다. "우리는 성직자 계급 제도와 같은 일대일 구조보다는 좀더 유동적인 구조를 선택했습니다"라고 아이스노글은 이야기한다.

윌로크릭과 베들레헴제일장로교회는 분명하게 소그룹 중심의 교회가 되기로 결정했다. 너무나 많은 교회가 이 갈림길 앞에서 아무런 결정을 내리지 않고 지나치곤 한다. 사실 교회가 이러한 결정에 직면해야 하는 이유에 대해 우리가 가르칠 때, 언짢아하는 교회 리더들이 많다. 교인들이 헌신하지도 않은 상태에서 소그룹 중심의 교회로 무작정 강행할 때 일어나게 될 혼란을 잘 알고 있기 때문이다.

이런 상황에서는 다음과 같은 일이 너무나 자주 일어난다. 목회자나 평신도 지도자가 소그룹에 대한 비전에 사로잡히고, 그 비전은 대화와 모임, 그리고 위원회 등을 통해 온 교회에 퍼져 나간다. 모든 사람들이 '더 큰 공동체'는 정말 멋질 것이라고 생각하고, 리더들은 변화를 시도한다. 그러나 그 결과에 대해서는 아무도 분명하게 설명하지 못한다.

이런 갈림길을 무시하는 담임목사들은 소그룹이 사역의 기준이 되기 위해서는 자신의 모든 스케줄을 변경해야 한다는 사실을 뒤늦게 깨닫는다. 그들은 새로운 소그룹 네트워크로 인해 하나로 모아진 회중들에게 설교하는 것이 이전보다 더 복잡해진 데 당황할 것이다. 새롭게 탄생한 작은 공동체들은 더 상처받기 쉽고 관계의 갈등도 불가피해져서, 이러한 상한 감정의 파편들이 과거의 어려운 결단('소그룹이 있는 교회'로 갈 것인가 아니면 '소그룹 중심의 교회'로 갈 것인가)을 무시하고 지나쳐버린 담임목사를 괴롭힐 것이다. 자신들의 사역을 소그룹으로 전환하라는 요구를 받은 평신도 사역자들은 "재료를 줘야 요리를 하지요!"라고 외칠 것이다. 막연한 '소그룹 중심의 교회'로의 이동은 관계의 상처, 교역자들이 느끼는 환멸, 그리고 평신도 사역자들의 사임이라는 결과를 가져오기 쉽다.

결단하라. 그리고 결단한 다음에는 변명하지 말고 진행되고 있는 과정에 대해 정기적으로 그리고 분명하게 전달하라. 우리는 당신이

'소그룹 중심의 교회'를 선택하기를 바라지만, 어설픈 선택으로 인한 혼란보다는 차라리 '소그룹이 있는 교회'를 분명하게 선택하는 것이 훨씬 나을 것이다.

포인트 리더십을 활용하라

시카고 시민들이 시카고 불스 농구팀의 전성기에 마이클 조던으로부터 배운 것이 있다면, 그것은 팀에는 포인트 가드(공을 드리블해서 상대편 코트로 들어가 경기를 지시하는 사람)가 필요하다는 것이다. 이 포인트 가드에 따라 경기의 승패가 좌우된다. 마찬가지로 윌로크릭에서도 사역을 이끄는 '포인트 리더'가 필요했다. 소그룹 사역에서 포인트 리더를 결정하는 것이 소그룹 중심의 교회로 가는 여정에서 만나게 되는 두 번째 갈림길이다.

우리는 교회가 이런 결정을 등한히 할 때 겪게 되는 고통과 불화를 목격해 왔다. 어떤 교회는 제일 말을 잘 들을 만한, 갓 부임한 중고등부 담당 목사나 혹은 교육 목사에게 소그룹 사역을 일임하기도 한다. 이미 사역의 짐이 너무 많은 이들은 교회의 하부 조직을 바꾸는 데 열정이 부족할 수밖에 없다. 또 어떤 교회들은 "우리 모두 조금씩 나눠서 맡자"면서 소그룹 사역을 나누어 정복하려고 한다. 이런 접근법은 교역자들의 역할 변화에 따른 고통은 줄여 줄 수 있을지 몰라도, 대립을 회피하는 것은 형편없는 조직 계획과 조각난 결과들을 가져오기 쉽다. 또 어떤 교회들은 소그룹 사역에 환상을 갖는다. "우리가 소그룹만 만들어 놓으면 사람들이 몰려 올 것이다"라는 식의 생각을 하는 것이다. 그러나 그들은 '누구에게도' 비전과 현실 사이의 간격을 좁히는 책임을 맡기지 않는다. 그러는 사이에, 소그룹 사역을 과감히 시도했던 개척자들은 포인트 리더의 부재로 인해 모든 것이 산산조각 나는 것을 목격하게 된다.

윌로크릭은 1992년부터 소그룹 사역에 포인트 리더를 세워 왔다. 빌 하이벨스 목사의 말처럼 "누군가는 불편한 간이침대에서 자야 한다." 짐 데스머(Jim Dethmer)가 그 수고를 시작했다. 그리고 존 월리스(Jon Wallace)가 아주사 퍼시픽 대학에서 나와 18개월 동안 그 일을 맡아 이끌었다. 그 다음, 윌로크릭은 나(러스)를 사역자로 불렀다. 나는 한 개의 소그룹을 이끌던 변호사에서 8,000명의 소그룹 구성원들을 책임지는 사역자가 되었다.

나(빌)는 새 리더가 소그룹 경험에 있어 검증된 바가 거의 없다는 말을 듣고 불안해했던 날을 기억한다. 그러나 그는 탁월한 리더십의 은사가 있었고, 우리는 그가 사역에 대한 전문적인 지식을 습득하도록 도왔다. 포인트 리더십을 활용하는 것이 얼마나 효과적인지에 대해서는 우리가 증인이다. 왜냐하면 우리는 훌륭한 리더를 세움으로써 소그룹 중심의 교회가 되는 꿈을 실현했기 때문이다.

누군가는 포인트 리더로서의 역할을 해야만 한다. 만일 당신이 그런 사람을 고용할 재정적 능력이 안 된다면, 평신도 중에 기꺼이 자원해서 섬길 핵심 리더를 선택하라. 다음과 같은 특징을 가진 사람을 찾으라. 리더십과 행정의 은사, 전략적인 사고방식, 조직을 세웠던 증명된 경력, 그리고 본이 될 만한 영적 생활.

포인트 리더의 역할을 분명하게 규정하라. 우리는 윌로크릭의 소그룹 책임자를 '같은 일을 하는 사람들 가운데 첫 번째로 일을 하는 사람'으로 본다. 그는 공동체를 세우고, 다음 단계를 위한 전략을 세우고, 전 교회의 행사와 관련 사항을 전달하는 데 대한 계획을 수립하고, 진행 과정을 점검하고, 교회와 리더들에게 동일한 비전을 제시한다. 소그룹에 바탕을 둔 교회를 세우기 위해 앞장서서 사역을 하는 동안, 그 포인트 리더는 모든 팀으로부터, 특히 담임 목사로부터 지원을 받아야 한다.

"리더십은 조직을 위해 목소리를 내는 것이다"라고 존 와이즈만(John Wiseman)은 말한다. 캐나다의 앨버타 주 캘거리에 있는 퍼스트얼라이언스교회의 소그룹 담당 목사인 그는 포인트 리더십과 담임 목사의 역할이 갖는 중요성을 이해하고 있다.

퍼스트얼라이언스는 담임목사가 22년간 사역하고 은퇴한 후, 소그룹 중심의 교회가 되었다. "우리는 우리 교회를 다음 단계로 이끌어 줄 새 담임목사로 테리 영(Terry Young)을 찾았습니다"라고 와이즈만은 말한다. 그는 한 성경 공부에서 생명 있는 소그룹에 대한 비전을 제시했다. 그는 모든 성경 구절들이 소그룹을 위한 성경의 명령을 이행하기 위해, 성도들이 '서로가 서로를 향해' 사역할 것을 강조하고 있음을 가르쳤다. 교회의 장로들은 칼 조지의 책, 『다가오는 교회 혁명 이렇게 대비하라』를 8개월 동안 공부했다. 퍼스트얼라이언스교회는 정회원의 소그룹 참여를 의무화하기 시작했다.

"이것은 전통적인 성경 공부에 길들여진 90년 전통의 교회로서는 패러다임의 전환이었습니다. 우리는 강요하지 않았습니다. 대신 성도들을 훈련에 초대했습니다. 우리는 성도들을 잘 돌보았습니다." 와이즈만은 테리 영의 분명한 비전이 해결책이었다고 덧붙였다. "그는 열정이 있었습니다. 주일 아침에 그는 '여덟 명의 리더들이 더 필요합니다'라고 말하거나, 자신의 신앙이 소그룹 안에서 얼마나 성장했는지 간증합니다. 그러면 사람들은 반응을 보입니다." 2년 만에 소그룹이 40개에서 135개로 크게 늘었다. 현재 그 교회에는 1,600명의 어른과 400명의 어린이가 출석하고 있다.

장기적인 구조를 개발하라

성경은 우리에게 "비용을 예산하라"고 권면한다. 옛말에는 뛰기 전에 살피라는 교훈이 있다. 전 교회의 성도들을 소그룹이라는 작은 공동체로 이동시키는 여정을 위한 세 번째 갈림길은 그런 변화를 지원할 계획을 고안하는 일이다.

아내 린과 나(러스)는 처음부터 제대로 계획을 세워서 시작하는 것이 나중에 재조정하는 것보다 낫다는 사실을 경험으로 배웠다. 우리 집이 화재로 전소된 후, 우리는 새집을 짓기 위해 설계사와 여러 시간을 보냈다. 우리는 또한 설계사와 시공자를 함께 불렀다. 시공자가 설계 도면의 마지막 장을 검토할 때까지 그 모임은 잘 진행되었다. "바깥으로 통로가 있는 지하실의 벽면 높이는 얼마나 됩니까?" 그는 물었다. 설계사는 미국 중서부 지방의 표준인 2m 40cm라고 대답했다.

그 시공자는 설계 도면을 계속 넘기면서 계산을 해 보더니 결국 이렇게 답변했다. "마음에 들지 않으실지 모르겠지만 기초 벽을 30cm 높여야 할 것 같습니다. 지하 휴게실의 양끝을 잇는 대들보를 설치하게 되면, 천장 높이는 45cm 정도 낮아집니다. 결국 지하 휴게실의 천장은 제일 높은 곳도 당신 키보다 겨우 10cm 높은 셈이 되거든요, 러스 씨."

그러나 문제가 있었다. 지하실을 30㎝ 높이면 집 구조를 다 바꿔야 했다. 계단을 늘여야 할 것이고, 그렇게 하면 계단이 방 쪽으로 튀어나온다. 결국 계단 모양을 다시 짜야 하고, 자재비도 생각보다 더 많이 들어갈 것이며, 마음에 드는 부분들까지 설계 변경을 해야 한다. 그러나 만일 우리가 원하는 대로 지하실을 꾸미려면, 그렇게라도 해야 한다. 지금 우리는 그 집에서 살고 있는데, 초반에 그런 문제를 만난 것이 오히려 감사하다. 하찮은 문제로 보이는 일로 잠시 방해를 받긴 했지만, 우리 시공자는 끝을 염두에 두고 일을 시작함으로써 우리에게 큰 도움을 주었다.

윌로크릭은 소그룹 중심의 교회가 되기로 결정하고 소그룹 포인트 리더를 선택했지만, 세 번째 갈림길을 놓쳤다. 우리는 완전한 청사진 없이 전환을 시도했던 것이다. 즉, 여전히 과거의 프로그램과 사역들이 진행되고 있었으며, 그 결과 우리는 재조정이라는 대가를 지불해야 했다. 물론, 우리가 가는 길의 모든 굴곡들을 다 예측할 수는 없을 것이다. 그러나 보다 철저하게 계획을 세웠더라면 우리는 많은 재조정과 인사 이동, 그리고 그에 따른 혼란을 피할 수 있었을 것이다.

우리의 경험에서 배우라. '조직 도표'를 그리기 좋아하는 사람들을 불러 모아서 소그룹이 어떻게 당신 교회의 하부 구조에 영향을 미칠지 가늠해 볼 수 있을 것이다. 교회의 리더들을 설계사로, 포인트 리더를 시공자로 생각해 보라. 당신이 당신 교회를 향해 품은 모든 비전이 실현될 것을 염두에 두고 교회의 구조를 설계하라.

오하이오 주의 팁시티에 있는 킹햄스버그연합감리교회는 소그룹 중심의 교회가 되는 것이 단순히 '메타 교회 모델'을 적용하는 것 이상을 요구한다고 증언한다. 지난 3년 동안 제자훈련 담당자로 사역해 온 댄 글로버(Dan Glover)는 이 교회가 10년 전부터 셀 그룹 사역의 메타 교회 구조를 채택했었다고 말한다. 교회가 더 큰 건물로 이전하자, 예배 출석 인원이 18개월 동안 1,300명에서 3,000명으로 증가했다(그리고 지금까지 이 숫자에 머물러 있다).

"우리가 여전히 '메타 교회'에 대해 배워 가고 있는 중에도 성장은 계속되었습니다. 이제 우리는 제자훈련보다 행정적인 부분에 더 신경을 써야 했습니다"라고 글로버는 말한다. 소그룹을 통한 성도들 간의 교제가 있어서 성도들이 교회와 연결은 되었지만, 제자훈련이 체계적으로 이루어지기 힘들었다.

깅햄스버그교회는 현재 310개의 소그룹에 1,200명이 속해 있다. 87개의 제자훈련 소그룹이 있는데 여기에는 청소년 사역과 장년 가정 그룹이 포함되어 있다. 25개의 지원 그룹, 그리고 안내 및 음향 팀과 같은 198개의 사역 팀이 있다. "우리는 메타 교회를 제자훈련 구조로 활용해, 성도들 간의 관계들로 가득 채우기를 원합니다. 향후 5~7년간 목표는 사역 그룹들을 전환시켜서, 사역을 잘 수행하면서도 구성원들이 성숙한 제자로 성장해 가는, 온전히 기능하는 셀 그룹으로 만드는 것입니다"라고 글로버는 말한다.

여전히 사역을 진행하는 데만 초점을 맞추는 교회들이 있다. "그들은 완전히 지쳤을 때, 즉 제자도가 빠져버린 사역을 하다 완전히 진이 빠져 쇠약해졌을 때야 비로소 저와 대화를 하려고 합니다"라고 글로버는 덧붙였다. 그는 소그룹 리더들을 위한 안내 책자를 개정해서, 가정 모임을 단순한 교제 모임이 아닌 영적 성장의 장소로 바꾸었다. "우리는 리더들에게 말합니다. '우리는 여러분이 무엇을 하는가에는 관심이 없습니다. 여러분 안에 그리스도의 형상이 이루어져 가는 것에 관심이 있습니다.'"

글로버는 팀 목자(코치) 사역을 위한 안내 책자를 저술하면서 코치 조직을 재정비하고 있다. 이것이 완성되면 팀 목자들은 사역 그룹에서 부담을 덜게 될 것이다. "일단 팀 목자들이 제자훈련을 시작하면, 맡고 있는 다른 사역을 그만 두도록 권유합니다. 그 둘을 모두 감당할 시간이 없는 거죠. 그들은 그룹을 관리하는 차원을 넘어서 하나님의 진리를 리더들에게 쏟아 붓습니다. 종교 활동이 아니라 제자훈련 관계를 세우는 커다란 전환입니다. 쉬운 일이 아니죠."

비전에 맞게 교회 조직을 설계할 때, 당신은 교회의 모든 부분을 살펴야 한다. 기존의 위원회와 같은 모임들을 어떻게 작은 공동체들로 전환할지 계획해야 한다. 또한 어떻게 소그룹 안에 어린이, 장년, 상처받은 사람들, 선교 등 다양한 목적을 가진 그룹들을 수용할 수 있을 것인가? 어떤 교역자와 평신도 사역자들이 필요하며, 어떤 프로그램들이 필요 없을지 정확하게 판단하라. 현재 직분자 명단이 새 조직에서도 활용될 수 있을지 토의하라. 느린 속도, 중간 속도, 그리고 빠른 속도의 성장 시나리오를 가정하라. 각각의 시나리오는 당신의 계획에 각기 다른 도전들을 던질 것이다.

소그룹 중심의 교회가 됨에 따라 윌로크릭의 전도 방식이 바뀌었다. 수년 동안 우리는 단순히 성도들을 훈련시켜 자신의 신앙을 전하게 하는 식으로 이 사역을 이끌어 왔다. 전도에 은사가 있는 사람들은 따로 모아, 기독교에 관심 있는 사람들에게 도움을 줄 수 있도록 했다. 우리는 이런 사역을 소그룹 시스템에서는 어떤 형태로 지속해 나가야 할지 고민했다.

해답은 '구도자 소그룹'이었다. 이 소그룹에서는 신앙을 탐색하기에 부담 없는 공동체 기반의 환경에서 신앙 있는 리더들이 모임을 이끈다. 물론 자신의 삶을 그리스도에게 드리기로 한 새신자들은 제자로 세워지기 위해 (구도자 그룹 모임 사이에) 리더와 개인적으로 만난다. 그러나 구도자 소그룹에도 소속되어, 모든 구도자들을 격려하기 위한 그룹 모임에도 참석한다. 현재 윌로크릭에는 1,000명이 넘는 사람들이 이 소그룹에 연결되어 있다.

리더 개발을 위한 전략을 세우라

여정의 네 번째 갈림길은 소그룹 중심의 교회를 세우는 데 있어서 궁극적인 현실 점검이다. 교회에서 공동체를 세워 나가는 일에는 엄청난 리더십을 집중해야 한다. 만일 당신이 충분한 숫자의 리더들을 발굴하고 훈련시켜 배치하지 못한다면, 교인들은 소그룹 중심의 교회가 되기도 전에 지쳐 쓰러지고 말 것이다.

나(러스)의 아내 린은 초등학교 교사로 있을 때, 과학, 역사, 철자법, 그리고 미술을 가르치는 것을 좋아했다. 그리고 수학 문제는 대체로 잘 풀었지만 많은 사람들이 그렇듯이 주관식 문제에는 어려움을 겪었다. 그래서 그녀와 나는 함께 그 문제들을 풀며 재미있는 시간을 보내곤 했다. 그때 주관식 문제들을 많이 풀었던 것이 지금 내가 소그룹 사역을 감독하는 데 많은 도움이 되고 있다. 왜냐하면 소그룹 중심의 교회를 세워 나가는 것은 주관식 문제와 비슷하기 때문이다.

출애굽기 18장에 나와 있듯이, 당신의 교회는 모세처럼 질문해야 한다. 모든 사람들이 돌봄을 받으면서도, 한 사람이 너무 많은 사람들을 돌보지 않는 조직을 세우기 위해서는 몇 명의 리더가 필요한가? 소그룹 중심의 교회에서는 소그룹에 연결된 사람들의 25~30%에 해당하는 숫자의 리더들이 필요하다. 이것은 앞으로 수습 리더로 서게 될 후보자들과 현재 수습 리더들이 포함된 숫자이다.

예를 들어, 열 명이 모이는 그룹에는 리더 한 명, 수습 리더 한 명, 그리고 리더가 미래의 리더로 키우기 원하는 한두 명의 리더 기대주들이 포함될 것이다.

만일 성도가 현재 300명이라면, 그 교회에는 75명의 리더가 필요하다. 500명이라면 125명의 리더가 필요하다. 1,000명의 사람들이 소그룹에 속해 있다면, 300명이 넘는 준비된 리더들이 필요하다. 그렇다. 윌로크릭에는 거의 5,000명에 이르는 코치, 리더, 수습 리더, 그리고 평신도 사역자들이 있어야 한다. 물론 우리가 하부 조직을 개편하기 시작한 첫날부터 이 사람들이 모두 필요했던 것은 아니다. 이 여정의 갈림길에서 당신은 최소한 네 가지 주제를 고려해야 한다.

첫째, 소그룹 중심의 교회는 여태껏 한 번도 경험해 보지 못한 평신도 사역 운동을 일으켜야 할 것이다. 당신은 리더십과 제자도 모두를 성경적으로 강조할 뿐 아니라 만인 제사장설을 상기시켜 주어야 한다. 평신도 사역자를 모집하고, 배치하며, 지원하는 것이 교회의 건강을 좌우한다.

둘째, 당신은 자원하는 리더들에게 투자할 필요가 있다. 당신은 훈련을 계획하고, 실행하며, 실제적인 문제들을 해결하고, 예산을 재편성하고, (이 모든 것을 되돌아보는) 추적 시스템을 만들 필요가 있다.

셋째, 당신은 늘어나는 평신도 사역자들에게 사역을 맡겨야 할 것이다. 사람들이 사역으로 인해 자신의 삶에 변화를 맞게 될 때, 그들은 교회와 직장을 조화시키면서 자비량 사역자가 될 것이다. 이때 교역자들은 평신도들을 충실히 구비시켜야 할 것이다.

마지막으로, 좋은 소식이 있다. 교인들에게는 교회 생활에 대한 주인 의식이 증가될 것이다. 교회 개정을 확보하는 일이 덜 어려워진다. 왜냐하면 많은 평신도 사역자들이 자신들의 재정이 만들어내는 차이점들을 직접 목격하기 때문이다. 교역자 청빙 문제에서도, 그들 자신이 실제적 인력 수요를 실감하고 있으므로, 선택 과정에서 탁월함이 드러나게 될 것이다. 평신도 지도자들은 하나의 삶의 방식으로 사역을 선택하게 될 것이다. 평범한 성도들도 교회 생활에 참여하면서부터는 자연스럽게 친구와 이웃들에게 그 삶을 나누게 될 것이다. 또한 교회는 다양한 기능을 지닌 그리스도의 몸에 대해 성경이 묘사한 모습에 점점 가까워질 것이다.

윌로크릭의 안내 위원들은 이러한 주인 의식의 가장 좋은 예를 보여 준다. 우리 교회 역시 교역자들과 평신도 지도자들이 스스로 다른 지체들의 본이 되기를 원하게 되기 전까지 안내 위원을 구하는데 어려움을 겪었다.

평신도 지도자들은 이 의무적인 봉사를 품위 있는 봉사로 바꾸어 놓았다. 그들은 전체 사역을 책임지도록 리더들을 훈련시켰고, 교역자들은 오히려 구경하는 위치가 되었다. 어떤 성도들은 주님 앞으로 모여드는 사람들을 위한 그리스도의 손과 발이 되고자 조기 퇴직까지 마다하지 않았다. 그들은 현재 '주보 나눠주기' 전략을 통해 그리스도를 믿지 않는 친구들을 인도하고 있다. 많은 사람들이 이곳의 봉사자들을 통해 그리스도 안에서 구원을 발견했다. 평신도의 리더십 참여라는 길을 선택한다면, 우리 교회의 안내 위원들에게 일어난 극적인 변화를 당신의 교회도 체험할 수 있을 것이다.

현 상태를 파악하라

교회가 어떤 모습이 되기를 원하는지, 누가 앞장서서 변화를 이끌어야 하는지, 그 사역이 어떻게 완성될지, 그리고 언제 리더들이 필요한지 우리는 알게 되었다. 당신은 미래에 당신 교회가 되기 원하는 모습을 마음에 담고 있다. 그러나 지금 있는 이곳에서 미래의 그곳까지 도달하기 위해서는 먼저 '이곳'을 평가해야 한다. 따라서 마지막 갈림길은 당신 교회의 현 상태를 철저하게 평가하는 일이다. 아래의 여덟 가지 분석 질문들이 도움이 될 것이다.

a. 우리는 어디로부터 왔는가?

여러 대에 걸쳐 담임목사가 모든 리더십과 목양을 전담해 온 아이오와 주의 한 농촌에 있는 128년 된 교회를 상상해 보라. 재적 교인이 2,000명이지만, 실제 출석 교인은 그 절반도 채 안되고 어떤 봉사에든 자신의 은사를 거의 활용하지 않는 교회의 모습을 한번 떠올려 보라.

그리고 새로운 비전을 가진 새 담임목사를 상상해 보라. 딘 헤스(Dean Hess)는 자신에게 맡겨진 양 떼에게 영적인 성장과 목양이 필요하다는 것을 알고 있었다. 그러나 그는 여섯 명의 전임 목사 중 네 명이 사역에 지친 나머지 완전히 목사직을 떠났다는 이야기를 듣고,

혼자서는 성공할 수 없겠다는 것을 알게 되었다. 그러나 128년 된 시온루터교회의 나이든 대부분의 성도들은 다른 사람이 아닌, 담임목사가 장년 교육 프로그램을 직접 인도해 주길 원했다. 즉, 그들은 배운 것을 삶에 적용하는 것에 대해 토론하고 싶어 하지 않았다. 하루 종일 집에서 생활하는 수백 명의 성도들은 정기적인 심방을, 그것도 담임목사가 직접 해 주기를 바랐다.

헤스 목사는 윌로크릭에서 열리는 교회 리더십 컨퍼런스에 참석했다. 12년 전, 그는 칼 조지가 쓴 『성장하는 미래교회 메타교회』라는 책을 읽고 이렇게 생각했다. '나는 소그룹 중심의 교회를 원하고 있다.' 6년 전 그는 한 신학생 부부를 사역자로 청빙했다. 조나단 스웬슨은 청소년 부서와 주일학교를 담당했고, 그의 아내 제나는 소그룹이 아직 하나도 없는 교회의 소그룹 사역 담당자가 되었다.

"제나가 새로운 장년 그룹을 맡았을 때, 저는 주일학교의 청소년 및 어린이 사역을 소그룹 사역으로 전환 중이었습니다"라고 조나단은 말한다. 그 당시 헤스 목사와 부목사는 각각 7단계, 8단계 교리 공부를 강의식으로 가르치고 있었다. "하지만 지금은 평신도 사역자들이 어린이들을 가르치고 있고, 그 아이들은 소그룹 내에서 다른 아이들과 함께 성장하고 있습니다. 신앙을 갖게 된 아이들은 자신에게 영적으로 가장 큰 영향을 끼친 사람으로 소그룹 리더를 꼽습니다"라고 조나단은 덧붙인다.

시온루터교회는 소그룹 중심의 교회로 전환되어 가고 있다. 담임목사의 비전으로 이 과정이 진행 중이다. 그는 성공적으로 이 비전을 실현시키고 있으며, 혼자 성도들을 목양하지 않는다. 이 교회에는 현재 65개의 장년 및 어린이 소그룹이 있으며, 앞으로 더 늘릴 계획이다. 만일 딘 헤스가 시온루터교회의 역사를 꼼꼼히 살피지 않았다면, 그는 더 많은 실수를 했을 것이다.

대부분의 교회들은 행사와 교역자, 그리고 성숙한 리더들에게 관심을 집중한다. 그러나 소그룹 중심의 교회가 되기 위해서는 변화해야 한다. 만일 당신이 성공의 기준을 계속해서 주일학교, 여전도회, 청년회 등의 참석 인원이나 대규모 행사의 인원 동원에만 둔다면, 소그룹 사역을 위한 스케줄을 짤 수 없을 것이다. 만일 평신도들이 계속해서 그들 자신을 사역자가 아닌 사역의 대상으로만 생각한다면, 그리고 그들이 교역자들의 심방만을 기다린다면, 소그룹 사역은 그들을 실망시킬 것이다. 일부 사역(헌금 위원, 안내 위원, 주일학교 교사)만을 평신도들에게 맡기고, 대부분의 리더십을 소수가 독점하고 있는 교회(실제로 대부분의 교회에서 그렇다)는 근본적인 변화의 기회를 상실할 것이다.

b. 오늘 우리의 모습은 어떠한가?

당신이 지금 하고 있는 교회 생활의 현재 모습을 자세히 그려 보라. 지금의 모습을 미래 계획에 한번 맞춰 본다면 충격이 훨씬 덜할 것이다. 윌로크릭의 첫 번째 소그룹 포인트 리더였던 짐 데스머는 "소그룹은 사람들이 각기 하던 일에 형식을 갖추어 주는 하나의 방법이다"라고 종종 말했다.

플로리다 코랄게이블스에 있는 유니버시티침례교회는 "자신이 서 있는 바로 그곳에서 시작하는 것이 중요하다"라는 사실을 배웠다. 마크 레셔(Mark Lesher)가 장년부 목사로 사역을 시작했을 때, 출석 교인 수는 거의 2,000명에 달했고, 550~600명 정도의 장년들이 전통적인 교육 프로그램에 참석하고 있었다.

"우리는 그 프로그램이 제자훈련에 효과가 없을 것이라고 판단했습니다. 교회가 성장해 감에 따라 오히려 더 소규모로 모여야 함을 깨달은 것입니다"라고 레셔는 말한다. 이에 그는 이 프로그램을 ABF(Adult Bible Fellowship)라는 소그룹으로 전환했고, 곧 75년 된 교회의 저항에 직면했다. "우리 교회에 도대체 무슨 일이 일어나고 있는 겁니까?" "왜 당신은 우리의 전통을 무시합니까?"

그때를 떠올리며 레셔는 이렇게 말한다. "사람들은 오랫동안 그 교육 프로그램에서 효과적으로 사역해 왔습니다. 변화의 과정 중에 우리는 그들에게 이전의 사역 모델과 ABF 사이의 연속성을 상기시켰습니다. 즉 우리 교회가 성경적이고, 관계를 중요시하며, 가족 지향적이라는 점입니다." ABF 장년 성경 공부 모임은 한 사람의 코치가 다섯 개의 그룹을 인도하는 식으로 진행된다. 주 강사가 학습의 전반부를 인도하고, 그 다음에는 소그룹으로 흩어져서 배운 내용에 대해 토론한다. 교회의 모임 장소가 포화 상태에 이르자, 레셔는 가정 소그룹 사역을 시작했다.

유니버시티침례교회의 ABF 성경 공부 모임에는 현재 500명이 참석하고 있는데, 그 중 절반은 ABF 소그룹에 속해 있다. 성경 공부 모임에 속하지 않은 250명은 가정 그룹에 속해 있는데, 이는 장년 성도의 약 3분의 2(750명 중에 500명)가 소그룹에 속해 있음을 의미한다. 어린이 사역 역시 소그룹으로 전환하고 있다.

레셔는 주위에 도움을 요청하고, 기도하며, 인내하라고 충고한다. "우리는 팬티고성서교회, 윌로크릭교회, 그리고 스패니시리버교회 등으로부터 도움을 받았습니다. 우리는 도움을 주려는 이들의 적극적인 모습에 놀랐습니다. 그들은 우리가 보지 못한 것들을 보았습니다. 그리고 기도의 능력을 과소평가하지 마십시오. 리더의 영성이 변화를 만듭니다."

유니버시티침례교회는 서서히 변화되기 시작했고, 사실은 지금도 소그룹 중심으로 전환되고 있는 중이다. "사람들은 관계가 친밀해지는 것을 두려워합니다. 그래서 나 역시 여러 번 포기하고 싶었습니다. 그러나 하나님은 계속 말씀하십니다. '내가 관심 있는 것은 너희들의 순종이다. 계속 진행해라.' 우리는 어설픈 변화를 원하지 않습니다. 사람의 소중함을 느끼고, 그들이 성경 속으로 들어와 말씀을 자신의 것으로 만드는 소그룹을 원합니다. 우리는 삶을 함께 나누고 예수님의 이름으로 살아가는 소그룹을 원합니다"라고 레서는 말한다.

그는 지혜롭게도 유니버시티침례교회의 전통과 현재의 모습을 통해서, 보다 전체론적인 교회 접근법을 소그룹 사역에 도입했다. 윌로크릭과 기타 예에서 살펴보았듯이, 교회의 현 상태를 파악하는 과정에서 때로는 진행되고 있던 일 중 일부를 포기해야 할 수도 있다. 당신은 교회 전체가, 혹은 일부 부서의 사역들이 소그룹 성장을 가로막고 있음을 알게 될 것이다.

c. 우리의 핵심 가치는 무엇인가?

소그룹 생활이 교회의 표준이 되기까지 교인들에게는 여섯 가지 핵심 가치가 필요하다. 다음의 핵심 가치들 중에 부족한 것이 있다면, 당신은 소그룹 모델을 교회 안에 널리 일반화하는 데 어려움을 겪게 될 것이다.

- 관계 정립-성도들은 얼마나 자연스럽게 서로를 돌보는가?
- 비그리스도인에 대한 사랑-사람들은 교회 밖의 사람들에게 관심을 기울이는가?
- 진실을 말하기-성도들이 스스로 갈등을 인식하고 그에 대해 다루는가?
- 상호 사역-현재 평신도 사역의 비율은 얼마인가?
- 상호 도움-자신의 약한 부분을 충분히 드러내고, 성장하기 위해 순종하는가?
- 헌신-사람들이 교회의 사명을 자신의 것으로 받아, 그 사명에 따라 행동하는가?

d. 누가 우리 교회의 결정에 영향을 미치는가?

소그룹 중심의 교회로 변화되는 것은 담임목사에게 달려 있으며, 또한 성도들 안에 어떤 변화가 일어나는가에 달려 있다. 담임목사가 그 비전을 완전히 보증하고 견지하지 않는 한 당신은 소그룹 중심의 교회를 세워 나갈 수 없을 것이다. 새로운 전략을 수행할 때, 핵심 리더들도 큰 변화를 일으키는 큰 몫을 할 것이다. 그러나 강단에서 강력한 말씀을 선포하고, 회중들에게 가장 중요한 일에 대해 가르치고, 교회가 지향하는 삶의 본을 보이고, 사람들을 참여시키는 일은 담임목사가 해야 한다. 이 책을 읽는 당신이 담임목사라면 기억하라. 당신은 스스로 인식하고 있는 것보다 더 많은 영향을 끼치고 있다는 것을.

핵심 리더들이 변화에 어떤 영향을 미치는지 연구해 보면 많은 것을 배울 수 있다.[1] 집단의 변화 과정을 연구하는 사람이라면 누구나 '초기 수용자'나 '개척자'들의 그룹의 결정적인 역할에 비중을 둔다. 제일 먼저 변화되는 사람들은 뒤따라오는 사람들에게 영향을 미친다. 만일 교회에서 공식적으로든, 비공식적으로든 영향을 미치는 사람들이 소그룹을 개척하게 된다면, 당신은 더 빨리 비전을 성취하게 될 것이다. 반면에, 그런 사람들이 반발할 때에는 소그룹 중심의 교회를 세우기로 결정하는 데 걸림돌이 될 수도 있다.

e. 어떻게 핵심 리더들에게 비전을 명료하게 표현할 수 있을까?

소그룹 중심의 교회를 향해 이동할 준비가 되었는지, 두 가지 상황을 점검해 보자. 첫째, 당신의 소그룹 계획을 완전하게 글로 표현해 보았는가? 둘째, 핵심 리더들이 던지는 질문들에 확실하게 답해 주고 있는가?

만일 당신이 장기적인 계획을 세웠고, 많은 새 리더들을 배치할 방법을 결정했으며, 핵심 가치 또한 명백히 규정했다면, 이 계획들을 문서화해 볼 수 있을 것이다. 빈야드교회의 창립자인 존 윔버(John Wimber)는 이렇게 말했다. "생각이 펜 끝에서 흘러나올 때 엉킨 실타래가 풀린다." 그리고 그것을 사람들에게 보여 주고 피드백을 받아 보면, 당신의 생각이 더 세련되게 정리될 것이다. 그리고 이 주제를 가지고 다양한 리더십 그룹에서 함께 토론해 본다면, 더 좋은 아이디어들을 얻게 될 것이다. 핵심 리더가 결점을 지적할 때마다, 당신은 값비싼 대가를 치르는 일을 미연에 방지하는 기회를 얻는 것이다.

다양한 사람들에게 조언을 구함으로써 그들의 마음에 주인의식을 심어 줄 수 있고, 자연적인 저항의 요점들도 발견하게 될 것이다. 깨달음, 친근함, 기대, 주인의식 등을 통해 영향력 있는 사람들의 마음을 움직임으로써, 전 교인이 변화 과정에 돌입하기 위해 무엇이 필요한지 배우게 될 것이다. 이런 과정들을 통해 더 나은 결과를 기대할 수 있을 것이다.

f. 잠재적 자원 및 장벽들은 무엇인가?

리더들, 잠재적 리더들, 재정, 훈련, 장비, 교역자, 조언자, 대화를 위한 포럼, 시설 등이 충분한지 평가해 보라. 윌로크릭과 다른 여러 교회들은 특별히 재정적인 측면을 직시하는 것이 얼마나 중요한가를 발견했다. 광범위한 소그룹 사역에는 점점 더 많은 비용이 들게 되지만, 하부 조직이 성숙해 갈수록 그 비용 부담은 줄어든다. 처음에는 소그룹 리더들과 코치들을 파악하고, 모집하고, 훈련하고, 개발하고, 지원하기 위해 유급 교역자가 필요할 것이다. 장기 사역을 위해서는, 처음 펌프에 부어 주는 한 바가지 물과 같은 초기 비용이 중요하다는 것을 기억하라.

윌로크릭은 제법 규모가 큰 평신도 사역자 군단을 훈련시켜 사역을 위임하는 과정에서, 평신도들이 더 많은 사역에 참여하기 원하고 있으며, 자신의 은사를 발휘할 준비가 되어 있음을 알게 되었다. 어떤 코치들은 10년 동안 리더들을 양육해 오고 있다. 어떤 사람들은 직업적으로나 경제적으로 안정이 되어 더 이상 직장 일에 몰두할 필요가 없다고 판단되면, 자신의 시간을 직업과 교회 사역에 나누어 투자함으로 두 가지 소명을 감당한다.

우리가 그들에게 더 많은 사역을 위임할 때 그들의 반응은 놀랍다. 이들 무급 사역자들은 이전에 유급 사역자들이 했던 역할을 거뜬히 감당하고, 아니면 따로 누군가를 채용해서 진행해야 할 새로운 사역들도 기꺼이 감당한다. 소그룹 중심의 교회를 향해 계속 전진해 갈 때, 이런 분위기는 점점 더 뚜렷해질 것이다. 그래서 시간이 지날수록 하부 조직을 유지하는 비용을 상대적으로 절감할 수 있을 것이다.

예상 외로, 오늘의 가장 큰 장애물이 내일의 가장 훌륭한 자원이 될 수도 있다. 재정적인 장애물을 만났는가? 장기적인 투자라는 관점에서 바라보라.

g. 기존 모임의 목적을 어떻게 소그룹 사역에 맞출 것인가?

우리가 소그룹 중심의 교회를 세우는 문제를 토의할 때마다, 사람들은 질문한다. "리더들의 일정을 어떻게 관리해야 합니까?" 가정 주부들은 자녀들을 학교로 학원으로 데려가고 데려오느라 바쁘다. 직장인들은 값비싼 여가 활동을 통해 업무에서 오는 스트레스를 해소해야 한다. 모두들 외식하고, 서류를 작성하고, 전화 받고, 자질구레한 일들을 점검하고, 화장하고, 정리하느라 제자훈련을 위한 시간을 내지 못하는 것이다.

전 하버드 경영대학원 교수 렌 슐레싱어(Len Schlessinger)는 1998년 윌로크릭 리더십 정상 세미나에서 이렇게 말했다. "누가 교회의 경쟁자인가? 교회를 포기하게 만드는 스케줄들이다." 이건 정말 엄청난 경쟁이다.

성도들의 생활 패턴을 고려해서 교회 일정을 수정한다면, 효과를 볼 것이다. 당신은 리더들과 구성원들을 섬기고, 그들의 일정을 배려할 방법들을 찾아야 한다. 만약 이미 그렇게 그들을 섬기고 있다면, 당신은 어려운 상황에 접하게 될 때를 대비해 그들에게 신뢰를

쌓고 있는 것이다. 당신은 누군가의 멘토가 되어 더 나은 선택을 할 수 있도록 도울 수 있다. 그러나 우선 그들이 바라는 조건에서 그들을 만나야 한다.

교역자들은 평신도들이 별로 중요하게 여기지 않는 활동들로 늘 일정이 빡빡하게 짜여 있기 쉽다. 그들의 필요를 고려하라. 분명한 목적과 가치 있는 내용이 없으면 모임을 소집하지 말라. 그리고 사람들이 모임에 참석하는 것에 대한 교회의 반응을 바꿔 보라. 여기, 우리가 평신도 리더들에게 메시지를 전달할 때 사용하는 방법들이 있다.

- 주중에 있는 새 공동체 예배 시간에 공개적으로 리더들을 향한 감사와 축복의 마음을 표한다.
- 차 안에서 들을 수 있도록 통근하는 사람들에게 분기별로 카세트테이프를 보낸다. 곧 CD도 보낼 예정이다.
- 리더들이 아무 때나 활용하도록 온라인상의 훈련을 개발한다.
- 비록 여러 번에 걸쳐 메시지를 전달해야 한다거나, 다룰 수 있는 내용이 줄어드는 희생이 따르더라도, 사람들이 교회 안에 있을 때 한 번에 모임을 가질 수 있도록 일정을 짠다.
- 참가자들이 이미 모임에 참석하고 있을 때, 짜임새 있고 집중력 있는 메시지를 전달한다.

교인들을 섬기는 일로 사례금을 받는 우리가 우리의 세계를 그들에게 연결시키지 못한다면, 현실이 어떤 변화를 필요로 하고 있는지 보지 못할 것이다. 더 이상 경쟁에 대해 불평하지 말고, 참신한 과정과 내용을 위해 순전한 노력을 기울이자.

h. 교역자들에게는 어떻게 적용할 것인가?

나(러스)는 1995년 빌 하이벨스 목사에게 다음과 같이 예언적 건의를 한 적이 있다. "소그룹 중심의 교회가 되기 위해서는, 3분의 1 정도의 윌로크릭 교역자들을 재편성해야 합니다." 당시 윌로크릭의 교인들 중 40%가 소그룹에 속해 있었다. 다만 문제가 있다면 대부분의 교역자들이 소그룹이 아닌 다른 사역을 위해 고용되었다는 것이다. 1992년 이전에 우리는 평신도들에게 무언가를 '전하라고' 사람들을 고용했다. 즉 평신도들을 통해서 그 일을 해 보려고는 하지 않았던 것이다. 우리는 공동체 사역에 은사나 열정이 없는 교역자들과 함께 사역하고 있었다.

그런데 2000년이 되자 교인의 90%가 각종 그룹에 속하게 되었고, 거의 대부분의 교역자들이 공동체 생활의 한 부분을 인도하고 있었다. 과거의 내 생각이 틀렸음을 고백할 수 있어서 감사하다. 우리는 3분의 1에 해당하는 교역자들을 해고하고 다른 사람들로 교체할 필요가 없었다. 교역자들은 소그룹 사역에 대한 책임감을 가지게 되었다. 돌이켜보면 그것은 어쩌면 당연한 일이다. 애초부터 그들 모두는 섬기고자 하는 마음이 있었기 때문에 고용된 것이다. 그들 중 대부분은 약간의 방향 조정만 해 주면 되는 리더십이나 목양의 은사를 가지고 있었다. 그리고 거의 모든 교역자들이 변화에 대한 일반적인 거부감만 극복하고 나면, 사람들에게 더 많은 영향을 끼치게 된 것으로 인해 기뻐했다. 일부 교역자들은 바뀐 사역에 겁을 내기도 했지만, 일단 우리가 훈련이나 지원을 해 주면 그들도 사역을 잘 감당했다.

소그룹 운동이 확산되면서, 교역자나 평신도 사역자들이 그룹 활동을 하는 것이 일상적이 되었다. 몇몇 교역자들은 다른 이들을 구비시키기보다는 자신이 직접 사역을 수행하는 것을 더 원했기 때문에 떠나는 쪽을 선택하기도 했다. 우리는 이런 과정을 위해 그들에게 충분한 시간을 주었지만, 결국은 그들을 기꺼이 떠나보냈다. 이미 성숙한 교회를 새로운 방향으로 돌리든지, 혹은 소그룹의 기초 위에서 새로운 교회를 시작하든지 간에, 모든 교역자들은 선두에 서야 한다.

펜실베이니아 주의 웩스퍼드에 있는 뉴커뮤니티교회에서 소그룹은 2년 전 그 사역을 시작한 이래 교회의 핵심 가치가 되었다. 소그룹 담당 라이처트(Reichart) 목사는 말한다. "시작부터 우리가 강조했던 핵심 가치는 변혁입니다. '소그룹'이라는 이 최상의 가치를 떠받치고 있는 것은 두 개의 기초적인 가치들로서, 곧 '작은 공동체'와 '성경적 진리'입니다."

이 개척 교회에는 소그룹과 사역 그룹이 있다. 그곳의 일곱 명의 코치들 역시 제직회에 속해 있다. "우리는 코치를 가장 뛰어난 리더로 만들기 위해 최선을 다하고 있습니다"라고 라이처트는 말한다. 담임목사 홀리스 해프(Holis Haff), 교육 목사 마크 볼튼(Mark Bolton), 그리고 라이처트는 소그룹 리더를 목양하는 데 많은 힘을 기울이고 있다. 그는 이렇게 말한다.

"이것은 매우 중요한 가치이며, 따라서 담임목사의 리더십이 필요합니다. 여기에 바로 우리의 마음이 있습니다."

소그룹 중심의 교회가 되기 위한 여정에서 다섯 개의 갈림길을 통과해 나가는 것은 분명 그럴 만한 가치가 있는 일이다. 당신은 소그룹 중심의 교회가 될 것인가 말 것인가, 누가 인도할 것인가, 그것은 어떤 모습이 될 것인가, 리더들에게는 무엇이 필요할 것인가, 그리고 우리의 현 상황은 어떠한가 등에 대한 어려운 결정들에 직면할 것이다. 그러나 당신은 현명한 결정들이 맺는 열매를 보게 될 것이다. 이 여정을 먼저 시작한 교회들에게 조언을 구하라. 공동체라는 기초 위에 교회를 세우기 위한 전략을 수립하는 데 도움을 얻을 것이다.

12장. 전략을 선택하라

"우리는 예수님처럼 시작해야 한다. 그것은 느리고, 지루하고, 고통스럽고, 그리고 처음에는 사람들에게 주목받지 못하겠지만 마지막은 영광스러울 것이다. 비록 우리가 생전에 그 영광을 못 본다 할지라도 말이다. 우리는 이 길이 어떠한지 직시해야 한다."
―로버트 콜먼, 『주님의 전도 계획』

나(러스)는 구제 불능의 야구광이다. 어린 시절 나는 하몬 킬러브루(Harmon Killebrew) 선수가 나온 미네소타 트윈스 경기를 처음 보고 야구에 매료되었다. 트윈스는 1965년 월드 시리즈에서 거의 우승할 뻔했는데, 그때까지 나는 트윈스의 팬이었다. 그 후 나는 노스다코타로 이주했고, 그곳에서는 애틀랜타 브레이브스를 응원했다. 브레이브스는 우리 홈팀이었다. 왜냐하면 그것은 케이블 방송인 'WTBS 슈퍼 방송'에서 경기를 중계해 주던 유일한 팀이었기 때문이다. 시카고에 살고 있는 지금도 나는 여전히 브레이브스의 골수팬이다. 시카고에 있으면 컵스나 화이트삭스 중 하나를 선택해야 하

는데, 그들은 서로 라이벌이라서 시카고 사람들은 잘 지내다가도 응원하는 팀이 다르다는 이유로 서로 으르렁거리곤 한다. 그래도 나는 아랑곳 않고 여전히 내 출신 지역 팀인 브레이브스에 충실하고 있다.

몇 년 동안 세 팀의 경기를 지켜보면서, 나는 각 팀이 나름대로 자기에게 맞는 경기 방식을 개발해 나가는 것을 지켜보았다. 어떤 팀은 위대한 투수진에 승리를 의존하고, 또 다른 팀은 스피드에 승부를 건다. 강타선을 앞세우는 팀이 있는가 하면, 수비와 깔끔한 작전으로 승리를 낚는 팀도 있다. 이러한 방식은 팀의 역사, 운동장의 위치와 모양, 감독의 성향, 그리고 선수들의 특성과 능력에 의해 결정된다.

야구팀이 좋은 팀플레이를 위해 작전을 세워야 하듯이, 교회도 마찬가지이다. 일단 소그룹 중심의 교회가 되기로 결정했다면, 경기할 준비는 끝난 것이다. 당신은 팀을 소유한 것이고, 감독을 선임했으며, 장기적으로 당신이 원하는 팀이 어떤 모습이어야 하는지를 알고 있다. 선수 발굴 계획을 가지고 있으며, 당신 팀의 현재 모습을 알 것이다. 그러나 장기적인 성공을 위해 팀플레이의 핵심 전략을 세워야 한다.

전략은 지나치게 통합적이라고 느껴질 만큼 공통의 언어로 만들어져야 한다. 왜냐하면 교회 전체의 비전과 조직을 세우는 일이 이 전략에 달려 있기 때문이다. 전략과 조직 뒤에는 여성, 남성, 어린이, 그리고 가족들의 변화된 삶이 있다. 빌 하이벨스 목사는 종종 우리 팀에게 이야기한다. "들어 보세요. 만일 주님을 믿지 않던 제 친구가 이제 막 그리스도를 만나서 소그룹에서 양육을 받게 된다면 말입니다. 나는 그 소그룹 조직의 양육 시스템이 최대한 잘 구성되어 있기를 바랄 것입니다!" 삶과 영원이 걸린 문제에서, 전략은 대단히 중요하다.

윌로크릭은 칼 조지의 메타 교회 모델을 사용해 성장하고 있지만, 당신은 랄프 네이버(Ralph Neighbor)가 부분적으로 규정한 셀교회 모델, 혹은 G-12나 자유 시장 셀(free-market cells)과 같은 새로운 모델들도 선택할 수 있을 것이다. 어떤 모델을 선택하느냐는 교회의 상황, 리더십, 사람들, 전통, 그 밖의 문제들에 따라 달라질 수 있을 것이다.

당신이 어떤 모델을 선택하든지, 당신의 전략에 다음의 여섯 가지 핵심 원리들을 포함시킨다면 크게 성공할 것이다.

· 돌봄의 범위에 맞추어 조직화하라
· 열린 그룹을 강조하라
· 사역을 다양화하고 체계화하라
· 리더십 문화를 창출하라
· 체계적으로 사역에 접근하게 하라
· 당신의 접근법을 상황화하라

돌봄의 범위에 맞추어 조직화하라

리더가(심지어 모세와 같이 재능 많은 리더일지라도) 오랫동안 돌봄의 범위를 지키지 않으면 탈진할 수밖에 없다. 돌봄의 범위를 무시하는 교회들은 사람들을 유지할 수도, 보살필 수도 없다. 당신이 선택한 성장 모델 안에서 모든 사람이 돌봄을 받아야 하며, 동시에 어떤 한 사람이 너무 많은 사람을 돌보는 일이 없어야 한다. 돌봄의 범위에는 그룹의 크기, 새로운 그룹을 탄생시키려는 의지, 새로운 코치 선택, 그리고 코치 지원 등이 포함된다.

한 소그룹에 소속되는 인원을 몇 명까지 허용하는가? 일부 예외가 있기는 하지만, 메타교회를 따르는 우리는 출애굽기 18장에 있는 1:10의 비율을 사용했다. 거의 메시아와 같은 능력을 가진 리더라면 그리스도께서 하신 것처럼 12명의 사람들을 돌볼 수 있을 것이다. 그러나 그룹의 규모가 클수록 구성원들은 자신이 그룹 안에서 이해 받거나 알려진다는 느낌을 갖기가 어렵다. 지금까지의 우리 경험으로는 1:8 비율이 더 건강한 것 같다.

한 그룹의 구성원이 여덟 명 이상이 되면, 개개인의 이야기를 나눌 시간이 충분치 않다. 자신을 드러내거나 다른 구성원들의 필요를 채우는 데도 그다지 효과적이지 못하다. 그리고 리더는 모든 구성원들을 보살피려고 노력하다가 탈진하거나 자기 보호 본능에 빠져버리게 된다. 사회의 역기능이 증가함에 따라 소그룹 내에서의 돌봄은 더욱더 어려워질 것이라는 사실을 우리는 알고 있다. 그룹의 크기는 아마도 작을수록 좋을 것이다.

재생산은 건강한 소그룹의 자연스러운 과정이다. 그룹은 끊임없이 새로운 구성원을 끌어들여야 한다. 한 그룹이 15~20명까지 늘어나는 것이 정상이다. 왜냐하면 하나님께서는 리더나 작은 공동체를 통해 일하시기 때문이다. 그러나 리더와 구성원들이 새로운 그룹의 탄생을 원치 않는다면, 모세에게 했던 이드로의 충고가 영원히 그들을 괴롭히게 될 것이다. "그대와 그대와 함께한 이 백성이 필연 기력이 쇠하리니 이 일이 그대에게 너무 중함이라"(출 18:18).

소그룹 사역이 이제 막 성장하기 시작하는 교회에서는, 포인트 리더가 소그룹 리더들을 양육하기도 한다. 그러나 리더들의 숫자가 증가하면, 포인트 리더는 곧 소그룹 리더들을 보살필 코치를 모집해야 한다. "우리가 범한 큰 실수 중 하나는 코칭을 충분히 강조하지 않은 것이었습니다."

켄싱턴공동체교회의 게리 포란(Gary Foran)은 말한다. "우리는 리더들에게 '약간의 코칭 사역'을 청했지만, 아무도 관심을 갖지 않았습니다. 그들은 그 일을 하게 되면 다른 그룹의 리더들을 점검하느라 소그룹 인도에서 손을 떼야 할 것이라고만 생각했던 것입니다. 우리는 코치들이 다른 리더를 훈련하는 것을 자신의 사역으로 생각하도록, 좀더 큰 비전을 제시할 필요를 느꼈습니다."

게리 포란처럼, 우리 역시 좋은 리더라고 해서 모두 좋은 코치가 되는 것은 아니라는 것을 배웠다. 코칭은 또 다른 기술을 요구한다. 아무리 목양에 뛰어난 은사를 가진 소그룹 리더라도 검증된 리더십의 은사가 없다면, 코칭에서는 기대만큼의 활약을 하지 못할 수도 있다.

마이크 스코(Mike Skor) 역시 코칭을 만만치 않은 사역이라고 말한다. 그는 최근 캘리포니아 주 새크라멘토의 리버교회에서 소그룹 포인트 리더로 섬기게 되기 전까지, 미시간 주 허드슨빌에 있는 데이브레이크교회의 소그룹 책임자로 있었다.

5년 전, 스코가 데이브레이크교회에 처음 왔을 때, 그 교회에는 몇몇 장년 소그룹이 있었으며, 문화적으로는 현대적이었으며, 비그리스도인 전도에 초점을 두고 있었다. 현재 그 교회에는 네 명의 코치와 30개의 소그룹이 있으며, 600명의 장년과 250명의 어린이들이 출석하고 있다.

학생과 어린이 사역에 50개의 소그룹이 더 있다. 매달 그 네 명의 코치들과 모임을 가지는 그는 이렇게 말한다.

"우리가 거둔 가장 큰 승리는 코치의 중요성을 깨달은 것입니다. 현재 네 명의 코치가 더 필요합니다. 그런데 찾기가 어렵네요. 그러나 여전히 저는 코치의 기준을 높게 설정한 것이 우리가 취한 가장 훌륭한 조처였다고 생각합니다."

교회가 계속 소그룹 리더와 코치들을 세우다 보면, 포인트 리더는 코치들을 보살피는 데 도움을 필요로 하게 된다. 그럴 때에는 새 교역자를 청빙하거나, 평신도 선임 코치를 세울 수 있다. 윌로크릭에서는 열 명의 코치들을 감독하기 위해 새로운 교역자들을 청빙했다. 그리고 이러한 대가를 치름으로써, 돌봄의 범위를 침해하지 않으면서도 소그룹 하부 조직을 발전시킬 수 있었다.

물론 교역자 대신 평신도 선임 코치들을 선택해서 배치할 수도 있다. 한 명의 코치가 소그룹 리더들을 인도하듯이, 한 명의 선임 코치는 3~5명의 평신도 코치들을 지도한다. 따라서 궁극적으로 포인트 리더나 교역자들의 돌봄의 범위는 확장된다. 포인트 리더는 평신도로서 회중(150~250명) 리더십을 감당하기 때문에, 진정한 의미에서 이중의 소명을 가진 사람이 된다. 우리의 초기 실험 결과는 만족스러웠다.

전략을 세울 때에는 돌봄의 범위에 대한 부분을 분명히 하라. 그렇지 않으면 리더의 탈진, 하부 그룹의 파벌화, 그룹 갈등의 증가, 그리고 채워지지 않은 필요 때문에 일어나는 의견 충돌로 고통당하게 될 것이다.

열린 그룹을 강조하라

영적인 함수에는 두 가지 법칙이 있다. 윌로크릭의 마크 미텔버그(Mark Mittelberg)가 설명하듯이, 첫 번째 법칙은 전도 관계를 상실하는 것이다. 즉, 새신자들이 믿은 지 12개월 내에 믿지 않는 친구들에게서 떨어져 나오는 것은 이미 통계적으로 검증된 현상이다. 두 번째 법칙은 공동체에서 자기들끼리만 모이는 것이다. 자신의 필요를 채워 주는 소그룹을 발견한 그리스도인은 본능적으로 그 귀한 상급을 보호하고 싶어 한다. 소그룹 중심의 교회를 세우는 것은 위의 두 가지 법칙과 상충된다.

    새로운 소그룹들로 사역을 시작하는 것이 소그룹 중심의 교회가 되기 위한 중요한 과정이기는 하지만, 대부분의 성장 모델들은 기존 소그룹에 사람들을 추가하는 과정도 포함한다. 그러나 우리는 열린 그룹이 선택이 아닌 기본이 되어야 한다는 것을 깨달았다. 그것은 소그룹 중심의 교회가 되기 위한 어떤 전략에서도 기본 원리이다. 교회는 아직 어떤 소그룹에도 소속되지 않은 사람에게 새로운 소그룹과 기존에 있던 열린 그룹 사이에서 선택할 자유를 주어야만 한다. 이것은 사람들을 소그룹에 연결시키는 하나의 촉매 작용을 한다. 사람들이 열린 그룹에 연결됨으로써 소그룹의 수명은 길어지고, 자연스러운 생명 주기를 이어가게 되는 것이다.

    촉매 작용은 가치가 아니라 행동이다. 제리 포라스(Jerry Porras)와 함께 베스트셀러 『성공하는 기업들의 8가지 습관』을 저술한 짐 콜린스(Jim Collins)는 이렇게 설명한다. 때때로 도매 전략을 변화시켜서 원하는 결과를 얻기도 하지만, 종종 작은 촉매 활동이 더 나은 결과를 가져오기도 한다는 것이다. 예를 들어, 한 회사가 고객 서비스를 최상의 가치로 둔다 해도, 고객이 불만족스러워할 때 무조건 환불해 주는 것이야말로 실제적인 고객 서비스를 통한 촉매 작용이다. 이와 같이, 바라는 결과를 만들어내는 것은 '가치'가 아니라 '행동'이다.

윌로크릭에서 우리가 사람들을 소그룹에 연결시키는 촉매 절차는 메타 교회의 '빈 의자'(empty chair) 원리를 적용한 '열린 의자'(open chair) 개념이다. 우리는 이 개념을 수련회의 주제로 삼았다. 소그룹 리더들을 위한 오리엔테이션, 소그룹 서약, 그리고 예화 등이 모두 이 개념을 가지고 이루어진다. 윌로크릭의 전 성도들은 열린 의자가 없는 소그룹은 더 이상 소그룹이 아니라고 이해하고 있다. 심지어 소그룹에 오랜 기간 동안 새로운 구성원이 들어오지 않으면, 누구라도 곧 새로운 사람이 이 소그룹에 들어올 것이라고 기대하게 된다.

나(러스)는 윌로크릭 정회원 과정에서 소그룹의 가치에 대해 가르칠 때, 공동체에서 자기들끼리만 모이려는 경향을 거부한다는 의미인 '그룹 G의 가치'(Group G value)에 대해서도 이야기한다. 나는 모든 사람들이 다 열린 의자의 효과를 이해하고 있는 것이 아님을 발견했다. 일부 구성원들은 교회가 열린 의자를 강력히 주장하여 아직 연결고리가 없는 사람들(기괴한 사람들이나 도끼 살해범 등과 같은)이 소그룹에 들어오게 되면, 결과적으로 자신들의 은혜로운 공동체가 혼란에 빠지게 될지 모른다고 염려한다.

나는 열린 의자가 어떻게 정상적인 관계의 리듬을 타게 하는지 설명한다. 내가 인도했던 한 소그룹에서 어떤 구성원이 자기 친구를 다른 구성원들에게 소개했다. 우리는 계속해서 그와 교제하면서, 교회의 예배와 행사 등에 함께 참여했다. 그렇게 해서 그 소그룹의 모든 사람들이 그 새로운 사람과 친구가 되었고 그는 결국 소그룹 모임을 방문했다. 그의 존재는 우리의 관계 네트워크에서 너무도 일상적인 부분이 되었고, 그로 인해 우리의 열린 의자는 자연스럽게 채워졌다.

많은 윌로크릭의 리더들과 소그룹 구성원들이 소그룹의 수명에 대한 실제적인 기대치를 설정한 후에야 비로소 열린 그룹의 원리를 받아들이게 되었다. 우선 메타 교회 이론상으로는 소그룹이 열린 의자를 채움으로써 매 18~24개월마다 새로운 그룹을 재생산하게 된다. 그리고 일부 셀 모델에서는 6~9개월 사이에 새로운 소그룹이 탄생한다. 그러나 실제로 윌로크릭에서 대부분의 일반 소그룹(거의 격주로 모이는)들은 30~36개월 사이에 재생산이 이루어진다. 물론 이 기준과 다른 매우 다양한 경우들이 있다.

그러나 많은 평신도들이 좋은 소그룹은 천국 가는 순간까지 함께 하는 것이라고 생각한다. 이런 잘못된 생각 때문에 그들은 새로운 사람들에게 문을 닫음으로써 자신들만의 영원한 공동체를 유지하려고 한다. 소그룹들이 자신의 예상 수명을 인식할 때, 비로소 열린 상태를 유지할 수 있을 것이다. 물론 평생 계속되는 소그룹도 있겠지만, 사회적인 이동으로 인해 대부분의 소그룹은 존속 기간에 제한이 있다. 15년 전 린과 나는 젊은 부부들로 이루어진 소그룹을 지도했는데, 이 모임에서 우리 모두는 이전에 경험하지 못했던 성장과 기도, 대화와 사랑을 체험했다. 우리는 그대로 그렇게 행복하게 성장하고 함께 나이를 먹어 갔을 것이다. 그러나 그 소그룹이 시작된 지 3년 뒤에, 우리를 포함한 다섯 쌍의 부부 중에 세 쌍이 이사를 가게 되었다.

　대부분의 소그룹은 예측 가능한 생명 주기에 따라 움직이게 된다. 그들은 성장하고, 도태된다. 성장과 더불어 고통도 증가한다. 도태와 함께 슬픔이 따른다. 50번 이상 모이면 소그룹은 성장과 침체 주기를 가진 식물과 같은 모습이 된다. 나는 노스다코타 주의 농장 마을에서 10년 동안 살면서 열린 의자와 소그룹의 관계는 비료와 작물의 관계와 동일하다는 것을 배웠다. 리더가 소그룹을 돌보고 사람들이 서로 보살피면 소그룹은 자연히 성장한다. 그러나 알맞은 비료를 적당히 주면 작물의 성장이 더욱 촉진되듯이, 새로운 사람이라는 비료는 새로운 우정, 서로에 대한 책임감, 그리고 보다 넓은 공동체로의 성장을 더 풍요롭게 이루어 줄 수 있다. 농사에서와 마찬가지로 잘못된 '비료'로 인해 소그룹이 해를 입거나 망가질 수도 있지만, 만약 소그룹이 자신들의 넓게 펼쳐진 팔을 통해 일하시는 하나님을 신뢰한다면 그것은 대개 좋은 결과를 낳게 된다.

　열린 소그룹 전략을 시도해 본다면, 소그룹 구성원들은 하나님께서 그들을 통해 하시는 일에 대해 놀라게 될 것이다. 열린 소그룹은 사람들이 교회와 연결될 수 있는 최고의 촉매이며, 열린 소그룹을 통해 소그룹과 리더들은 더 많은 열매를 맺게 될 것이다.

사역을 다양화하고 체계화하라

모든 사람들이 소그룹 생활을 제대로 시작할 수 있도록 어떻게 도울 수 있을까? 여러 가지 필요를 충족시키기 위해서는 소그룹의 형태를 다양화하는 방법이 있다. 그리고 교역자와 핵심 리더들을 설득해, 소그룹이라는 하부 조직 아래 모든 사역을 정렬한다. 동전의 양면과 같은 이 두 가지 원리는 소그룹 중심의 교회를 위한 전략을 개발하는 데 있어 가장 까다로운 과정이 될 것이다.

한때 윌로크릭에는 훌륭하긴 했지만 1차원적인 제자훈련 그룹들이 있었다. 이 제자훈련 소그룹들은 교회의 필요를 채워 줌으로써 새신자들의 신앙을 더욱 성숙시켰고, 그들은 이제 교회를 섬기며 리더십을 발휘하고 있다. '모든 것을 한 사이즈에 맞추는' 이러한 방식에서는, 한 커플이 결혼을 해서 소그룹에 2년간 헌신하고, 한 달에 세 번 모임에 참석하며, 진지하게 영적 성장을 도모하는 획일화된 교회 생활을 강요하게 된다. 이런 제자훈련이 잘못되었다는 것이 아니라, 단지 다른 필요들을 채우기에는 너무 폭이 좁았다는 것이다.

윌로크릭이 소그룹 중심의 교회가 되기로 결정했을 때, 나(빌)는 사람들의 필요와 성숙 수준에 중점을 두는 것이 좋겠다고 생각했다. 초창기에 우리는 다섯 종류의 그룹들을 선보였다(도표 참조).

그리고 다섯 가지 그룹에서 시작하여 우리의 소그룹은 무한대로 뻗어나갔다. 이제 우리는 필요하다면 어떤 종류의 그룹이라도 시작하고 있으며, 그럼으로써 각 사람의 필요를 더욱 채워 줄 수 있게 되었다. 우리는 사람들을 소그룹으로 연결시킬 때, 그들이 갖고 있는 공통분모(동일한 필요나 공통된 관심사, 비슷한 삶의 단계에 있는 사람들끼리의 동질감)를 기준으로 삼는다. 윌로크릭에는 자녀를 둔 부부, 자녀를 둔 이혼녀, 대학생, 그리고 노부부 등을 위한 다양한 그룹이 있다. 우리는 자격을 갖춘 리더가 여러 사람을 양육하는 것을 하나의 그룹으로 본다. 리더는 구성원들이 리더에게, 또한 서로에게 연결되어 있다는 것을 확신시켜 주며, 그 작은 공동체의 영적 성장

다섯 가지 종류의 주요 그룹들

	제자훈련 그룹	공동체 그룹	사역 그룹	구도자 그룹	후원 그룹
구성원	재임새 있는 제자훈련 과정을 추구하는 성도들	그리스도인과 비그리스도인들	그리스도인과 비그리스도인들	거의 대부분이 비그리스도인들	그리스도인과 비그리스도인들
교육 과정	『복음 확신 시리즈』와 같은 정해진 교육 과정	리더들이 코치들과 상의하여 선택	리더들이 코치들과 상의하여 선택	구성원들이 알고 싶어 하는 것에 따라 결정	사역 리더들에 의해 결정
열린 의자	교육 과정이 하나인 방학 기간에 사용	정기적으로 구성원들을 모으기 위해 사용	정기적으로 구성원들을 모으기 위해 사용	항상 준비되어 있음	주로 새로운 그룹들을 만들기 위해 사용
강조점	영성 훈련, 성경 암송, 다른 이들을 훈련시킴	공동체를 세워나가고, 새 구성원을 초청함	맡겨진 업무를 완성하고, 새 구성원을 충원함	사람들을 그리스도에게 인도하고, 회심자를 훈련시킴	개인적인 어려움을 겪고 있는 구성원들에게 도움 제공
번식 방법	수습 리더가 새 제자훈련 그룹을 지도함	그룹이 자라서 24~36개월 사이에 번식	그룹이 자라남에 따라 다양하게 번식	수습 리더가 새 구도자 그룹이나 새 신자 그룹을 인도	수습 리더들이 그룹을 만들기 위해 훈련 받음
기간	18-24개월	계속 성장하고 번식함	계속 성장하고 번식함	평균 약 1년	개인적인 필요와 그룹의 목적에 따라 다양함

상태를 점검하는 사람이다.

윌로크릭의 여성 사역은 필요에 따라 그룹의 형태를 다양화함으로써, 양적인 면에서 최소 다섯 배 이상 성장했다. 우리 교회 장로인 다이안 노블스(Diane Nobles)는 그룹들이 점점 더 세분화되어 가는 것을 지켜보아 왔다. 그녀는 처음에 자녀를 둔 주부 모임, 어린 자녀를 둔 주부 모임, 그리고 자신처럼 어린 자녀를 둔 일하는 엄마들의 모임 등 다양한 그룹에 소속되어 왔다. 이렇게 틈새에 초점을 둠으로써 우리는 각 사람들의 필요를 충족시켜 주는 소그룹 중심의 교회를 세워 나가는 데 도움을 얻고 있다. 사람들의 필요에 따라 사람들을 모을 수 있다. 이렇게 해서, 성도들이 그룹에 소속되는 것은 당연한 일이 되었다.

당신 교회도 전략을 수립하는 과정에서 이와 비슷한 경험을 하게 될 것이다. 어떤 교회들의 소그룹 조직은 일차원적이며, 소그룹 생활, 교육 과정, 활동, 결과 등에 대해 보다 깊이 간섭한다. 다양한 유사성을 제공하고 경계를 넘나드는 연결을 허용하는 전략은 보통 간섭이 적은 소그룹 조직에서 채택하는 방식이다. 이러한 방식에서는 좀더 잦은 점검, 리더 훈련, 코칭, 그리고 리더십 감독이 요구된다. 그룹이 다양해질수록, 공동체를 향한 필요를 통해 더 많은 사람들을 소그룹에 연결시키게 될 것이다.

분열에서 정렬로

윌로크릭의 회중들은 이미 소그룹 사역에서 승리를 맛보았기 때문에, 이제는 소그룹 중심의 교회가 되는 일에 협력하고 있다. 그러나 교역자들과 핵심 리더 중 많은 이들이 각자의 사역을 소그룹이라는 하부 조직 아래 정렬하라는 요청에 대해 반발했다. 우리는 사례를 받든 무보수든 소명감 있고 기름부음받은 리더 없이는 결코 사역을 시작하지 않았다. 리더의 수가 부족하다고 해서 포기하지 않았고, 그렇다고 리더십의 공백을 메우기 위해 새 사람들을 찾아 나서지도 않았다. '소명감 있고 기름부음받은' 리더를 찾는 이런 정책 때문에 우리는 사역에 대한 강한 주인의식이 있는 충성된 리더들을 얻게 되었다.

우리가 '소그룹이 있는 교회'였을 때, 이런 리더들은 자기 사역의 조직을 직접 계획할 수 있었다. 그러나 깊은 열정과 전문성을 겸비한 일부 영향력 있는 리더들이 자신의 사역을 성경적인 몸의 유기적인 일부분이 아니라 목적 그 자체로 보기 시작했다. 우리는 이런 건강하지 못한 독립적 역동을 '분열'이라는 용어로 표현한다. 어떤 면에서 우리는 한 지역에 있는 서로 다른 선교 단체의 연합 같았다. 그런 분열된 사역과 리더들을 소그룹 중심의 사역으로 이동시키는 과정에서 우리는 최상의 리더십 외교 수완을 터득하게 되었다.

하나의 공통된 소그룹 하부 구조 아래 모든 사역을 정렬하는 것은 소그룹 중심의 교회가 되려는 결단에 대한 시험대이다. 당신이 아무리 변화를 잘 이끌어 나가도, 몇몇 사람은 그것을 '상명하달식의 일방적 지시'라고 평가할 것이다. 당신이 전략을 선택한다는 것은 곧 교회의 각각의 사역을 위한 전략도 선택하는 것이 된다. 당신은 각각의 사역들이 전체적으로 완전히 정렬될 수 있는 전략을 선택해야만 한다.

캘리포니아 북부의 인구 밀집 지역에 있는 멘로파크장로교회에서 소그룹 사역자로 함께 섬기고 있는 메리 쉘러(Mary Schaller)와 폴

쉘러(Paul Schaller)는 정렬에 대한 도전에 정면으로 대응하는 법을 배웠다. 그들이 처음 청빙되었을 때, 그 교회에는 많은 그룹이 있었지만(얼마나 많은지는 아무도 몰랐다), 어떤 그룹도 교회나 다른 그룹과 연결되어 있지 않았다. 교회의 부서들도 마찬가지로 서로 연결되어 있지 않았다고 메리 쉘러는 말한다.

쉘러 부부는 교회가 리더들을 개발하고 리더들이 서로 돌볼 수 있는 소그룹 전략과 조직을 통해 모든 사역을 연결하기 위해 청빙되었다. 메리 쉘러는 교회의 400개의 소그룹을 추적해서 그들에 대한 데이터베이스를 구축하고 사람들과 연락하는 데 첫해를 보냈다.

교회에는 100개의 어린이 그룹과 35개의 미혼 그룹들이 있었다. 이 모든 사역은 각각 교회로부터, 혹은 서로에게서 독립된 채로 리더, 수습 리더, 코치, 그리고 훈련 등을 포함하는, 소그룹을 위한 메타 모델을 가지고 있었다. '어머니와 함께(Mothers Together)'처럼 프로그램과 관련된 그룹들도 있었는데, 그들은 대그룹으로 교회에서 만나 공부한 후 소그룹으로 나뉘어졌다. 멘로파크교회는 남성, 여성, 그리고 부부들을 위한 그룹들이 각각 수십 개씩 있었는데, 많은 그룹들이 교회의 지원이나 연결고리 없이 리더들에 의해 운영되고 있었다.

쉘러 부부는 공식적인 '성장 그룹 모임(growth groups)'에 리더들을 초청함으로써, 그들이 새 구성원들과 코치들을 찾는 데 도움을 주었다. 다음으로 그들은 가장 영향력 있는 리더 몇몇을 '코치 서클(coach circles)'에 초청해서, 9주 동안 윌로크릭의 코치 핸드북을 공부하도록 했다. "이 과정에서 성령님이 사람들의 마음을 감동시키셨습니다. 자신이 원하지 않는 것이더라도 그들은 기꺼이 순종했습니다"라고 메리는 말했다. 코치 서클을 수료한 사람들은 소그룹 리더들을 훈련시키게 되었다.

멘로파크장로교회는 넓은 지역을 섬기고 있다. "몇 년 전만 해도 그 지역은 56개의 구역으로 나뉘어 있었습니다. 각 구역은 보통 결혼한 부부인 두 명의 집사들이 담당했습니다. 그러나 교회는 120명에 달하는 집사들을 돌보는 데 전혀 자원을 투입하지 않았으며, 그 결과 그들의 사역은 효과를 보지 못했습니다"라고 메리는 말했다. 이제 그 교회는 열한 명의 교구 사역자를 두어, 그들에게 각각 5, 6개의 구역을 맡기고 집사들을 지원하도록 하고 있다. 교구 내에서 집사들은 지리적 여건보다는 각자의 영적 은사에 따라 봉사한다. 각 교구에는 최소한 한 명 이상의 소그룹 연락 담당 집사가 있다.

"만일 교회에 소그룹이 없는 상태에서 처음부터 이 일을 시작했다면 훨씬 쉬웠을 겁니다. 어떤 그룹들은 대단히 잘하고 있었지만, 나머지는 그저 '뉴스, 운동, 그리고 날씨 이야기'나 나누는 데 머물러 있었습니다. 아직도 그들의 신앙은 자라고 있지 않지만, 우리는 계속 전진하고 있습니다"라고 메리는 말한다.

사역 정렬을 위한 네 가지 교훈

멘로파크교회와 윌로크릭이 경험했듯이, 어떤 리더들은 소그룹 중심의 교회로 이동하는 것에 대해 저항한다. 우리는 그런 저항을 동참으로 바꾸는 데 있어 네 가지 중요한 교훈을 배웠다.

첫째, 의사소통이 중요하다. 우리는 '소그룹이 있는 교회' 상태일 때의 소그룹 리더들과 적절하게 의사소통하지 못했다. 우리는 그들이 새로운 하부 조직 안에서 어떻게 조화를 이루게 될 것인지 충분히 자주, 그리고 자세히 설명해 주지 못했다. 우리는 핵심 교인들에게 든든한 확신을 심어 주지 못하고, 그들을 소외시켰다. 그 후 우리는 다시 그들의 마음을 얻기 위해 노력해야 했다.

둘째, 유연성을 견지하라. 당신이 어떤 전략을 세우든 간에, '강약의 조화'가 필요하다. 소그룹 생활의 구성 요소와 구성 요소가 아닌 것을 구분하는 일정한 기준과 분명한 이해가 필요하다. 그러나 소그룹 사역에 있어서는 각 사람이 공동체에 대해 갖고 있는 필요를 채워 줄 수 있도록 일정 부분 다양성을 허용해야 한다.

셋째, 인내와 냉정 사이에서 균형을 유지하라. 우리는 완전한 소그룹 기초 위에 교회의 모든 부분을 조직화하기까지 7년이 걸렸다. 때로는 어느 정도 소득을 얻었고, 변화가 수용될 때까지 물러서기도 했으며, 그 다음에 다시 조금씩 이루어 나갔다. 시온루터교회의 한 리더는 이렇게 말했다. "우리는 20년을 잡고 계획한 비전을 이루어 온 지 12년째입니다. 그리고 20년 후로도 그 비전을 발전시켜 나가야 할 것입니다." 정렬에는 시간이 걸린다.

넷째, 갈등은 불가피하다. 우리는 진실을 말하는 공동체로서, 변화에 대해 토론하기를 주저하지 않았다. 우리는 소그룹 중심의 교회로 변화하는 과정의 혼란과 부딪히면서, 사역 리더들과 정면으로 맞서야 했다. 저항에 부딪히면, 우리는 기꺼이 그것을 해결하려 노력했다.

솔직히 말해, 수많은 필요를 채우기 위해 그룹의 형태를 다양화하는 것은 어려운 일이다. 그리고 모든 사역을 소그룹의 하부 조직으로 정렬하기 위해 교역자와 핵심 리더들을 설득하는 것은 더욱 어려운 과정이다. 당신의 전략에 이 두 가지 요소를 모두 포함시키는 것은 좋은 소식일 수도, 좋지 않은 소식일 수도 있다. 그러나 인내는 행복한 결말로 보상받을 것이다.

리더십 문화를 창출하라

모든 소그룹 사역은 리더들에게 달려 있다. 그러나 대부분의 교회들은 리더십 지향적이 아니다. 그들은 영향력 있는 리더가 되는 것보다 겸손하게 가만히 있는 것이 더 하나님을 기쁘시게 하는 일이라고 생각한다. 그러나 우리의 경험으로 볼 때, 당신이 선택한 전략은 리더십에 강력하게 집중할수록 더 효과적이다. 당신은 섬기는 리더십을 규정하고, 만인 제사장설을 가르치며, 리더들이 효과적으로 사역할 것을 기대함으로써 리더십 문화를 창출할 수 있다.

영적 리더십

교회에서 사람들의 리더십에 대한 접근은 오직 하나, 즉 섬기는 리더십만이 허용된다. 리더십은 계급이나 중요성에서 나오는 것이 아니라 필요와 은사에서 나오는 기능이기 때문이다. 특별히 은사를 받은 리더가 없을 때에도, 누군가의 필요가 있다면 우리는 섬기게 된다. 성경에서 사람들은 공동체의 필요에 반응하기 위해 리더로 부름받았다. 우리는 이것을 모세의 리더십에 대한 이드로의 제안과, 구제에서 제외된 과부들에 대해 대처한 초대 교회의 사례에서 볼 수 있었다.

만일 잠재적인 리더 대기자들이 소그룹의 필요보다 많다면, 당신은 영적 은사, 소명, 능력, 그리고 준비된 정도에 따라 심사해서 리더를 선발할 수 있다. 리더십의 은사를 가진 사람들이 성경적인 패러다임 안에서 소그룹을 가장 잘 인도할 수 있을 것이다. 이런 리더들은 자신의 은사들을 주님의 몸에 유익하게 사용함으로써 하나님께 충성된 종이라는 평가를 받는다. 어떤 리더가 충분히 인정받거나 칭찬받지 못해서 용기를 잃어버렸다면, 그는 성품적인 문제로 갈등을 겪거나, 혹은 은사를 사용하는 청지기직에 대한 성경의 가르침을 놓치고 있을 것이다.

만인 제사장

한편으로 리더십 문화의 창출이란 모든 교인들을 잠재적인 리더로 보는 것이다. 만인 제사장 교리를 실제로 마음 깊이 새기며 리더들에 대해, 또한 리더들과 함께 대화해 보라. 『새로운 교회개혁 이야기』에서 그레그 오그던(Greg Ogden)은 이렇게 설명한다.

"우리 모두는 하나님 앞에서 직접 사역하는 제사장들이다. 유일한 대제사장이신 예수 그리스도께서 우리의 죄를 위한 희생 제물로 자신을 드림으로써 하나님께 갈 수 있는 길을 열어 놓으셨다. 그리고 그분은 보좌 우편에 앉아 우리를 위해 계속해서 중보기도 하고 계신다. 하나님께 우리를, 그리고 우리에게 하나님을 대신할 특별한 계급의 제사장은 더 이상 필요 없다. 우리는 우리의 중보자 되시는 예수 그리스도를 힘입어 하나님 앞에 우리 자신을 대표하는 제사장으로 부름 받았다.
성도들을 부르시는 미완의 과업과 이행되지 않은 약속은 모든 성도가 제사장이라는 당연한 결론으로 이어진다. 하나님 앞에서 모든 성도가 제사장일 뿐 아니라, 모든 성도가 서로에게, 그리고 세상 속에서 제사장이다."[1]

모든 사람이 교회 안에서 사역을 맡은 제사장이다. 그러나 자질이 중요하다. 소그룹 사역에서 모순적인 말 가운데 하나가 '리더 부재 그룹' 이다. 리더 부재 그룹은 사실상 아무나 리더라는 말이므로 결국 리더가 없는 것과 같거나, 혹은 리더가 없는 그 얼마 안 되는 시간 동안에도 역기능을 드러낼 것이다. 한 그룹의 질적인 면은 거의 대부분 리더에게 달려 있다. 소그룹 중심의 교회가 된다는 것은 리더십의 능력과 직접적인 관련이 있다.

탁월한 리더에 대한 기대감 표현
리더십 문화를 세울 때는, 효과적인 리더에 대한 당신의 기대를 분명하게 표현하라. 그들의 은사, 능력 범위, 역할에 대한 요구 사항, 영적인 자질, 그리고 성품적인 특징을 규정하라. 리더는 다음 성장 단계를 설정하기 위해 현 상황을 정기적으로 평가하는 자리라는 점을 전 교회가 알게 하라.

우선 칭찬해 주고, 그 다음에는 사역의 영향력과 기회를 확대시켜 줌으로써 리더의 능력에 대해 보상하라. 은혜와 배움의 정신으로 리더십의 실패와 결함을 보완하게 하라. 교회의 리더십을 존경받는 삶의 방식으로, 그리고 우리 리더 중 누군가가 표현한 것처럼 '1년이 아니라 평생' 의 일로 전 교회가 인식하게 하라.

그렇게 하면, 성도들은 리더십으로의 부르심에 응답하게 될 것이다. 최고의 리더들이라면, 대가가 너무 크다는 이유로 움츠러들기보다는 당신이 마련한 기회에 마음이 갈 것이다. 그들이 이끄는 소그룹은 리더 자신이 성장하는 만큼, 그리고 당신이 투자하는 만큼 번성할 것이다.

체계적으로 사역에 접근하게 하라

소그룹 중심의 교회로 변화하는 동안, 윌로크릭은 모든 사람들이 '돌보는 공동체'(그룹)에 연결되도록 혼신의 힘을 기울였다. 또한 다양한 모습을 가진 교회가 되기 위해 리더십의 적극적인 배치, 그룹의 다양화, 열린 의자, 그리고 돌봄의 범위 등의 전략을 사용했다. 이 전략들로 우리는 효과를 거두었지만, 그로 인해 치러야 했던 대가도 있었다. 우리는 그룹의 질적인 면에서 종종 어려움을 겪었다. 어떤 리더들은 제대로 준비되어 있지 않았다. 어떤 팀들은 안내 사역이나 베이비시터 사역과 같은 일에 너무 집중함으로써 공동체에 오히려 장애가 되었다.

모든 사람들이 소그룹에 연결되어 돌봄을 받는 것은 대단히 어려운 일이다. 사람들을 발굴하고 체계적으로 제자훈련함으로써 그룹을 성장하게 하는 것도 여전히 어려운 일이다. 체계적이라는 말은 리더들이 사람들의 영적인 성숙을 위해 계획적으로 헌신함으로써 소그룹 중심의 교회가 되도록 돕는 것을 의미한다. 소그룹은 조직적으로 삶의 변화라는 열매를 맺게 하는 온실 역할을 한다. 리더들은 의도적으로 진정한 관계를 형성함으로써 구성원들이 하나님의 말씀에 의해 자신이 변화되고 있는지 여부를 평가하도록 돕는다. 리더들은 그들이 갈등을 해결하고 제자훈련과 돌봄 사이에서 균형을 이루도록 돕는다. 당신은 의도성, 즉 공통의 언어를 만들고, 시스템을 통합하고, 리더들을 위한 자료를 제공하는 방법 등을 개발할 수 있다.

공통의 언어 창출하기

다양한 교회 배경이 있는 사람들을 연합시키기 위해서는 공통의 언어를 창출하는 것이 필수적이다. 나(러스)는 교회의 사역들 중 다섯 개 부서를 감독하게 되었을 때, 이 어려운 방법을 익히게 되었다. 나는 그 부서의 포인트 리더들을 불러 모아 내 딴에는 매우 뻔하다고 생각한 질문을 던졌다. "그리스도의 온전한 제자가 되기 위한 윌로크릭의 목표를 따라 살려면 어떻게 행동해야 합니까?" 그 후 일곱 번의 만남이 이어지는 동안에도, 그들은 여전히 자신의 입장만을 이야기하고 있었다. 각각의 리더들은 영적 성숙을 설명하는 자신의 언어를 가지고 있었다. C.C.C.의 견해, 네비게이토의 입장, 존 맥스웰의 스카이라인에 대한 아이디어 등.

리더들은 예의를 지켰지만 각각 자신의 접근 방법이 옳고, 다른 사람의 것에는 문제가 있다고 보았다. 대부분의 교회들이 이런 '용어의 불협화음'을 경험한다. 기독교는 훌륭한 제자훈련 시스템을 구축했지만, 이런 분산된 성공 때문에 공통의 언어와 접근 방법에 일치를 보기가 더욱 어려워졌다. 포인트 리더들과 나는 힘든 작업 끝에, 과거의 언어는 버리고 교회 전체적으로 사용 가능한 용어들로 통일하기로 합의했다. 이와 같이 언어에 대한 의도적인 접근을 통해, 우리는 보다 나은 의사소통, 줄어든 혼란, 그리고 하나 된 리더십이라는 결과물을 얻어냈다.

사람들의 영적인 발전을 표현하기 위해 현재 사용되고 있는 용어들은 앞서 7장에서 '5G'로 묘사한 은혜, 성장, 그룹, 은사, 그리고 선한 청지기직이다. 그리고 이중에 어떤 용어 하나만으로는 제자훈련을 묘사하는 데는 충분하지 못할 것이다. 그리고 당신의 교회에는 이런 표현들이 제 역할을 다하지 못할 수도 있다. 그러나 교회 내부적으로 통일된 용어를 선택하지 않는다면, 당신의 교회는 소그룹을 통해 사람들의 성장을 도울 수 있는 기회를 잃어버릴 것이다.

시스템 통합하기

소그룹 중심의 전략을 선택한 후에도, 대부분의 교회들이 다른 사역이나 조직을 유지하고 있을 것이다. 예를 들어 윌로크릭에서는 정회원 전략을 5G로 통합함으로써, 정회원 교육용 교재에 영적인 변화를 불러일으켰다. 우리는 정회원 교육 과정을 일종의 핵심 영성 계발 과정으로 활용한다. 즉, 사람들은 교육 과정을 공부하고, 자기 평가를 내리며, 성장을 다짐하고, 헌신을 약속하며, 3년마다 그들의 정회원 자격을 갱신한다.

구성원들의 영적인 상태를 가장 잘 알고 있는 사람은 리더이기 때문에, 우리는 리더에게 정회원 자격 심사에 대한 책임을 맡긴다. 처음 정회원이 되는 사람은 소그룹의 리더 및 코치와 면담을 한다. 그리고 정회원의 자격을 갱신할 때, 소그룹 리더는 그동안의 5G 과정을 확인한다. 리더가 그 과정에 대해 확신하지 못할 경우에는, 코치가 관여한다. 소그룹 전략으로 정회원 자격을 보완함으로써, 리더들은 사람들이 그리스도께 더욱 헌신하도록 체계적으로 도움을 줄 수 있다

리더들을 위한 자료 제공하기

우리는 소그룹 교육 과정인 <Pursuing Spiritual Transformation>(영적 변혁의 추구)과 같은 체계적인 성장을 위한 도구를 리더들에게 공급한다. 이 입문 과정은 리더들이 구성원들에게 5G에 관한 중요한 성경적 원리들을 가르치는 데 유용하다. 다른 자료로는 7장에서 언급

한 '목양 계획서'가 있다. 우리는 이 자료들을 몇 가지로 변형해서 리더들이 다음 달의 그룹 모임 및 개인의 진보를 계획하는 데 사용할 수 있다. 다시 강조하건대, 특별한 언어나 조직이나 자료에 신비한 힘이 있는 것이 아니다. 오히려 당신이 선택한 전략을 체계적으로 발전시키는 것이 기적을 가져온다.

당신의 접근법을 상황화하라

'상황화'라는 단어를 접하면 사람들은 허드슨 테일러(Hudson Taylor)가 중국 사람들의 복장, 풍습, 그리고 언어를 채택함으로 새로운 문화 속에서 복음을 전파한 사실을 떠올린다. 공동체를 세우는 일도 동일한 방식으로 생각할 수 있다. 소그룹이라는 작은 공동체는 창조적이고 변화를 일으키는 진정한 관계를 세우는 수단이다. 그러나 사람들을 소그룹 안에 연결시키고, 보다 큰 교회 생활의 틀 안으로 끌어들이기 위해서는 리더들이 구성원들의 독특한 환경과 문화를 고려해야 한다. 플로리다의 보카레이턴에 있는 스패니시리버장로교회(SRC)와 텍사스의 알링턴에 있는 팬티고성서교회는 상황화의 방법을 알고 있다.

스패니시리버교회는 "맞지 않는 신발은 신지 말라"라는 말이 무슨 뜻인지 배웠다. "당신이 가지고 있는 것을 상황화시켜야 합니다"라고 게리 트라이칠러(Gary Treichler)는 말한다. 그는 현재 스패니시리버교회의 행정 목사이며, 이전에는 세렌디피티선교회에서 라이먼 콜먼(Lyman Coleman)의 협력 사역자로 일했다. 그는 메릴랜드의 볼티모어에 있는 그레이스펠로십교회의 소그룹 담당 목사로 섬기면서 칼 조지의 메타 교회 전략을 익혔다. 당시 그 교회의 담임목사였던 짐 데스머는 1991년에 윌로크릭으로 온 이후 꾸준히 소그룹의 비전을 제시해 온 사람이었다. 따라서 그레이스교회에서 소그룹은 하나의 '생활 방식'이었다.

"이곳은 제가 경험한 사역지들 중에 가장 특이한 곳입니다"라고 트라이칠러는 플로리다 남부에 대해 말한다. "볼티모어에서와는 달리, 사역을 제대로 해 나가기가 쉽지 않았습니다. 많은 사람들이 『성장하는 미래교회 메타교회』라는 책을 읽고, '이것이 우리가 나아가야 할 길이야'라고 생각했습니다. 그러나 한 가지 모델을 그대로 모방하는 것은 불행을 자초하는 일입니다."

스패니시리버교회는 비전 제시 요소를 분산시켰다. 그 교회는 담임목사의 행정을 도운 수잰 진슨(Suzanne Jeansonne)처럼, 소그룹에 대한 특별한 열정이 있는 사람들만을 고용했다. 3년 전 트라이칠러는 진슨이 스패니시리버교회의 1,500명 성도들을 소그룹에 연결시키고자 하는 열정뿐만 아니라, 비전의 리더십과 행정의 은사가 있다는 것을 알았다. 그때까지 여성 사역부에서 드러나지 않게 일하고 있었던 진슨은 사역을 소그룹으로 재조직하라는 트라이칠러의 요청을 즉각 수락했다. 지금 스패니시리버교회의 소그룹은 250개에 달한다.

현재 그녀의 사역에는 350명의 여성이 연결되어 있으며, 화요일 오전에 35개, 수요일 저녁에 12개의 그룹이 모이고 있다. 여섯 명의 교사가 전체 모임 때 돌아가며 인도하고, 그 후 소그룹으로 나뉘어서 진슨과 그녀의 팀이 쓴 교재로 토의 시간을 갖는다. 그녀가 인도하는 리더 훈련 시간은 교육, 드라마, 비전 제시 등으로 이루어져 있다. 그녀의 견고한 조직은 수습 리더, 리더, 그리고 코치 등으로 이루어져 있다. "저는 이 일이 좋아요. 제대로 돌아가려면 시간이 꽤 걸립니다. 하지만 그만한 가치가 있어요"라고 진슨은 말한다.

여성들에게 잘되는 사역이 남성에게는 잘 안될 수도 있음을 트라이칠러는 인정한다. "훈련시키기가 훨씬 힘듭니다. 우리는 융화를 강조하는 행사들을 강조하기 시작했습니다. 그리고 그런 행사들을 통해 많은 소그룹들이 탄생했죠."

스패니시리버교회의 청소년 사역은 셀 중심이다. 그리고 이 교회에는 지원 그룹 사역이 있다. 교회의 허락하에 포인트 리더는 소그룹 모델을 약간 변형시켜서 사람들을 훈련시킨다. 스패니시리버교회가 소그룹 중심의 교회가 된 것은 트라이칠러가 소그룹의 비전을 개조하여 상황화하는 것을 허락했기 때문에 가능했다.

팬티고성서교회의 목사인 랜디 프래지(Randy Frazee)는 그의 저서 『21세기 교회 연구:공동체』에서 팬티고성서교회가 진정한 공동체를 세우기 위해 어떻게 교회 구조를 전환했는지 설명한다. 팬티고성서교회는 텍사스 주 알링턴에 있는데, 알링턴은 댈러스포트워스에 있으며 35만 명이 살고 있는 도시이다. 약 2,500명의 장년과 1,000명의 아이들이 여러 지역에서 주말마다 교회로 온다. 그러므로 같은 동네에 살고 있지 않는 한, 교인들은 교회 밖에서 서로 만나기가 어렵다. 결국 이 교회는 동네별로 그룹을 재조직하면 그룹 구성원들이 실제로 '삶을 함께 나누기' 쉬워진다는 것을 깨달았다. 현재 83개의 그룹에 1,000명 정도의 성도들이 속해 있다.

그리고 주일학교 대신에, 같은 학군에 사는 고등학생들로 구성된 27개의 중그룹들을 만들었다. 각 그룹은 3~5개의 '가정 그룹'들을 포함한다. 가정 그룹은 주중에 가정에서 모이며, 같은 중학교나 초등학교 학군에 사는 학생 7~17명으로 구성된다.

"우리는 주중에 더 만나기 원하기 때문에 지역별로 소그룹을 나누는 방법을 선택했습니다"라고 소그룹 담당 사역자 빌 바넷(Bill Barnett)은 말한다. 한 달에 겨우 두 번 모이면서 가까운 곳에 살지도 않는다면, 친해지는 데 시간이 오래 걸린다고 거듭 강조한다. 이제는 많은 가정 그룹의 구성원들이 같은 동이나 아파트 단지에 살고 있기 때문에, 사도행전 2장 42절에 나오는 매일의 교제를 거의 그대로 실현할 수 있게 되었다. 바넷에 따르면, "한 그룹에서 서로 친해지려면 약 9개월 정도 시간이 걸립니다. 그리고 4개월 정도 지나면 서서히 분위기가 무르익습니다. 여기서 친하다는 것은 실제 삶에서 일어나는 일을 기꺼이 나눈다는 의미입니다."

팬티고성서교회의 교역자는 4명의 교구 목사들로 구성되어 있는데, 각각은 5~10개의 공동체 그룹들을 책임지고 있다. 이 교회는 근처에 있는 댈러스 신학교나 사우스웨스턴 침례신학교의 인턴 신학생들을 교구 수습 목사로 활용하고 있다. 이를테면 목사 한 사람이 지역을 초월해서 미혼자 사역을 감독한다. 미혼자들은 정규 가정 그룹과 미혼자 그룹 안에 비슷하게 분포되어 있다. 팬티고성서교회는 또한 30명의 해외 선교사들을 후원하고 있는데, 두세 그룹이 함께 한 선교사를 품고 그를 위해서 기도하고, 편지나 이메일, 소포 등을 보낸다.

하나의 모델이 모든 교회에 잘 적용된다면 일이 쉽겠지만, 당신도 알다시피 그렇지가 않다. 그룹을 지역에 따라 조직하든, 친한 사람들을 중심으로 조직하든, 아니면 독특한 문화적 특성에 따라 조직하든 간에, 상황에 맞게 선택하라. 많은 교회들이 깨달아 왔듯이, 사명에 고도로 집중하는 동시에 교인들을 진정한 공동체로 이끌어 들인다는 것은 노력을 요하는 일이지만, 또한 분명 가능한 일이다.

승리는 선택에 달려 있다

월드시리즈 우승 팀을 만드는 데 쉬운 방법이 없듯이, 소그룹 중심의 교회가 되는 길에도 지름길이 없다. 그 길로 가겠다는 결단이 필요하고, 그 다음에는 그것을 실현할 전략이 필요하다. 월드시리즈 우승 팀을 만드는 일보다 소그룹 중심의 교회를 만드는 일이 더 힘들 것이다.

전략이 중요하다. 당신이 얻고자 하는 것과 그 방법을 알게 되면 당신은 설득력 있게 대화할 수 있을 것이고, 사람들은 당신이 얼마나 확신 있게 그들을 초청하느냐에 따라 반응을 보일 것이다. 얼마나 진전되었는지 측정하려면 이미 알고 있는 한계와 비교해 봐야 한다. 일단 전략에 효과가 있었다고 판단되면, 당신은 그 과정을 함께 한 사람들과 성공을 자축할 수 있을 것이다.

소그룹 사역에서, 당신의 전략은 돌봄의 범위를 지켜야 한다. 열린 그룹은 당신의 여정에 도움을 줄 것이다. 다양한 지점에서 시작함으로써 모든 사람들을 하나의 정렬된 사역으로 연결시킬 수 있다. 위임할 줄 아는 리더십 군단은 모든 양 떼를 효과적으로 목양할 수 있게 될 것이다. 특히 당신이 체계적으로 구성원들의 영적인 성장을 도모하고, 당신의 성장 모델을 상황화한다면 말이다

13장. 소그룹 사역을 단계적으로 끌어올리라

"하루 일과를 마치고 집으로 돌아올 때, 우리는 우리가 하던 일뿐만 아니라, '고속'(high-speed) 좌절과 '전자'(electronic) 기대도 함께 가지고 오는지도 모른다. 간단히 말해, 우리가 만나는 불완전한 사람들에게 마치 우리가 사용하는 전자 시스템처럼 효과적으로 작동하기를 기대하고 있는지도 모른다는 것이다. 그래서 우리는 그들이 우리가 알고 있는 기계처럼 신속히 응답하지 않거나, 즉각 반응하지 않거나, 흔쾌히 순종하지 않는다는 이유로, 어쩌면 우리가 사랑했을지도 모를 그들을 우리의 인내와 함께 '즉석'에서 잃어버리고 있는지도 모른다." –스티븐 버트만, 『Hyperculture』(들뜬 문화)

소그룹 중심의 교회를 세우기 시작하면 놀라운 일들이 일어난다. 모든 성도 한 사람 한 사람이 공동체를 위한 새로운 비전을 붙들고 그것을 온전히 품을 것이다. 잠재적인 리더십이 있는 각 사람들은 그 목적에 자신의 은사와 능력을 내어 줄 것이다. 그룹은 셀 수 없을 만큼 빠른 속도로 불어날 것이다. 장로들, 임원들, 교회에 오랫동안 출석한 사람들, 그리고 성가대의 리더들이 일어나 당신을 축복할 것이다. 죄악이 끊어질 것이다. 직장인들이 일부러 파트타임 직업으로 전환할 것이다. 그래서 그들은 이 사역을 세우는 데 도움을 주기 위해 주당 20~30시간을 들여 자원 봉사를 할 것이다. 헌금은 200% 이상 증가하고, 해외 사역은 네 배 이상 늘어날 것이다. 생겨나는 소그룹들을 통해 불신자들이 신앙을 갖게 될 것이다. 그들의 삶은 전 같지 않을 것이다!

만일 방금 말한 것들 중에 단 한 가지라도 당신이 믿는다면, 이제 꿈에서 깰 시간이다. 이 중에서 유일하게 확실한 것은 "삶이 전 같지 않을 것이다"라는 것뿐이다. 소그룹 중심의 교회를 추구하기만 하면 다 성공할 것이라고 약속할 수 있다면 얼마나 좋겠는가! 그러나 현실은 그렇지가 못하다. 우리는 이 새로운 비전이 얼마나 빨리 뿌리내릴지에 대해 결코 확언할 수 없다. 대부분의 사람들이 열의를 가지고 변화를 받아들일지에 대해서도 예측할 수 없다. 당신이 상상한 것보다 더 많은 리더들을 갖게 되리라고는 더더욱 약속할 수 없다.

그러나 당신이 소그룹 중심의 교회를 추구한다면 당신의 사역이 단계적으로 발전할 것은 확신한다. 각 단계의 길이와 강도는 다양할지라도, 우리는 소그룹 사역이 예측 가능한 단계들을 밟으며 발전할 것을 확신한다. 그것은 인생과 매우 닮았다. 대부분의 팔십 노인들은 어린 시절과 다소 소란스러운 청소년기를 보내고, 20~30대에 자신이 잘하는 일과 잘하지 못하는 일이 무엇인지 배웠다. 그들은 40~50대에 중간 수정 작업을 했고, 60~70대에는 인생을 회고하며 지혜를 개발하는 시간을 가졌으며, 이제는 죽음이 다가올 것을 알고 있다. 그러나 예측 가능하다고 해서 반드시 지루한 것은 아니다. 당신은 삶이 따분한가? 우리는 그렇지 않다.

소그룹 사역에는 예측 가능한 단계들이 있지만, 그것은 당신이 경험할 수 있는 가장 위대한 사역 중 하나라고 우리는 믿는다. 당신의 교회는 '공개적으로' 소그룹 사역을 시작하기 전에 모델/터보 그룹, 실험 그룹, 그리고 시작 그룹이라는 단계들을 거칠 것이다. 각 단계의 특징들은 교회 상황에 따라 다르겠지만, 당신은 그 가운데서도 어떤 보편적인 원리들이 적용되는 것을 보게 될 것이다.

모델·터보 그룹 단계

소그룹 사역에 공동체의 가치를 각인시키는 최상의 방법은 당신 자신이 그 가치에 대한 모델이 되는 것이다. 만일 당신의 교회가 이제 막 소그룹 사역을 시작하려 한다면, 담임목사나 교회의 다른 핵심 리더들이 인도하는 몇 개의 모델 그룹으로 시작하라(담임목사가 가장 이상적이다). 당신은 당신이 중요하다고 판단한 가치에 따라 그대로 살아 봄으로써 당신이 시작하게 될 소그룹의 특성과 속성을 빨리 배우게 될 것이다. 모델 그룹 단계에서 공동체 안에서의 당신 자신의 성장을 실험해 볼 수 있고, 소그룹이 실제로 어떻게 기능하는지 함께 발견할 수 있다.

터보 그룹은 모델 그룹에서 더 발전된 개념으로, 수습 리더들로 이루어진 소그룹을 말한다. 즉, 그 그룹 안에 있는 모든 사람들이 언젠가 각자 자신의 소그룹을 인도하게 되는 것이다. 그러므로 터보 그룹은 실제 소그룹과 훈련 그룹의 양쪽 기능을 다 한다.

소그룹 중심의 교회로 이동할 때, 교회는 소그룹 구조의 여러 형태, 즉 셀 교회 모델, 메타 교회 모델, 혹은 다른 교회에서 성공한 예들을 종종 시도한다. 그러나 셰익스피어가 충고했듯이, "당신에게는 당신 자신이 진실이다." 각각의 교회는 자신에게 맞는 모델을 적용할 필요가 있다.

예를 들어 1970년대에 한 진보적인 목회자가 캘리포니아 주 로스앤젤레스의 어느 기독교회중교회(C.A.)에서 소그룹, 코치, 그리고 감독 시스템을 실행했다. 그러나 1990년대 초에 예배 참석자 수는 200명 아래로 떨어졌고, 모든 소그룹은 사라진 상태였다. 최근에 그 100년 된 교회는 몇 가지 모델을 시도했다. "그들은 번번이 실패했습니다"라고 소그룹 담당 마크 구즈만(Mark Guzman) 목사는 인정했다.

마크 피케렐(Mark Pickerel) 목사와 그는 소그룹 사역을 활성화하기 위해 더 많은 정보가 필요하다는 결론을 내리고, 1997년에 윌로 크릭의 교회 지도자 컨퍼런스에 참석했다. 구즈만은 당시를 이렇게 회고한다. "우리는 소그룹 특강에 참석했지요. 완전히 당황한 상태였습니다. 지금 우리 교회에는 주말 예배에 2,500명이 참석하고 있고, 그 중 1,000명이 소그룹에 참석하기를 원하고 있습니다. 하지만 그 당시 우리는 어떻게 해야 할지를 몰랐습니다. 그러나 빌 도나휴가 우리를 찾아와 소그룹에 대해 조언해 준 후, 우리는 이전보다 훨씬 더 당황했습니다!"

그들은 메타 교회 모델을 다시 시도해 보기로 결정한 후, 리더로서의 가능성이 보이는 열 쌍의 부부 터보 그룹을 시작해서 7개월 동안 모임을 가졌다. 여름 방학 후에 구즈만은 교회 내에서 또 다른 150명의 리더들을 발굴했다. "우리는 그들에게 소그룹에 대한 우리의 꿈을 요약해서 높은 비전과 도전을 담아 편지를 보냈습니다"라고 그는 말한다. 그해 가을 10주 동안, 그들은 약 90명의 리더들에게 저녁

식사를 제공하고 아이들도 봐주면서, 소그룹의 가치, 즉 열린 의자, 수습 리더, 그룹의 번식, 그리고 선교 등에 관한 훈련을 실시했다.

비록 이 교회가 사역 모델을 고안하기 위해 몇 가지 시도들을 거치긴 했지만, 주목할 것은 소그룹 사역의 기반을 갖추기 위해 터보 그룹을 사용했다는 사실이다. 이 교회는 코칭과 리더십 훈련에 초점을 두었을 때 성공을 경험하기 시작했다.

만약 당신이 가능성 있는 코치들을 파악하고 그들의 역할을 고려해 볼 수 있는 모델·터보 그룹 단계를 거치지 않는다면, 당신의 교회 역시 당황하게 될 것이다.

모델·터보 그룹 단계는 가치, 소그룹 생활, 그리고 최초의 리더 그룹을 위한 초기 훈련 등을 강조한다. 이 그룹이 탄생하려면 먼저 리더들이 자기 그룹을 인도할 마음의 준비가 완전히 되어 있어야 한다. 어떤 리더들은 터보 그룹 안에서 짝을 지어서 새 그룹을 시작하기도 한다. 그것도 좋지만, 우리는 터보 그룹의 구성원 각자가 터보 그룹 밖에서 수습 리더를 선정하고 구성원들을 모집함으로써 새 그룹을 시작할 것을 권한다.

터보 그룹의 성공을 위해 도움이 될 만한 몇 가지 안내 지침을 소개한다.

- 진정한 공동체를 세워야 한다. 이것은 단순한 훈련 그룹이 아니다. 터보 그룹의 구성원들은 공동체를 이해하고 실천해야 한다. 그렇지 않으면 그들은 앞으로 자신이 인도하게 될 새 그룹 안에서 공동체를 재생산하지 못할 것이다.
- 터보 그룹의 구성원들도 일반 그룹의 모든 요소를 경험해야 한

다. 터보 그룹의 구성들은 열린 의자를 실습하고, 수습 리더를 발굴하고, 진리와 삶이 만나는 장소를 만들어내고, 진정한 관계를 세우며, 갈등을 만나 보아야 한다. 그렇게 할 때 그 같은 일들이 새 그룹에서도 동일하게 일어날 것이다.
- 가르칠 수 있는 계기를 잘 포착해야 한다. 터보 그룹 구성원들은 정해진 교재나 교육을 통해서가 아니라 실제 상황을 통해 리더십을 배우게 된다. 따라서 터보 그룹 안에서는 진행을 잠깐 멈추고 다음과 같이 말해 보는 것도 좋다. "방금 전 10분 동안 어떤 일이 있었고, 또 그 일이 왜 일어났는지 한번 이야기해 봅시다." 또한 터보 그룹의 리더들은 구성원들에게 이렇게 질문할 수도 있다. "왜 제가 이렇게 진행했을까요? 제가 잘한 부분이나 개선할 부분은 무엇일까요?"
- 터보 그룹에는 시간이 필요하다. 터보 그룹은 새 리더들을 온전하게 훈련시키기 위해 최소한 9~12개월이 필요할 것이다. 만일 그룹이 매주 모이거나 혹은 리더들이 이미 소그룹에 대한 경험이 있다면 그 시간은 단축될 것이다. 그러나 한 번도 리더의 자리에 서 보지 않은 사람들을 훈련시키는 경우에는 18~24개월의 기간이 필요하다.

실험 그룹 단계

핵심 가치를 견고하게 세우고 소그룹 개발 모델을 확정했다면, 실험 그룹 단계로 넘어갈 준비가 된 것이다. 이것은 제한된 숫자의 그룹들이 소그룹 사역을 실행해 보는 단계이다.

소그룹 공동체의 속성과 의미가 생소한 많은 사람들은 장기간의 헌신을 하는 데 조심스러울 것이다. 이 단계에서 9~12개월 정도 한시적으로 모이는 제한된 숫자의 소그룹을 시작한다. 시간의 제한은 마치 안전망과 같아서, 모든 사람들이 잠시 멈추어서 평가하고 계획을 세우는 기회가 될 수 있다.

윌로크릭은 우선 부부 모임과 미혼자 모임을 통해 실험 그룹을 시작했다. 실험 그룹의 시행착오 과정을 통해 우리는 소그룹이 우리 교회의 상황에서 어떻게 작용하는지 알게 되었다. 당신에게도 이러한 과정이 필요하다. 이 시점에서 교회의 모든 사람들을 소그룹으로 합류하라고 초청하는 것은 재난이 될 수 있다. 대부분의 교회들은 회중을 소그룹에 연결시킬 준비가 되어 있지 않다. 리더들이 잘 훈련되고 그룹이 원활하게 돌아갈 수 있으려면 실험 그룹 단계가 필요하다.

이미 소그룹이 있는 교회에서의 실험 그룹 단계는 신선한 출발을 의미할 수도 있고, 소그룹 사역을 일으키는 제2의 도약을 의미할 수도 있다. 브렌다 라이저(Brenda Rizor)가 미시간 주 배틀크리크의 퍼스트웨슬리교회에서 소그룹 사역을 맡기로 했을 때, 하나님은 그녀에게 "너는 필요한 것을 이미 가지고 있다"라고 계속해서 상기시키셨다고 한다.

라이저가 그곳에서 2년간 교역자로 있는 동안 소그룹이 40개에서 164개로 증가했지만, 그녀는 교회에 이미 소그룹 사역의 기반이 닦여져 있었기 때문에 가능했다며 겸손히 말한다. 담임목사인 로버트 니콜슨(Robert Nicholson)은 퍼스트웨슬리교회를 소그룹 중심의 교회로 이끄는 데 큰 역할을 감당했다. "그는 뒤에서 소그룹을 지지하는 동시에, 그 자신이 소그룹 안에 있습니다"라고 그녀는 말한다.

"그는 지난 6년 동안 소그룹에 대한 비전을 제시해 왔습니다." 그 교회는 현재 3부에 걸친 예배를 통해 1,500명의 장년과 어린이들이 출석하고 있다.

라이저는 기존에 있던 40개 소그룹의 장점들을 잘 활용했다. 퍼스트웨슬리교회에 있던 몇 개의 12단계 회복 그룹들을 새로운 리더들을 양육하기 위한 모델로 삼았다. '수요일 저녁 라이브'(Wednesday Night Live) 프로그램은 어린이 소그룹 사역으로서 성공을 거두었다. 어른들의 소그룹 참여에는 아이들을 보살피는 문제가 장애가 된다는 말을 듣고, 라이저는 어린이 사역을 통해 장년 사역도 성공할 수 있음을 깨달았다.

그 결과 약 150명의 장년들이 수요일 저녁에 교회에서 그룹 모임을 갖게 되었다. 그들의 자녀들이 드라마, 음악, 그리고 소그룹 모임으로 즐거운 시간을 보낼 때, 어른들은 교사이자 작가인 베스 무어가 만든 성경 공부 비디오를 시청하고 소그룹 별로 나누는 시간을 갖는다. 첫 주부터 100명의 장년이 참가해서 라이저를 놀라게 했다. 그녀는 말한다. "하나님이 계속해서 말씀해 주셨어요. '너는 필요한 것을 이미 가지고 있다.' 이 교회는 그분의 것이고, 그분이 세우고 계십니다. 우리는 그저 우리의 장점들을 가지고 시작하면 됩니다." 820명이 넘는 만 2세 이상의 사람들이 이 교회의 소그룹에 속해 있다.

라이저는 퍼스트웨슬리교회의 장점을 바탕으로 소그룹을 세우기 위해 세심하게 노력했다. 왜냐하면 그는 기존의 교회를 다른 형태에 억지로 끼워 맞추려고 하면 어떤 일이 일어나는지 봐 왔기 때문이다. "그들은 코치와 평신도 교구장을 활용하는 윌로크릭의 모델을 그대로 가져와서 우리 교회에 무리하게 적용하려고 했습니다.

제가 사역을 시작한 주에 일곱 명의 교구장 중 다섯 명이 그만두었습니다. 그들은 완전히 지친 상태였습니다. 우리는 준비되지 않은 평신도 사역자들에 의존해서 조직을 세웠고, 위로부터 아래로 그것을 세우려고 했습니다. 저는 소그룹 사역이란 아래로부터 위로 세워져야 한다고 확신합니다"라고 그녀는 강조한다.

비록 라이저가 주일 장년 성경 공부와 교회 전체에 소그룹을 적용하고 있긴 하지만, 그녀는 '소그룹'과 같은 규격화된 용어를 피한다. 그녀는 매달 한 번씩 예배와 간단한 모임을 갖는 리더십 공동체를 시작했고, 가능성 있는 리더들을 위한 제자훈련을 인도하고 있다. "저는 그들에게 '코치' 혹은 '교구장'과 같은 혹독한 이미지가 아닙니다"라고 그녀는 말한다.

"저는 스스로에게 질문합니다. '누가 나를 도와줄까?' 제가 분명히 믿는 것은, 사람들은 자신의 도움을 통해 세워진 대상에 애착을 갖는다는 것입니다."

그녀와 담임목사는 퍼스트웨슬리교회를 소그룹 중심의 교회로 세우기 위해, 과거에 감사하고 동시에 미래를 바라보는 긴 안목을 가지고 접근한다. "우리가 일하는 스타일이 이상하게 보일 수도 있을 것입니다. 우리는 천천히 움직이지만 꾸준합니다"라고 라이저는 언급한다. "많은 사람들이 웨슬리파 교회에서 새로운 일이 벌어졌다고 말합니다. 그러나 18세기에 이미 찰스 웨슬리는 소그룹을 이끌고 있었습니다. 만일 사람들이 과거로 거슬러 올라가 그들의 교회의 뿌리를 살펴본다면, 그들은 웨슬리의 운동이 소그룹을 통해 성장했다는 것을 알게 될 것입니다. 새로워 보여도, 이것은 사실 우리 유산의 일부입니다."

시작 그룹 단계

리더들은 모델·터보 그룹 단계를 통해 소그룹의 가치를 실현하는 모델이 되었을 것이다. 또한 실제로 일어날 수 있는 어려움들을 미리 발견하기 위해 실험 그룹도 운영해 보았다. 이제 당신은 교회 전체가 소그룹을 시작하는 길에 '푸른 신호등'을 켤 수 있다. 시작 그룹 단계는 소그룹 비전을 공개하기 전 마지막 단계다. 당신은 이제 관심 있는 모든 사람들이 소그룹을 개척하고 리더십의 영역을 탐험하도록 허락하게 된다.

시작 그룹 단계에서, 새로 탄생하는 그룹들과 리더들은 더 많은 기술들을 습득하기 위해 훈련을 받아야 할 것이다. 정기적인 리더십 모임과 연중 수련회도 필요할 것이다. 그러나 아직 대중에게 공개적으로 알릴 시기는 아니다. 주일 강단을 통해 회중들에게 소그룹에 들어가라고 강조하기에는 너무 이르다. 왜냐하면 교회의 구조가 잠재적인 반응들에 대해 아직 준비되어 있지 않기 때문이다.

로스앤젤레스에 있는 기독교회중교회(C.A.) 이야기로 다시 돌아가 보자. 그 교회는 마침내 메타 교회 모델을 정착시켰고 훈련을 위한 리더 모임을 시작했다. 그들의 다음 단계는 사람들이 소그룹을 체험해 볼 수 있도록 좀더 광범위한 초청을 실시한 것이었다. 담임목사는 공동체에 관한 시리즈 설교를 했고, 소그룹에 속하기를 원한다면 카드를 작성해서 제출하라고 광고를 했다. 그에 대한 반응은 또 한 번 당황스러운 것이었다. 소그룹 담당 목사인 마크 구즈만은 이렇게 말한다. "우리가 문제에 봉착했다는 것을 알게 되었습니다. '우리가 어떻게 리더들과 사람들을 연결시킬 수 있을까?' 나는 소그룹에 대한 책들을 몽땅 뒤져 보았지만, 어느 책에도 이에 대한 방향은 제시되어 있지 않았습니다."

결국 그들은 소그룹을 지역별로 만들기로 결정했다. "우리는 소그룹에 성도들을 소속시키고는, 이젠 다 됐다고 생각했습니다"라고 구즈만은 말한다. "그러나 18개월쯤 지났을 때 우리는 다시 벽에 부딪혔습니다. 우리는 코치의 역할에 대해 충분히 강조하지 않았습니다. 일부 코치들과 리더들이 그만두게 되었는데, 주된 이유는 하나, 코칭 기술의 부족이었습니다."

기독교회중교회를 맞지 않는 모델에 억지로 끼워 맞추려고 했던 것이 문제였다고 구즈만은 말한다. "우리는 한 가지 모델을 택했지만, 그것을 우리 모습에 맞게 정착시키려고 하지는 않았습니다"라고 그는 말했다. "우리는 소그룹이 우리 교회에서 성장을 위한 촉매 역할을 하고 있다고 믿습니다." 이 교회가 이러한 어려움들(이는 지극히 정상적이다)을 겪어 왔음에도 불구하고, 현재 이 교회에는 160개의 그룹에 1,200명의 장년과 400명의 어린이들이 소속되어 있다. 그 중에는 코치가 없는 그룹도 있고, 30%의 그룹만이 수습 리더를 키우고 있다고 구즈만은 인정한다.

다른 대부분의 교회들처럼 기독교회중교회도 여전히 과정 중에 있다 "우리 교회의 소그룹 사역은 아직도 가야 할 길이 멉니다. 일부 성도들이 아직도 소그룹의 가치에 동의하지 않고 있기 때문이지요. 그러나 완전히 변화된 사람들도 있습니다. 우리는 또한 코치의 역할을 재규정하고 있습니다"라고 구즈만은 말한다. 그의 다음 단계는 약 20명의 리더들과 함께하는 터보 그룹을 만드는 것이다. "우리는 또한 우리 교회의 핵심 가치를 토대로 소그룹을 위한 건강 점검 목록을 만들었습니다"라고 그는 말한다. 어느 한 모델을 한 교회에 맞게 적응해낸 것만으로도 소그룹 중심의 교회를 향해 성큼 다가선 것이다.

이제 사역 준비 과정을 다 마쳤다면, 잠시 멈추고 시작 그룹 단계에서 일어난 일들을 축하해야 할 것이다. 바로 이때가 소그룹 리더들, 구성원들과 더불어 많은 이야기를 나누고 그들의 경험담에 귀기울일 시간이다. 설문 조사를 하거나 구성원들의 긍정적인 경험과 부정적인 경험을 나누어 볼 수 있을 것이다. 다시 말하자면, 이 시간은 배우는 시간이며, 사역에 대한 당신의 시각을 조정할 시간이다.

소그룹 사역 공개하기

이 마지막 단계에 이르러, 교회의 시스템은 이제 충분히 성숙했고, 리더와 소그룹의 숫자도 보다 많은 교인들을 소그룹에 소속시키기에 충분하다. 소그룹 사역을 공개하기까지 얼마나 많은 그룹과 리더들을 준비해야 할지 정확하게 이야기할 수는 없겠지만, 그렇다고 이 문제를 소홀히 취급해서는 안 된다. 많은 교회들이 범하는 실수는 시스템과 훈련, 그리고 리더들이 채 자리를 잡기도 전에 모든 교인들에게 소그룹에 참석하라고 공개적으로 광고하는 것이다. 대부분의 교인들은 당신이 소그룹을 마련할 때까지 몇 달은 기다려 줄 것이다. 그러나 그보다 더 오래 기다려 주지는 않을 것이다. 만일 그들이 당신의 초대에 응했는데 당신이 석 달 안에 그들을 소그룹에 연결시키지 못한다면, 그들은 실망해서 이렇게 말할 것이다. "우리 교회는 소그룹이 안 돼."

만일 많은 수의 사람들이 당신의 초청에 응했다면, 당신은 몇 주간에 걸친 '소그룹 맛보기'라는 프로그램을 운영함으로써 일종의 '저수 탱크'를 만들 필요가 있다. 그곳에서 사람들이 소그룹에 들어가기를 기다리는 동안 그들을 서로 연결시킬 수도 있다. '저수 탱크' 모임이 흥미로울수록 사람들의 참여도는 높아지고, 그곳에서 사람들은 진정한 공동체를 경험하기 시작할 것이다.

시카고 파크커뮤니티교회의 소그룹 담당자 케빈 필립스(Kevin Philips)는 이러한 상호 연결의 필요성을 잘 알고 있다. 그 교회에 출석하는 800~1,000명의 성도 중 약 100명은 20대 초반의 미혼인 전문직 종사자들이다. "이 사람들 중 일부는 자신들이 어디에도 연결되지 않았다고 느끼고 있었는데, 우리는 그것을 알아차리지도 못했습니다"라고 필립은 말했다. "그러나 지금은 20대를 위한 그룹이 마련되어 있습니다." 그 그룹은 사실 차드 페샥(Chad Peshak)과 멜리사 윈슬로(Melissa Winslow)가 시작했다. 이 두 명의 젊은 신세대는 교회 안에서 자기 또래의 사람들과 교제하고 싶었다.

이 그룹은 일주일에 한 번 모인다. 그들은 전체 모임을 갖고 나서 소그룹으로 흩어진다. 그리고 주일 예배를 통해 교회의 다른 사람들과도 함께한다. "소그룹 안에서 그들은 자신이 누구인지를 보게 됩니다"라고 필립은 말했다.

그 교회의 다른 대부분의 그룹들과는 달리, 이 그룹은 남녀가 함께 모인다. 이에 대해 필립은 "비슷한 연령의 사람들과 연결되어 있다는 느낌이 동성끼리의 연결보다 더 중요하다고 생각해서죠"라고 말한다.

이 교회에서는 또한 '발견 교실'을 통해 성도들이 기초적인 신학을 배우며 서로 교제할 수 있다. "'신약 서론'이나 '청지기의 원리'

와 같은 성경 공부반도 마련되어 있습니다. 이 또한 성도들이 모일 수 있는 좋은 방법이지요"라고 필립은 말했다.

작은 전통 교회에서 소그룹 사역 전개하기

앞서 우리가 설명한 단계들은 상황에 따라 다른 형태를 띨 수도 있을 것이다. 펜실베이니아 주 비버 시에 있는 퍼스트장로교회의 제프 아널드(Jeff Arnold) 목사는 사람들이 공동체에 대해 생각해 보게 하는 것이 첫 번째 단계였다고 말한다. 전통적인 교회에서는 어려운 단계이겠지만, 아널드 목사는 그것을 실현했다.

아널드 목사는 퍼스트장로교회의 지역적인 특성이 매우 중요하다는 것을 깨달았다. 비버는 피츠버그 외곽의 작은 도시이다. "우리는 주요 교단에 속한 전통적인 동부 지역의 작은 교회입니다"라고 아널드 목사는 말한다. "이 지역은 인구가 감소하고 있습니다. 1980년대에 서부 펜실베이니아 주는 인구의 40%가 감소했습니다. 제철소들이 문을 닫았고, 20년이 지난 지금에서야 경제적으로 회복되기 시작했습니다. 우리는 분명히 최첨단은 아닙니다. 오히려 구식에 가깝죠."

아널드 목사가 부임한 이후 3년 동안 퍼스트장로교회의 예배 출석 인원은 350명에서 500명으로 늘었다. 지역적으로 인구가 감소하고 있다는 사실과 배타적인 도시 사람들의 특성을 감안한다면 이것은 '매우 주목할 만한 성장'이라고 아널드 목사는 자평한다. 퍼스트장로교회를 중심으로 6km 반경 이내에 열 개의 장로교회와 다른 교단의 여러 교회들이 있다. 그러나 동네 사람들은 불과 1.5km 정도 떨어져 있는 옆동네의 교회로 가는 것조차 부담스럽게 생각한다. 이 근처 동네들은 대부분 강으로 둘러싸여 있어서, 다른 동네들과는 다리로 연결되어 있다. 그러나 이 다리들은 사람들이 절대로 건너지 않는 물리적, 심리적 장벽과도 같다고 아널드 목사는 말한다.

그는 교인들이 자기 입장만을 고집한다는 것을 알아차렸다. 그래서 그런 지역 문화를 이해하고 서서히 변화를 시도했다. 지금은 40~50%의 교인들이 소그룹이나 혹은 선택 모임 등에 참여한다. 그는 미취학 자녀를 둔 어머니들의 모임(MOPS)과 공동체 성경 공부반(CBS) 등을 만들었는데, CBS에는 매주 다양한 교회로부터 약 370명이 모여서 집중적으로 말씀을 공부한다.

"이 그룹은 관계 중심이 아니라 과제 중심입니다. 그러나 우리는 이 그룹이 수년 내에 메타교회 스타일의 그룹으로 발전해 갈 것이라고 생각합니다"라고 아널드 목사는 말한다. 그는 『The Big Book on Small Groups』(소그룹에 관한 큰 책)와 『Small Group Outreach』(소그룹 아웃리치)라는 저서를 비롯해 소그룹 사역에 관한 여러 책들을 저술했다. 그는 학생 100여 명이 참석하는 중·고등부를 점진적으로 소그룹 기반의 청소년 사역으로 전환시켰다.

아널드 목사는 퍼스트장로교회를 서서히 소그룹 중심의 교회로 전환시키면서, 과감하게 교회의 제도주의를 흔들어 놓았다. "저는 교회의 정체성을 변화시키기 위해 노력했습니다"라고 그는 말한다. "저는 사람들이 다시 생각할 수 있도록, '할 수 있다'는 분위기를 만들려고 노력합니다. 예를 들어 제가 처음 이곳에 왔을 때, 이 교회에서 병원 심방을 할 수 있는 사람은 목사뿐이었습니다. 우리 교회에는 55명의 환자가 있었습니다. 굉장히 많은 숫자입니다. 그래서 저는 심방할 때마다 사람들을 데리고 다니기 시작했습니다. 지금 그들은 병원 심방 하는 법을 배우고 있습니다."

이전에 퍼스트장로교회의 리더들은 사람들을 사역 부서에 배치할 때 그들의 열정이나 은사를 거의 고려하지 않았다고 아널드 목사는 말한다. "교육 위원회와의 첫 모임에서 저는 그들에게 기독교 교육의 어떤 점을 좋아하느냐고 물었습니다. 그들은 '우리는 좋아하지 않습니다'라고 답했습니다. 그래서 저는 그러면 왜 교육위원회에서 일하고 있느냐고 물었고, 그들은 리더가 그 위원회에 들어가라고 해서 들어갔다고 말했습니다"라고 아널드 목사는 회고한다. "그래서 저는 그들을 바라보고 미소를 지으며 이렇게 말했습니다. '여러분들은 모두 해고입니다.' 그리고 저는 그들에게 교회에서 하고 싶은 일이 무엇인지 물었습니다. 그들은 긴장하면서 '제가 어느 부서에서 일해야 할까요?'라고 물었고, 저는 이렇게 말했습니다. '약한 부분이나 부족한 부분을 바라보지 마십시오. 부르심을 바라보십시오.' 저는 만인 제사장설을 확신합니다."

그의 그런 철학은 소그룹을 위한 다른 영역들에도 성장을 가져왔다. 봉사 팀들이 소그룹으로 짜여졌고, 교회 봉사는 정회원이 되기 위한 필수 사항이 되었다. 그는 성도들에게 "만일 당신이 이곳에서 할 일이 없다면, 우리는 당신이 우리 교회에 오는 것을 원치 않습니다"라고 말했다.

서부 펜실베이니아의 독특한 문화적 장벽에도 불구하고, 아널드 목사는 하나님의 부르심을 따라 자신이 지금 있는 바로 그곳으로 왔음을 느낀다고 말한다. "우리 가족은 이곳에 사는 것도, 이곳 사람들도 좋습니다. 그리고 우리가 누군가를 좋아하면, 그들도 우리를 기뼈하게 마련입니다."

제프 아널드 목사의 이야기는 우리에게 교훈과 희망을 안겨 준다. 그리고 그는 혼자가 아니다. 비록 오랜 시간이 걸리긴 하지만, 공동체 사역의 가치를 믿는 사람들이 있는 곳이라면 어디서나 이런 역사는 일어날 수 있다.

길가의 표지판

소그룹 사역의 비전을 공개하기까지 각 단계마다 기도와 준비가 필요하다. 일단 공개하고 나면 말은 끝나고 진짜 모험이 시작된다. 다시 말하지만, 아무도 어떤 일이 일어날지 정확하게 예측할 수 없다. 그러나 우리 교회는 소그룹 중심의 사역을 하고 북미의 많은 교회들을 컨설팅하면서 일부 보편적인 원리들을 발견했다.

소그룹 중심의 교회로 향해 가면서, 당신은 분명한 특징들을 보게 될 것이다. 그리고 그룹이 성숙해 감에 따라 단계별로 다른 문제들이 등장할 것이다. 우선 당신은 집중적인 훈련과 감동적인 대규모 행사를 준비하면서 리더들을 감독하는 데 집중할 필요가 있다. 평신도 리더들이 배운 것을 소화해내고 소그룹에 대한 책임을 당연한 것으로 여기게 되면 점차 감독을 늦출 수 있다.

리더들이 멘토로부터, 또한 서로의 경험을 통해서 배워 감에 따라 타율적인 훈련이 점점 더 자율적으로 발전할 것이다. 성도들은 소그룹 생활을 받아들이고 그것을 기준으로 살아가기 시작할 것이다. 따라서 사역에 필요한 에너지를 유지하기 위한 큰 행사의 필요성이 이전보다 줄어들 것이다.

소그룹 사역을 전개하는 동안 당신이 중점을 두어야 할 부분도 바뀔 것이다. 각 단계마다 리더십에 대한 성도들의 확신은 점증하게 되어 있다. 더 많은 그룹과 더 많은 리더를 돕기 위해 더 세심한 추적과 평가 시스템이 요구될 것이다. 그리고 리더를 모집하고 훈련하는 일은 점점 더 많은 시간이 걸릴 것이다. 소그룹 사역을 처음 시작할 때는 기존 그룹의 리더들이나 리더십의 경험이 있는 사람들을 활용할 수 있다. 그러나 소그룹 사역이 성숙하고 나면, 계속적인 성장을 주도할 숙련된 리더들을 찾아야 하고, 더 많은 새로운 리더들을 필요로 하게 될 것이다.

그러나 이것 하나만은 변하지 않을 것이다. 당신은 리더의 성숙도와 공동체의 필요 사이에 존재하는 긴장을 관리해야 한다. 모든 리더들은 소그룹을 맡기 전에 18개월 동안 훈련받는 것이 바람직하다. 그러나 대부분의 교회에서는 리더의 수요와 목양의 필요 때문에 리더십 훈련 과정을 점점 더 속성으로 진행하길 원한다.

그렇다. 그것은 위험하다. 그러나 더 큰 위험은 교회 안의 구도자들을 소외시키거나, 소그룹에 속하지 않은 사람들을 잃어버리게 되는 것이다. 리더는 새 리더들을 사역에 투입시키기 전에 그들을 얼마 동안이나 훈련시킬 수 있을지 계산해 보아야 한다.

다시 말하건대, 칼 조지의 원리를 기억하라. 철저하게 계획을 짤수록 훈련에 들이는 시간을 절약할 수 있다.

만일 리더십과 성품을 훈련하는 데 시간을 들인 후에, 실습과 학습을 위한 실험 그룹 및 시작 그룹 단계를 허용한다면 당신은 완전한 준비가 된 것이다. 기억하라. 이 사역에서는 결코 속도를 따져서는 안 된다. 물론, 사람들을 인도하고, 계획을 세우며, 그들이 앞으로 나아가도록 만들어야 한다. 그러나 한꺼번에 여러 그룹을 가능한 한 빨리 시작하려 한다면, 그 결과는 재앙에 가까울 것이다.

  각각의 단계에 주의를 기울인다면, 소그룹 중심의 교회를 세워가는 데 많은 도움이 될 것이다. 우리는 당신이 해낼 것이라고 확신한다.

맺음말

소그룹을 통해 진정한 기독교 공동체를 세워 가는 것은 온 힘을 쏟을 만한 가치가 있는 일이다. 하나님의 마음과 속성과 성품 안에 있는 공동체는 그리스도의 생애와 사역에 반영되어 있고, 모든 사람의 인간관계에 대한 유전자(DNA) 속에 들어 있다. 그러므로 공동체는 각 지역 교회의 구조로서 의도적으로 세워져야 한다. 그러나 소그룹 사역을 또 하나의 선택 가능한 프로그램이나 시스템 정도로 활용해서는 안 된다. 예수님은 프로그램을 재조직하기 위해서가 아니라 한 사람을 구원하시기 위해 자신의 생명을 주셨다.

각각의 작은 공동체(소그룹) 안에서 일어나는 일들을 통해, 그리스도와 그분의 구원의 사명에 온전히 헌신된 사람들이 길러져야 한다. 그러므로 소그룹 구성원들 각자가 인내하며 진정한 관계를 세워 나가야 하며, 또한 말씀과 삶이 만나서 영적인 변화를 일으키는 토론에 용기 있게 뛰어들어야 한다. 그리고 죄가 우리를 짓누르고 분열이 일어나기 시작할 때, 건강한 갈등 해결은 성경적인 화해를 통해 이루어지는 소그룹의 필수 과정이다.

이 작은 공동체는 연약하고도 복잡하기 때문에, 구성원들이 천국을 향해 가는 길에서 그들을 인도해 줄 리더가 필요하다. 이런 리더들은 다윗 왕처럼 "그 마음의 성실함으로… 그 손의 공교함으로"(시 78:72) 그들의 양 떼를 성실하게 목양한다. 리더는 교인과 교역자 사이의 중요한 연결고리이다. 그들은 두렵고 떨리는 마음으로 공동체를 세우는 그리스도의 사역에 참여한다.

그러나 리더들이 하나님이 주신 사역과 소명을 제대로 완수하기 위해서는, 우리가 최상의 자원들을 가지고 그들을 훈련시키고 도와주어야 한다. 코칭은 사치품이 아니라 필수품이며, 리더십 계발은 선발된 일부만이 아닌 모든 사람의 책임이 되어야 한다. 소그룹 사역이 성공하려면, 리더가 인도를 잘해야 하고 구성원들을 잘 보살펴야 한다.

마지막으로, 리더들은 소그룹이 있는 교회에서 소그룹 '중심'의 교회로 이동하는 도전에 직면해야 한다. 전략적인 결단을 내려야 하고, 제기되는 많은 질문들에 대해 답변해야 한다. 당신의 교회는 많은 자료와 부름받은 지역의 문화를 토대로 사역을 냉정하게 평가해야 한다. 소그룹으로 전환하는 단계에는 시간과 기도와 많은 은혜가 필요하다. 당신은 분명히 수차례 시행착오를 겪을 것이다. 그러나 당신이 돌보는 사람들과 품은 사람들을 위해서라도 제발 포기하지 말라. 끈기 있게 경주를 지속하라.

시카고 지역에 살려면, 도로에 익숙해져야 한다. 우리는 이곳에서 종종 이렇게 말하곤 한다. "이곳에는 두 가지 계절이 있습니다. 겨울이라는 계절과, 공사하는 계절입니다." 만일 당신이 야구를 좋아해서 화이트삭스의 승리에 동참하는 기쁨을 맛보고 싶다면, 경기장에 가기 위해 케네디 혹은 아이젠하워 고속도로를 이용해야 한다. 그리고 그 고속도로를 이용한다면, 여름에는 도로 수리 공사와 이따금씩 등장하는 고장 난 차량, 사고 차량 등으로 교통 지옥을 체험해야 한다. 그러다 보니 예상했던 것보다 훨씬 더 많은 시간이 걸리는 것이 당연하다. 그러나 당신이 열두 살 난 아들과 경기장에 들어설 때, 그 모든 고생은 잊혀질 것이다. 경기장을 본 아들의 두 눈은 마치 성탄절 트리처럼 빛난다. 팝콘 냄새를 맡으며 손에는 핫도그를 들고, 자신이 좋아하는 선수가 운동장에서 경기하는 모습을 뚫어져라 바라보지 않겠는가? 당신과 아들은 서로 바라보며 미소짓는다. 그리고 저 케네디 고속도로의 기억은 멀리멀리 사라져 갈 것이다.

만일 당신이 '소그룹 중심의 교회 세우기'라는 도로에서 운전하기 원한다면, 몇 개의 스페어타이어와 응급 상황에 필요한 소모품들을 챙겨 가는 것이 좋을 것이다. 그곳은 꾸불꾸불하고, 이곳저곳이 파여 있으며, 간혹 사고를 만나기도 하는 험한 길이다. 그리고 그 도로는 항상 공사 중이다. 그러나 그 끝에서 얻게 될 상급은 힘들게 운전해서 갈 만큼의 가치가 있다. 사람들이 성경 속에 있는 수많은 "서로 …하라"의 명령대로 살기 위해 그리스도의 이름으로 함께 모이게 된 오늘날, 우리는 이제 소그룹 없이는, 그리고 계속적인 삶의 변화와 성장에 대한 간증 없이는 우리 교회를 상상할 수 없다. 그 길은 험하지만, 그 상급은 그만한 가치가 있다. 기꺼이 그 길을 가려는가? 기꺼이 그 길에 헌신하며, 그 과정을 통과하겠는가?

이제 빌 하이벨스 목사가 어느 모임에서 교회 리더들에게 이야기했던 내용을 인용하며 마무리하려 한다. 이 책의 마지막에 꼭 맞는 내용이라 생각한다. 그의 말을 통해 당신은 왜 우리가 소그룹 중심의 교회를 세우는 일에 헌신해야 하는지 알 수 있을 것이다. 혹 당신이 이 헌신의 길을 가다가 우리가 했던 말에서 도움을 얻지 못할 때에는, 그의 말을 통해서 당신 교회 주변에 펼쳐진 천국의 기회를 기억하기를 우리는 소망한다.

"만일 자신의 감정이나 비밀을 결코 나누지 않던 외골수의 사람이 그를 돌보기 원하는 형제 자매들과 둘러앉아 자유롭게 사랑을 주고 받는 모습을 꿈꾼다면, 그리고 그렇게 앉아 있는 그의 모습에 대한 기대로 당신의 내면 깊은 곳에 무엇인가가 꿈틀거린다면, 당신은 하나님이 전 세계에 있는 그분의 교회에서 진행하고 계시는 소그룹 혁명에 당신의 남은 생애를 드려야 한다.

새롭게 구원받은 그리스도인이 자신을 아껴 주고, 양육해 주며, 믿음의 뿌리를 깊게 내리도록 도와주는 성숙한 그리스도인들의 모임에 참여하는 모습이 머릿속에 그려진다면, 그리고 그런 생각 때문에 당신의 에너지와 열정이 끓어오른다면, 당신은 당신의 삶을 정돈하고 공동체의 깃발을 휘날리며 사람들을 소그룹 안으로 초청하는 우리들의 사역에 합류해야 한다.

만일 여섯 명의 소그룹 구성원들이, 수습 리더의 두 살 난 아기가 암과 투병하다 죽어 가는 병원 침상에 둘러서서 손에 손을 잡고 예배 드리는 모습이 떠오르거든, 그리고 그 침상이 당신의 마음을 사로잡고 당신의 맥박을 빠르게 한다면, 당신의 계획들을 취소하라.

소그룹 전투의 최전선에 있는 우리에게 합류할 수 있는 길을 찾아서, 당신도 그 전투에 뛰어들라. 그러면 당신 생애의 마지막 순간에 영광된 주님 앞에 설 때 당신은 다음과 같은 그분의 음성을 듣게 될 것이다. "잘했다, 내 아들딸아. 내가 생명을 바쳤던 그 이유(공동체)를 위해 너도 자신을 드렸구나. 정말 잘했다." 그런 생각이 당신의 심령을 타오르게 하고, 당신의 영혼을 뒤흔든다면, 당장 실행에 옮기라. 그 일에 헌신하라! 지금 즉시 그 일을 시작하라.

둘이 하나보다 낫고, 삼겹줄은 쉽게 끊어지지 않는다는, 언뜻 고루해 보이는 '관계에 대한 이상론'과, 교회 안에서 함께 할 수 있는 것은 내가 홀로 할 수 있는 것보다 100배 낫다는 이상론에 참여하라. 만일 내가 지금까지 설명한 그 사람이 바로 당신이라면, 그분의 사역에 최고의 것을 드리라. 예수님이 요한복음 17장에서 자신을 따르는 자들은 하나가 되어야 한다고 말씀하신 바로 그 이유와 이 소그룹 혁명에 당신의 남은 생애 중 최고의 날들을 드리라. 그렇게 하겠는가? 당신 자신을 바치겠는가?"

우리는 당신이 그렇게 하기를 바란다. 어느 누구도 홀로 있지 않은 교회를 세우는 일을 당신의 최우선순위로 삼기를 소망한다. 비록 당장은 아니더라도, 언젠가는 반드시 그렇게 하기를!

부록1 | 한눈에 보는 윌로크릭 소그룹

부록 1. 한눈에 보는 윌로크릭 소그룹

주: 우리의 구조는 칼 조지의 책, 『성장하는 미래교회 메타교회』에서 설명된 '메타 교회' 모델을 따르고 있다.

그룹의 크기	대략 4~10명. 평균은 여덟 명(그룹이 열 명 이상으로 커지면 결국 두 개 이상의 소그룹으로 재생산된다)
그룹의 리더십	훈련받은 평신도 리더와 수습 리더(앞으로 자신의 그룹을 인도하기 위해 준비하고 있는 사람)
모임의 횟수	일부는 한 달에 한 번, 대부분은 한 달에 두세 번, 특별히 사역 그룹들은 매주 모인다.
교육 과정	리더와 구성원들이 결정한다(인기 있는 교재: 『세렌디피티 성경 연구 시리즈』, 『New Community』(새 공동체) 시리즈, 『Bible 101』(성경 101), 『복음 확신 시리즈』, 『Tough Questions』(난해한 질문들) 등.
장소	대부분의 소그룹은 가정에서 모이지만, 다양한 장소에서 모인다. 일부 그룹은 각 가정마다 돌아가면서 모이고, 일부 그룹은 한 가정에서 모인다. 모임 주최자는 구성원들이 정한다.

기간	목적에 따라 결정된다. 대부분의 회복 그룹들은 9주 동안 진행된다. 어린이 그룹은 학교의 학제를 따른다. 성인 그룹은 3~5년 동안 계속되는데, 새로운 그룹을 재생산하느냐에 따라 기간에 차이가 있다.
참석자	대부분의 그룹들은 '열려' 있다(즉 그들은 핵심 멤버들이 있지만, 새로운 사람들이 올 수 있도록 '열린 의자'를 사용한다)
소그룹의 형태	■ 연령/계층 중심(부부, 미혼, 남성, 여성, 어린이, 청소년) ■ 사역 중심(사역의 완수를 위해 모이는 그룹들) ■ 흥미 중심(신앙이나 다른 관심사를 추구하는 불신자를 위해 고안된 구도자 그룹) ■ 돌봄 중심(알코올 의존증 환자들, 혹은 그들의 성인 자녀 그룹, 슬픔이나 이혼을 극복하고자 하는 그룹)
소그룹의 감독	모든 그룹의 리더들에게는 평신도 '코치'가 있는데, 그는 다섯 개의 그룹을 감독한다. 코치들은 교구장인 교역자에 의해 보살핌을 받는데, 그는 열 명의 코치들을 목양한다
통계 수치	2,700개의 그룹이 있고, 약 18,000명의 사람들이 이에 속해 있다. 약 3,500명의 리더와 코치가 있다

부록 2. 윌로크릭의 소그룹 종류

소그룹 중심의 교회가 되는 과정에서 우리는 사람들에게 선택할 수 있는 그룹의 범위를 넓혀 주었다. 따라서 사람들은 각자 자신의 영적 성장에 맞는 곳을 택해 소그룹 생활을 시작할 수 있다. 우리가 이런 자유와 유연성을 제공할 수 있는 이유는 두 가지 헌신, 즉 '5G'(공통된 틀)에 대한 헌신과 공통된 구조(코치가 리더들을 목양하는 변형된 메타 교회 모델)에 대한 헌신 때문이다. 이런 방식으로 특정 그룹의 주된 관심사나 사명에 상관없이, 각 그룹은 우리 교회의 철학과 제자훈련 전략에 맞추어 성장할 수 있다.

공통분모

윌로크릭의 소그룹은 사람들의 공통분모, 즉 '유사점'을 중심으로 조직된다. 이것은 그룹들을 배타적이거나 편협하게 만들려는 것이 아니라, 오히려 처음에 그룹을 형성하는 하나의 수단으로, 인생의 어떤 시기에 와 있든지, 얼마나 성숙해 있든지 간에 누구나 자기가 속할 소그룹을 찾기 쉽게 해 준다. 실제로 우리는 다른 사람들과 많은 공통점을 가지고 있다고 생각할 때조차도, 곧 여러 면에서 서로가 매우 다르다는 것을 발견하게 되곤 한다. 그 시점에서, 우리는 사랑과 결단과 의지를 가지고 기독교 공동체를 이루어 나가야 한다.

거의 대부분의 윌로크릭 소그룹들이 네 개 부류에 포함된다. 그것은 연령/계층 중심, 흥미 중심, 사역 중심, 돌봄 중심이다.

연령/계층 중심 그룹

대부분의 교회들이 주일학교나 소그룹에서 어떤 식으로든 이런 조직 구조를 활용한다. 윌로크릭에서는 미혼, 부부, 남성, 여성, 어린이, 그리고 청소년 그룹들이 여기에 포함된다. 게다가 우리의 중심축이라고 불리는 20대를 위한 사역은 견고한 소그룹 구조를 가지고 있다. 이 부류 중에는 또 다른 세분화된 유사점들(경제 활동을 하는 남성 그룹, 어머니 그룹, 젊은 부부 그룹 등)을 가진 그룹들이 있다. 어떤 그룹들은 다양한 연령층으로 구성되어 있는 반면(남성 그룹 또는 여성 그룹), 또 어떤 그룹들은 공통된 삶의 형태를 중심으로 형성된다(편부모 그룹). 많은 성인 그룹들이 교회를 벗어나 가정, 식당, 사무실, 혹은 지역 문화 시설 등지에서 모인다. 일부 그룹, 특히 교육과 관련된 그룹들은 교회에서 모인다(여성을 위한 주중 성경 연구반 등).

'약속의 땅' (Promiseland) 사역(윌로크릭 주일학교)에서 3세부터 초등학교 5학년까지의 어린이들은 소그룹에 소속된다. 여기서는 성경 공부와 활동을 위한 대그룹 시간이 있고, 그 다음에 소그룹으로 나뉘는데, 그곳에서는 성인 리더가 인도한다. 우리와 더불어 자녀들이 헌신된 어른들의 돌봄 속에서 그룹을 통해 성장하는 것을 보는 일은 정말 기쁜 일이다. 중등부와 고등부 소그룹들은 학군별로 조직되며, 따라서 아이들은 교회에 나오지 않는 주중에도 친구들과 만날 수 있다. 학년이 올라갈수록 교회 밖에서 더 자주 모임을 갖게 되긴 하지만, 대부분이 청소년 집회 시간을 통해 모인다.

흥미 중심 그룹

이러한 그룹들은 성경 공부나 기도와 같은 공통된 관심 분야에 따라 조직된다. 또한 컴퓨터 관련(이미 여러 개의 소그룹들을 탄생시켰다)이나 의료직과 같이 공통된 기술이나 직업적 특징을 공통분모로 모이기도 한다. 어느 경우든, 리더는 특정 그룹의 사람들에게 다가가서 그들을 공동체로 끌어안으려는 열정을 가지고 있을 것이다. 일, 취미, 지식과 같은 공통의 관심사는 단지 조직하기 위한 기준에 불과하다. 이 경우 남녀노소가 모두 참여할 수 있다. 그러나 흥미 중심 그룹 역시, 구성원들을 영적 성숙으로 이끌고, 그들에게 교회의 다른 사람들과 함께하는 공동체를 제공하기 위해 다른 소그룹과 마찬가지로 훈련된 리더를 필요로 한다.

특이한 흥미 중심 그룹으로는 구도자 소그룹이 있다. 이 그룹은 기독교에 관한 질문을 가지고 있는 사람들 혹은 영적 토론에 대해 개방된 사람들을 위해 안전하고 편안한 장소를 제공한다. 평신도가 인도하는 이 그룹은 구도자들이 성경의 진리를 깨달을 수 있도록 도와주고, 토론과 더불어 논쟁까지도 허용한다. 이 그룹의 구성원들은 그 그룹의 다른 구성원들이 그리스도 안에서 믿음을 갖게 되는 변화를 목격하면서, 영적 의문이나 문제들에 대한 해답을 찾아 나갈 수 있다. 이 그룹은 보통 6개월에서 1년간 지속된다.

사역 중심 그룹

소그룹 구성원들이 다른 사람들을 섬기려는 공통된 바람을 가지고 있다면, 그것은 공동체를 세우고 사람들의 필요를 채우는 좋은 기회가 될 것이다. 이런 사역 그룹들은 특별한 필요, 즉 가난한 사람들을 돕는 일이나, 달동네 사역 팀과 함께 사역하는 일 등에 따라 조직된다. 또한 안내, 주차, 주방 봉사, 건물 및 시설 관리 등과 같은 교회 주변 사역이나, '자동차 사역(cars ministry)'과 같은 독특한 사역과도 연계되어 있다. 윌로크릭의 자동차 사역 팀은 작년에 200명이 넘는 편부모 가정에게 자동차를 제공하였고, 그들에게는 평생 무료로 차를 수리해 준다. 그 사역은 자원 봉사 기술자들로 구성된 11개의 소그룹에 의해 운영된다. 교인들은 1,000대가 넘는 중고차를 기부했고, 그 중 많은 차들이 다른 차들을 수리하는 데 필요한 부품을 구입하기 위해 처분되었다. 이 그룹의 구성원들은 함께 사역함으로써 섬김의 정신이 고양되고, 함께 일하는 동안 그리스도를 닮은 공동체를 세워 나가게 된다.

돌봄 중심 그룹

마지막으로, 위기에 빠진 사람들이나, 중독과 같은 죄악 된 행동양식을 극복하는 데 도움이 필요한 사람들을 보살피고 격려해 주는 것이 주된 목적인 그룹이 있다. 여기에는 슬픔으로부터의 회복을 위한 그룹들(사랑하는 이를 여읜 사람들)과 이혼으로부터 회복을 위한 그룹들('다시 세우는 사람들')이 포함되어 있다. 그리고 '개척자'(만성 질환자들), '기도 사역', '윌로크릭 음식 봉사', '특별한 친구들'(발달장애인들), '유산'(양로원 봉사자들), '회복 중에 있는 그리스도인들'(알코올 및 약물 의존증을 극복하려는 사람들), '안전한 장소'(동성애 성향으로 고투하는 사람들) 등의 그룹들이 있다. 이런 그룹들은 도움이 필요한 이들에게 따뜻한 공동체와 장소를 제공한다.

자주 묻는 질문들

· 사역 그룹은 어떻게 공동체를 세워 나갑니까?

힘든 과정이긴 하지만, 우리가 헌신하고 있는 영역이다. 일부 그룹은 교제와 기도를 위해 사역 전이나 후에 간단하게 모임을 갖는다. 그리고 다른 그룹 모임을 통해, 혹은 예배를 통해 말씀을 듣는다. 어떤 그룹은 한 주는 사역을 하고 그 다음 주에는 소그룹 모임을 갖는다. 또 어떤 그룹들은 사역 중에 또는 사역 전후로 30~45분간 모임을 가짐으로써, 그룹 시간과 사역 시간 모두를 공동체를 세우는 도구로 사용할 수 있다.

· 어린이 그룹은 어떤 일을 합니까?

전체 모임에서는 활동과 드라마를 통해 창조적으로 말씀을 가르친다. 어린이들이 소그룹으로 모일 때(20~40분), 배운 말씀의 내용을 좀더 자세히 나누고, 암송하고, 서로를 위해 기도해 주고, 어른 리더의 돌봄 아래 관계를 세워 나간다.

· 모든 그룹이 다 성경 공부를 합니까?

정식 성경 공부는 대부분 나이/계층 중심 그룹이나 흥미 중심 그룹에서 이루어진다. 부부 그룹, 남성 그룹, 여성 그룹, 그리고 미혼자 그룹 등은 대체로 모임에 치중하는 경향이 있고, 혹은 성경 공부에 더 많은 시간을 들일 수도 있다. 흥미 중심 그룹은 성경 공부에 많은 시간을 사용하지만, 때때로 함께 봉사를 하기도 한다. 사역 중심 그룹도 성경 공부를 하지만, 요구되는 사역과 주어진 시간에 따라 다르다. 돌봄 중심 그룹에서는 우선 전체 모임에서 성경을 가르친 후, 소그룹 별로 토론과 나눔, 기도 시간을 갖는다.

· 모든 그룹이 동일한 교육 과정을 가지고 있습니까?

그룹의 다양성과 각기 다른 목적 때문에 동일한 교육 과정을 갖기란 어려운 일이며 어쩌면 부작용을 일으킬 수도 있다. 그러나 우리는 교회 전체적으로 전도 훈련이나 영성 훈련과 같은 공통의 주제에 초점을 두고 훈련하는 시간을 갖는다. 그런 경우에는 성도들에게 다양한 교재들을 폭넓게 추천하고 그룹에서 사용할 교재들을 제공한다. 비록 집중도가 높은 회복 그룹과 일부 사역 그룹이 예외적이긴 하지만, 많은 그룹들이 여기에서 도움을 얻는다. 우리는 또한 '새 공동체'(New Community)라고 불리는 주중 예배(성례, 성경 강해, 장시간의 경배와 찬양이 있는 모임)에서 가르치는 내용을 토대로 소그룹 토론 자료를 개발한다.

각주

서문: 윌로크릭 이야기

1. Dietrich Bonhoeffer, 『Life Together』 (New York: Harper & Row, 1954)

1장.

1. 게리스 아이스노글, 『왜 소그룹으로 모여야 하는가-소그룹 운동과 공동체 사역을 위한 성경적 근거』(옥토 역간)
2. John McCain, 『Faith of My Fathers』(New York: Random House, 1999)
3. 댈러스 윌러드, 『하나님의 모략』(복있는 사람 역간)
4. 피터슨은 미국에서 이 설교를 했다. 만약 그가 다른 나라에서 설교했다면 그는 아마도, 추측건대, 청중의 상황에 맞춰서 '모든 브라질 사람들' 또는 '모든 중국 사람들' 등으로 대체했을 것이다.
5. 내 말이 아니라 그들의 말이다.
6. 길버트 빌지키언, 『공동체』(두란노 역간)

3장.

1. 칼 조지, 『열린 소그룹 닫힌 소그룹』(교회성장연구소 역간)
2. 많은 학자들은 전쟁에 나갈 수 있는 사람을 60만 명 이상으로 나열하고 있는 민수기의 계수에 따라 당시 이스라엘 전체 인구가 최소한 2백만 명 이상이었을 것으로 추정한다.

4장.

1. Larry Crabb, 『The Safest Place on Earth』(Dallas: Word, 1999)
2. 헨리 나웬, 『예수님의 이름으로』(두란노 역간)
3. Julie Gorman, 『Community that Is Christian』(Colorado Spring: Chariot Victor, 1993)
4. Michael Christiansen, ed., 『Equipping the Saints』(Nashville: Abingdon, 2000)
5. 파커 팔머, 『가르침과 배움의 영성』(한국기독학생회출판부 역간)
6. 헨리 나웬, 『예수님을 생각나게 하는 사람』(두란노 역간)
7. 헨리 클라우드, 『향기 나는 인격 만들기』(순출판사 역간)
8. Icenogle, 『Biblical Foundations』

5장.

1. 윌로크릭 가족 그룹(family groups)은 미혼자, 아이가 없는 부부, 자녀가 있는 가족 등을 다 포함할 수 있다. 그들은 종종 공식적인 모임 사이에도 한 달에 한 두 번 식사를 포함하는 서너 시간의 모임을 갖는다.
2. 우리는 Willow Creek Association에 소속된 교회들에게 나눠 주려는 용도로 한 달에 한 번씩 'Defining Moments' 라는 테이프를 제작한다. 이러한 'moments' 는 교회나 그룹 또는 리더의 삶에 전환점을 제공하고, 심오한 변화를 가져오며, 하나님의 임재와 능력을 인식하게 한다.
3. 헨리 나웬, 『모든 것을 새롭게』(두란노 역간)
4. Margaret Guenther, 『The Practice of Prayer』(Boston: Cowley, 1998)

6장.

1. David Augsburger, 『Caring Enough to Confront』(Ventura, Calif.: Gospel Light, 1981)
2. 빌 도나휴, 『삶을 변화시키는 소그룹 인도법』(국제제자훈련원 역간)
3. John Ortberg, 『The Life You've Always Wanted』(Grand Rapids: Zondervan, 1997)
4. 용서의 과정에 관한 더 깊은 통찰을 원한다면 루이스 스미즈(Lewis Smedes)의 가르침이 담긴 『용서의 기술』(규장 역간)을 추천한다.

7장.

1. Nouwen, 『In the Name of Jesus』
2. Palmer, 『The Active Life: A Spirituality of Work, Creativity, and Caring』(San

Francisco:Jossy-Bass, 1999)
3. Nouwen, 『In the Name of Jesus』
4. Bilezikian, 『Community 101』
5. 헨리 나웬, 『이는 내 사랑하는 자요』(IVP 역간)

8장.
1. Guenther, 『The Practice of Prayer』

11장.
1. 다음과 같은 책들을 참고하라.
   (1) 앨런 넬슨 외, 『교회를 살리는 교회 개혁』(생명의 말씀사 역간)
   (2) Everett Rodgers, 『Diffusion of Innovation』(New York:The Free Press, 1962)
   (3) 존 코터, 『기업이 원하는 변화의 리더』(김영사 역간)

12장.
1. 그레그 오그던, 『새로운 교회개혁 이야기』(미션월드라이브러리 역간)